Bildnachweis:
Die Bilder des Textteils: Clemens Bleyl
Coverfoto: Clemens Bleyl
Karte: © Clemens Bleyl
Map data © 2017 OpenStreetMap contributors
Map contains modified data from Natural Earth Data
(http://www.naturalearthdata.com)
Map contains modified data from ASTER GDEM 30m
(https://asterweb.jpl.nasa.gov/gdem.asp)
Map contains modified data from SRTM 450m
by ViewfinderPanoramas (http://viewfinderpanoramas.org/)
Map contains modified data from Great Lakes Bathymetry by NGDC
(http://www.ngdc.noaa.gov/mgg/greatlakes/)

Kartenicon: © Stepmap GmbH, Berlin

Bibliografische Information der Deutschen Bibliothek:
Die Deutsche Bibliothek verzeichnet diese Publikation in der deut-
schen Nationalbibliografie. Detaillierte bibliografische Daten sind im
Internet über http://dnb.ddb.de abrufbar.

© 2017 traveldiary Verlag
www.reiseliteratur-verlag.de
www.traveldiary.de

traveldiary Verlag, Mady Host und Cornelia Reinhold GbR
Brauereistraße 4, 39104 Magdeburg

Umschlagentwurf und Layout: Jürgen Bold, Jens Freyler
Hintergrundfoto: © Carola Vahldiek / Fotolia
Satz: traveldiary Verlag, Mady Host und Cornelia Reinhold GbR
Druck: „Standartu Spaustuve" www.standart.lt, Tel. 37052167527

ISBN 978-3-942617-30-7

Inhalt

Auf Wiedersehen, ihr Meilenmillionäre!

Die Landschaft um mich herum ist ein Wechsel von Grasflächen und Stein-
wiesen, die Luft ist angenehm kühl. Ich gehe ausnahmsweise mit einer Jacke über
dem T-Shirt, denn der Regen vorgestern hat den Bilderbuchsommer beendet. Vor
mir liegt ein leichter Anstieg zwischen zwei Berggipfeln hindurch. Die Hänge sind
Rutschbahnen für Geröll, auf dem Weg hinab. Ich gehe um einen großen grauen
Felsblock herum, als plötzlich zwei Krähen auffliegen. Es folgt der für mich schönste Moment meiner Wanderung, als auch ein Golden Eagle (Steinadler) auftaucht.
Auch ihn habe ich aufgescheucht, warum, das kommt später. Er unternimmt zwei
bis drei kräftige Flügelschläge und gleitet dann ohne ein Geräusch, aber mich
fest im Blick, drei Meter an mir vorbei in Richtung eines leicht abfallenden Tals.
Alles passiert wie in Zeitlupe. Ich bewundere die äußeren Federn seiner Flügel,
die wie die Finger einer Tempeltänzerin auf Sri Lanka gespreizt sind. Ich schaue
ihm nach, wie er langsam immer kleiner werdend in das Tal hinabsegelt. Erst, als
auch der kleinste Punkt in der Ferne verschwunden ist, löse ich meinen Blick von
ihm. Er hat nicht ein einziges Mal mehr mit den Flügeln geschlagen.

Ich befinde mich südwestlich von Trondheim in Norwegen und bin insgesamt
seit zweieinhalb Monaten unterwegs auf meiner Wanderung durch Europa, vom
Nordkap nach Istanbul, auch wenn diese Beschreibung irreführend ist. Im März
dieses Jahres haben meine Kollegen mich in den Ruhestand verabschiedet. Ich
bin früh gegangen, denn ich hatte noch andere Dinge vor in diesem Leben, nicht
nur arbeiten. Für manche davon brauche ich noch eine gute Fitness und wer
weiß, wie lange ich mich dieser erfreue. Ich wollte als Übergang zwischen einem
sehr intensiven und erfüllten Arbeitsleben und dem Ruhestand, den sich bei mir
sowieso keiner vorstellen konnte, durch Europa wandern, alleine. Nur mit einem
Rucksack bewaffnet wollte ich mir die Anspannung und die Gedanken an die
Firma im wahrsten Sinne des Wortes aus dem Körper schwitzen, um wieder frei
zu sein, im Kopf, im Geist und im Körper. Freiheit genoss von Kindesbeinen an
einen sehr hohen Stellenwert für mich, ich brauche sie, damit es mir gut geht.
Und diese Freiheit finde ich sehr häufig draußen in der Natur.

Dieses Buch beantwortet alle die Fragen, die mir Freunde, Verwandte und
Menschen, welche mir auf meiner Reise begegnet sind, immer wieder gestellt
haben. Es soll kein Reiseführer sein, aber doch Anregungen geben, wie man ein

solches Abenteuer organisiert und heil übersteht. So manches Erlebnis, einige Gedanken und auch Eindrücke aus meinem Tagebuch haben natürlich den Weg in dieses Buch gefunden. Auf Wiedersehen, ihr Meilenmillionäre (ich war selbst einer), in den Bergen, Ebenen, Wäldern, Wiesen, sowie Flüssen und Seen Europas, diesem wunderschönen Kontinent.

Die Idee

Vor circa fünfzehn Jahren hatte ich in einer Zeitschrift einen Artikel über einen Mann gelesen, dem seine Ärzte von heute auf morgen prophezeiten, er habe nur noch ein Jahr zu leben und ihm eröffneten, sie könnten ihm auch nicht mehr helfen. Geschockt fragte er sich: „Was mache ich nun?" Er entschloss sich, aufzubrechen und solange es ging, von seiner Heimat in Deutschland gen Süden zu wandern. Meiner Erinnerung nach, ist er in Italien gewesen. Aber berührt und angesprochen haben mich die kleinen Erlebnisse, die ihm unterwegs passiert sind. Ich erinnere mich an die Begegnung, die er mit einer jungen Frau an einem Fluss hatte. Sie saß dort und weinte und wusste nicht mehr weiter. Er hatte sich zu ihr gesetzt, ihr zugehört und sie getröstet. Inspiriert durch diesen Artikel ist Stück für Stück bei mir der Gedanke entstanden, ebenfalls einmal eine lange Wanderung zu unternehmen. Sie sollte frei von Zeitvorgaben sein und auch offen für einen Weg, der sich spontan ergibt. Als ich etwa fünf Jahre vor meiner selbst bestimmten Pensionierung stand, begann ich einen Plan zu entwickeln, der für mich der richtige Übergang vom Beruf mit zehn bis zwölf Arbeitsstunden pro Tag in den Ruhestand sein könnte. Zu dieser Zeit sah mein Alltag so aus, dass ich jede Woche in einem anderen Land war. Mein Zuhause verließ ich sonntags abends oder montags sehr früh und kam am Freitag meist spät wieder in meinen eigenen vier Wänden an. Die standen zu dieser Zeit in Shanghai. Die Chinesen kennen kein Wochenende, so klingelte an allen sieben Tagen das Telefon und „dringende" Nachrichten landeten in der Mailbox. Mit der Pensionierung würde ich dann von einem Tag auf den anderen plötzlich in einen völlig anderen Modus übergehen. Das erschien mir so abrupt, dass ich es nicht für gut befinden konnte. Also jeden Tag wandern, um abends müde und voller Eindrücke schlafen zu gehen, Zeit zum Nachdenken zu haben und die Anspannung langsam los zu werden – das, dachte ich, wird für mich gesünder sein. Und ich liebe Bewegung, körperlich wie geistig. In den folgenden Jahren habe ich diesen Traum immer mal wieder meiner

Frau Fee erzählt und so hat sie sich – völlig unbeabsichtigt – an diesen Gedanken gewöhnt: dass ich für eine ganze Weile weg sein würde. Sie hat sehr früh gesagt, dass sie nicht mitkommen will. Sie geht gerne wandern, wohlgemerkt. Wir haben zusammen wunderbare Touren im Himalaya gemacht. Aber diese haben drei bis vier Wochen gedauert. Einmal durch Europa würde sehr viel länger dauern, und so lange wollte sie ihre Enkel nicht entbehren. Aber wie lange würde so eine Wanderung dauern, wo würde ich überhaupt langgehen (wollen), und wie viele Kilometer würden das sein? Jetzt, da ich wieder zu Hause bin, weiß ich das. Als ich anfing zu planen, hatte ich keine Ahnung davon.

So ist der Plan!

Ungefähr zwei bis drei Jahre vor der Pensionierung – ich lebe mittlerweile wieder in Europa, nicht mehr in China –, komme ich nach einem Besuch in Istanbul auf die Idee: Das wird der südlichste Punkt meiner Wanderung! Diese Stadt stellt so wunderbar den Übergang von Europa nach Asien dar, hier brummt das Leben. Beim nördlichsten Punkt gibt es gar keinen Zweifel: Das wird das Nordkap sein! Und so beginnen die Gedanken, wo ich denn lang will. Noch ohne viel im Internet zu stöbern oder nach Literatur zu suchen, stehen die Länder fest: Türkei, Griechenland, Albanien, Montenegro, Kroatien, Slowenien, Österreich, Tschechien, Deutschland und Norwegen. Und zwischen den beiden letzten Ländern erfülle ich mir einen Kindheitstraum. In Kiel geboren und aufgewachsen, habe ich täglich die Fähre nach Oslo auslaufen sehen, bin aber selbst nie mit ihr gefahren. Das will ich auf meiner Wanderung nachholen!

Ich fange für jedes Land an zu recherchieren, welche Wanderrouten es gibt. Ich surfe im Internet und betrete jeden Buchladen, an dem ich vorbeikomme. Und so entwickelt sich die folgende Route: Über die Türkei und Griechenland gibt es, außer für die Inseln, so gut wie kein Kartenmaterial, was Wanderungen angeht. Daher würde ich die Küste entlang gehen, mich mit detaillierten Karten auf meinem GPS von Tag zu Tag durcharbeiten und den Hinweisen der lokalen Bevölkerung folgen. Für Albanien suche ich einen lokalen Bergführer, der mich durch das ganze Land führt. Die Berichte über das Land sind so widersprüchlich, dass ich, auch um meiner Sicherheit willen, so plane – doch es soll noch anders kommen, als ich mir das gedacht habe. Für Montenegro und Kroatien finde ich ein paar kurze Routen, die im Internet als Dateien für mein GPS abgelegt sind.

Außerdem entdecke ich eine Karte mit Berghütten und den GPS-Daten, die sich später alle als falsch erweisen sollen. Slowenien ist ein Land der Wanderer und es gibt genaue Karten und Routen. Ich wähle den Via Alpina-Wanderweg, und zwar den roten, denn es gibt mehrere. Durch Österreich führt ein Fernwanderweg, der sogenannte Nord-Süd-Weg. Durch Tschechien will ich erst der Moldau folgen und dann der Elbe (die dort Labe heißt), der ich auch in Deutschland bis nach Lauenburg folgen will. Danach folgen Wege entlang des Lübeck-Elbe-Kanals und von dort „freischaffend" mit guten Karten bis nach Kiel. In Norwegen möchte ich zwischen Oslo und Trondheim entlang des Pilgerpfades Olafsweg gehen und anschließend hauptsächlich in der Nähe der Grenze zu Schweden hinauf zum Nordkap. Ich schätzte, dass es zwischen sechstausend und siebentausend Kilometer sein werden, für die ich sechs bis acht Monate brauchen würde. Damit wäre das Jahr wohl ausgebucht. Soweit der Plan. Manches habe ich genauso gemacht und einiges kam ganz anders, wenngleich ich mich auch weitestgehend an den ursprünglichen Plan gehalten habe. Das wurde überhaupt zu einem geflügelten Wort, wenn mich einer nach meiner Reise fragte: So ist der Plan!

Ich durchsuche die Literatur, will wissen, ob jemand ein ähnliches Abenteuer schon einmal beschrieben hat. Und siehe da, ich werde fündig. Der Engländer Nicholas Crane ist vor langer Zeit vom Westen Portugals bis nach Istanbul gewandert, und das nur durch die Gebirge. Er hat dafür achtzehn Monate gebraucht, ungefähr zehntausend Kilometer zurückgelegt und ein Buch darüber geschrieben („Clear Water Rising"). Gegen Regen hatte er einen Schirm dabei, wie es sich für einen Engländer gehört. Außerdem gibt es zwei Reisebeschreibungen von Patrick Leigh Fermor („Zwischen Wäldern und Wassern" und „Die Zeit der Gaben") über den Weg von den Niederlanden nach Istanbul sowie eine weitere von Jason Goodwin, mit dem Ausgangspunkt Danzig, von wo aus es nach Istanbul ging. Es erscheint mir als ein Kuriosum, dass alle den Endpunkt am Bosporus gewählt hatten. Die Bücher bringen mich in die richtige Stimmung für die Reise und ich finde ein paar wenige Hinweise, die mir beim Packen meines Rucksackes helfen.

Meine Ausrüstung

Dank meiner Touren im Himalaya hatte ich zumindest eine Vorstellung, was ich an Kleidung brauchen würde, allerdings war bei diesen Reisen bereits im Vorfeld für Essen und Unterkunft gesorgt, ebenso für die Wegführung. Im Internet stieß ich auf Ultra Light Trekking, wo ich einige gute Tipps erhielt, zum Beispiel dass Wanderer zwar meist ein komplettes Besteck mitnehmen, aber im Grunde nur einen Plastiklöffel benötigen. Dies deckt sich mit meinen Beobachtungen, denn ein Taschenmesser gehört in der Regel auch noch zur Grundausstattung. Vor allem sollte man vermeiden, Dinge doppelt mitzunehmen. Das klingt logisch und einfach, ist es aber nicht. Für den interessierten Leser will ich im Detail beschreiben, wie ich meine Ausrüstung zusammengestellt und welche Erfahrungen ich damit gemacht habe. Wen dieser Teil nicht interessiert, kann einfach zum nächsten Kapitel springen.

Zuerst habe ich nicht etwa eine Liste gemacht, sondern mich gefragt, was ich über eine so lange Strecke zu tragen bereit wäre. Im Prinzip entscheidet man sich zwischen dem Komfort beim Wandern (das heißt möglichst leichtem Rucksack und Kleidung) oder dem Komfort am Abend nach dem Wandern (mit möglichst vielen Sachen, die den Abend und vor allem die Nacht angenehm machen). Meinen schwersten Rucksack hatte ich bei einer Wanderung über die Insel La Réunion getragen, die herrliche Vulkaninsel südwestlich von Mauritius, wo die Währung Euro ist, denn sie gehört zu Frankreich. Dort hatte ich einundzwanzig Kilogramm auf dem Rücken und der Hüfte, was für die vierzehn Tage auch in Ordnung war. Nach längerer Überlegung kam ich zu dem Schluss, dass ich auf dieser Wanderung maximal sechzehn Kilogramm tragen möchte, etwas weniger als zwanzig Prozent meines Körpergewichtes. Dazu gehören drei Liter Wasser, Nahrung für fünf Tage sowie alle Kleidung und Ausrüstung, außer den zwei Dingen, die ich tagsüber immer am Leib habe: meine Wanderschuhe und die lange Hose. An dieser hatte ich eine Änderung vorgenommen: Dort, wo der Beckengurt des Rucksackes auf dem Hüftknochen aufliegt, habe ich mit einem Skalpell die Gürtelschlaufe entfernt, denn die doppelt vernähte Naht drückt sonst in die Haut hinein, dass bei längeren Wanderungen eine Scheuerstelle entsteht. Außerdem tut das auf die Dauer weh.

Dazu kamen viele gute Ratschläge von Freunden und Bekannten, was ich auf jeden Fall mitnehmen müsste. Dann habe ich jedes Teil auf meiner Liste hinterfragt. Manches ist von der Liste verschwunden, sehr weniges hinzugekommen. Unsere Küchenwaage wurde von mir in Beschlag genommen. Jedes Teil wurde einzeln auf das Gramm genau gewogen und vieles für zu schwer befunden. Für jedes Stück habe ich mich dann auf die Suche begeben, ob ich etwas Leichteres finde, was trotzdem die gewünschte Funktion und Qualität erfüllt. Dafür ein paar Beispiele: Meine Fleecejacke wiegt sechshundertsechzig Gramm. Daraufhin habe ich die Outdoorgeschäfte durchstöbert und eine Jacke mit gleichen Isolationswerten, aber einem Gewicht von dreihundertdreißig Gramm gefunden. Natürlich sollte mein Schweizer Armeemesser mit, wie auf meinen vorherigen Touren auch. Dieses habe ich wegen seines Gewichtes von über zweihundert Gramm zu Hause gelassen – zugunsten meines neuen Klappmessers. Es hat einen Holzgriff und eine sehr scharfe Klinge aus schwedischem Stahl und wiegt sechsundfünfzig Gramm. Meine selbstaufblasende Isomatte schlägt mit knapp eineinhalb Kilogramm zu Buche. Sie musste einer Yogamatte mit dreihundert Gramm weichen. Meine Trinkflasche wurde durch eine handelsübliche PET-Mineralwasserflasche aus dem Supermarkt ersetzt. Diese ist robust, viel leichter und sollte sich noch bewähren.

Wie bereits oben erwähnt, war es wichtig, möglichst wenige Dinge doppelt mit zu nehmen. So hatte ich nur eine lange Hose dabei, die ich einmal pro Woche wusch. Hierzu suchte ich mir einen sonnigen Tag aus, nach einer Stunde war sie meist trocken. War es kühl, zog ich für diese Zeit meine lange Unterhose an und wenn nötig noch die Regenhose darüber. Statt einer Regenjacke und eines Regenschutzes für den Rucksack, nahm ich einen Regenponcho mit, wodurch dann wieder etwas Gewicht gespart wurde. Doppeltes gab es nur für wenige Situationen, zum Beispiel hatte ich für den Ausfall des GPS einen mechanischen Kompass dabei. Das war für mich ein Sicherheitsaspekt, denn ich wollte in der Einsamkeit Norwegens nicht ohne klare Orientierung sein. Außer eines kleinen Feuerzeugs hatte ich auch noch eine Art Feuerstein dabei, mit dem ich Funken schlagen und so den Brennspiritus meines Kochers entzünden konnte. Warmes Essen zur Energiezufuhr und für die Seele, sehe ich als extrem wichtig an. Diese Meinung behielt ich auch während der langen Reise. Doppelt gibt es dann nur noch eine Unterhose und ein kurzärmeliges T-Shirt, um ein sauberes zu haben, während das andere täglich gewaschen wird und trocknet. Meine Bekleidung stelle ich so zusammen, dass ich alles anziehen kann, wenn es bei Minusgraden ungemütlich wird, so zum Beispiel am Oberkörper ein kurzärmeliges Sommer T-Shirt, das langärmelige Winterlaufshirt, darüber meine Fleecejacke und den Windbreaker. Damit kann ich sogar dem Schneesturm am Nordkap trotzen! Aber meine Fleece-Handschuhe sind zu dünn und ich werde aufgrund des Windes Frostblasen bekommen.

Mit dem gleichen System habe ich meinen Schlafsack ausgemustert. Ich hatte einen mit einer ausgewiesenen „Belastungsgrenze" von minus zwanzig Grad Celsius. Diesen ersetzte ich durch einen, der für null Grad geeignet und um eintausend Gramm leichter ist. Wenn es also nachts kalt wurde, zog ich so viel von meiner Kleidung zusätzlich an, bis es warm wurde. Es ergibt keinen Sinn, für die wenigen Male, wo dies der Fall war, auf der gesamten Reise ein zusätzliches Kilo mitzuschleppen, wenn es in Kombination mit Kleidung auch so geht. Für mein GPS und den Fotoapparat konnte ich die gleichen wiederaufladbaren Batterien mit besonders hoher Kapazität verwenden. Das kleine Ladegerät funktioniert auch für die kleineren Batterien der Stirnlampe.

Ein Risikofaktor war das Zelt, denn ich setzte mich über alle Empfehlungen hinweg. Die vorgeschlagenen Fabrikate sind selbst für eine Person erst ab knapp eineinhalb Kilogramm zu haben. Mehr durch Zufall landete ich auf einer Website, welche die zehn Favoriten des Autors in Bezug auf Wanderausrüstung enthielt. Es wurde ein Zelt beschrieben, das robust und leicht sein soll. Dieses Einmannzelt wiegt etwas über sechshundert Gramm und ist so konstruiert, dass ich meine Wanderstöcke als Zeltstangen benutzen konnte. So wog das Zelt mit Heringen knapp fünfhundert Gramm, denn die Zeltstangen konnte ich zu Hause lassen. Ich durchkämmte vor dem Kauf das Internet nach einem Erfahrungsbericht, wurde aber trotz eingehender Suche nicht fündig. Mein Fazit: Mir hat es gute Dienste geleistet und alle Strapazen gut überstanden. Mein Rucksack war für den Flug in einen robusten Plastiksack eingepackt. Diesen habe ich beim Zelten, zum Schutz des Zeltbodens vor spitzen Steinen, untergelegt. Wer das nicht hat, nimmt ein Stück Baufolie.

Es war ein ständiges Wiegen und Vergleichen. Nachdem ich alles optimiert hatte, packte ich zum ersten Mal den Rucksack – und das gab ein negatives Gewichtsergebnis und eine Überraschung. Mit siebzehneinhalb Kilogramm war ich noch ein gutes Stück von meinem Ziel entfernt. Sofort setzten die Gedanken ein, was ich daheim lassen könnte, ohne meine Sicherheit zu gefährden. Was mich aber verblüffte, mein Rucksack war noch nicht einmal ganz voll! Er war wohl einfach zu groß. Ich fuhr mit dem gepackten Rucksack in die Stadt zum Outdoorgeschäft und probierte mit einem sehr geduldigen Verkäufer andere Rücksäcke aus, wobei ich gleichzeitig genau auf deren Eigengewicht achtete. So konnte ich von einem Fünfundsiebzig-Liter Rucksack auf einen mit einem Volumen von fünfzig plus zehn umsteigen, wodurch ich über anderthalb Kilogramm einspare und so meine anvisierten sechzehn Kilogramm sogar noch knapp unterbiete. Darüber war ich so froh, dass ich mir als Luxus zusätzlich einen iPod mit meiner Musik einpackte. Solch ein auf Gewicht getrimmtes Rucksack-Leichtgewicht steht natürlich schnell im Verdacht, dass er auf Dauer nicht gut sitzt oder so eine Tour nicht durchhält. Ich lief also mit dem gepackten Rucksack drei Stunden im Geschäft umher, und auch nach dieser Zeit saß er gut auf meinem Rücken. Auf der gesamten Reise sollte er mir ein treuer Begleiter sein. Einmal brachen zwar die Alustangen im Rücken, aber dafür ist wahrscheinlich der Transport per Flugzeug verantwortlich und, nebenbei bemerkt, es geht auch ohne die Stangen, wenn der Rucksack voll ist und es sein muss.

Ein besonderes Augenmerk lag auf meinem Erste-Hilfe-Set. Hätte ich alles eingepackt, was mir geraten wurde, ich hätte eine Apotheke überfallen müssen. Mein Hauptaugenmerk galt meinen Füßen und Gelenken. Gegen Blasen oder gereizte Hautpartien hatte ich ein spezielles Pflaster namens Compeed, das sich wie ein Gelverband auflegt und den Druck auf eine größere Fläche verteilt. Diese sind in verschiedenen Formen für Ferse und Zehen erhältlich und haben sich für mich bestens bewährt. Für Verstauchungen und Dehnungen hatte ich je fünfundzwanzig Gramm einer Arnikasalbe und eines Arnikagels von Weleda. Diese fanden auch an Schulter und Rücken Anwendung und haben mir sehr geholfen. Aconit-Schmerzöl und ein Fußbalsam dienten zur täglichen Pflege der Füße. Hinzu kam ein Fläschchen Desinfektionsmittel (zehn Milliliter) zur Desinfektion von Wunden, sowie Magnesiumtabletten für meine Muskeln, die ich jeden zweiten Abend im Wechsel mit einer Vitamin-/Mineralientablette zu mir nahm. Alles bislang Aufgezählte sollte auch während der Reise zur Anwendung kommen, im Gegensatz zu der nun folgenden Auflistung: zwei Mullverbände, um mit einem Druckverband die Blutung einer Wunde stillen zu können, zwei fettige Wundauflagen, drei Ibuprofeen gegen Schmerzen und Entzündungen. Um Wasser desinfizieren zu können, hatte ich zudem Micropur-Tabletten dabei, die sich auch schon im Himalaya bewährt hatten. Das war's.

Mancher, der mir begegnete, meinte, dass sechzehn Kilogramm für eine so lange Wanderung zu viel Gewicht sei, maximal zehn Kilogramm sollen angeblich ausreichen. Ich stehe dem sehr kritisch gegenüber, denn diese Ausrüstung sicherte mein Überleben in der Wildnis. Ohne Wasser und Nahrung wird es schwierig und ohne Schutz vor Wind und Wetter tödlich. Hier ist mir ein Ereignis vor Augen, was ich in dem Büchlein über den österreichischen Nord-Süd-Weg gelesen habe. An dem Weg steht in der Nähe des Koralpenhauses ein Mahnmal für zwei junge Wanderer, die am 01.07.1976 dort im Schneesturm erfroren sind – mitten im Sommer.

Das Abenteuer beginnt

Nach etwas mehr als der Hälfte der Reise, kurz nach dem die Alustangen des Rucksackes gebrochen waren, waren auch einige andere Sachen schlichtweg kaputt: Die Treckinghose war durchgescheuert, die zwei T-Shirts zeigten die ersten kleinen Löcher, bei den zwei Unterhosen wurde das Funktionsmaterial langsam etwas hart, so dass ich anfing, mich wund zu laufen. Außerdem verschliss ich drei Paar Wanderstiefel, auch wenn eines gereicht hätte. Das erste lief durch tägliches Nasswerden und Trocknen ein, so dass meine Zehen eingequetscht wurden. Nummer zwei musste ich ausmustern, weil das Gelenk meines Hammerzehs gewachsen war und ich nicht mehr in den Schuh passte, und Nummer drei quetschte mir vier Tage vor dem Ziel auch wieder den Zeh ein, weil auch dieser Schuh eingelaufen war.

Ein paar Änderungen und Ergänzungen kamen im Laufe der Zeit noch dazu, die zwar auch für etwas mehr Gewicht sorgten, aber zu meiner Gesundheit, meiner Sicherheit und meinem Wohlbefinden beitragen sollten. Zuerst hatte ich wegen einer Fußverletzung in Griechenland zusätzlich ein Paar leichte Joggingschuhe dabei, damit sich meine Füße nach der Wanderung in einem luftigen Schuh erholen konnten. Diese sollten mir in Norwegen noch hervorragende Dienste leisten. Bei Frosttemperaturen ist eine Isomatte zu dünn, denn die Kälte kriecht dann vom Boden in den Körper. Ich ersetzte sie durch eine kleine Luftmatratze mit Daunenfüllung. Den dicken Windstopper tauschte ich im Süden gegen einen dünneren ein, um weniger zu schwitzen. Und meinen iPod ersetzte ich nach der Hälfte der Reise durch einen E-Book-Reader. Damit konnte ich meine Pausentage besser genießen und die Batterie hielt unendlich viel länger. Alles andere funktionierte so, wie ich es mir erhofft hatte, was sehr zum Gelingen meiner Reise beitrug. Eine detaillierte Auflistung dessen, was ich mitgenommen habe, findet ihr auf meiner Internetseite: www.clemens-bleyl.de.

TÜRKEI

Der erste Schritt mit großem Respekt

Es ist der 4. April und ich besteige in Hamburg den Flieger nach Istanbul, nachdem ich mich noch einmal von Kopf bis Fuß von meinem Arzt habe durchchekken lassen und ich mich von meiner gesamten Familie verabschiedet habe. Die Jahreszeiten und das dazugehörige Wetter haben mich dazu gebracht, dass ich meine Reise in der Türkei starte. Ich möchte mit dem Frühling zusammen gen Nordwesten gehen. Der erste Schritt ist ja angeblich der schwerste, aber ich freue mich nach all der Vorbereitung und Planung darauf, nun endlich loszugehen. Andererseits habe ich großen Respekt vor dem, was da vor mir liegt: die große Strecke, die Einsamkeit, das Wetter und die Berge – und alles, von dem ich noch nicht weiß.

In Istanbul angekommen, treibe ich mich am Abend noch in der Stadt herum. Es gibt hier so viel zu sehen, die Hagia Sophia, den Großen Basar und den Topkapi Palast. Aber ich bin ungeduldig und möchte losgehen. Zum Glück habe ich mir diese prächtige und turbulente Stadt schon bei früheren Besuchen angesehen.

Am nächsten Morgen steige ich in eine Fähre, die mich aus der Stadt bringt, denn ich habe keine Lust, nur auf Asphalt zu gehen. Aber das muss ich dann doch, denn diese Stadt will eigentlich nicht enden und die Bebauung zieht sich fast bis zur griechischen Grenze. Ich kann immer wieder entlang der Küste gehen, aber meist ist eine Straße neben mir. Von der Küste weg muss ich immer dann, wenn eine Kaserne in bester Lage am Meer liegt oder es ein bewachtes Wohngebiet gibt. Auch Sicherheitsdienste lassen mich nicht durch die vorhandenen Wege gehen. Als ich um eine große Raffinerie mit einem Kraftwerk herumgehen muss, wandele ich auf einer großen Straße. Der Staub fliegt, die Raffinerie stinkt und Autos und LKSs rauschen direkt an mir vorbei. Aufgrund des Rucksacks erreicht mich jeder Windstoß. Die Straße läuft auf eine lange Brücke zu, auf der ich ungefähr anderthalb Kilometer auf einem nicht vorhandenen Seitenstreifen balanciere. Ich bin froh, als ich auf der anderen Seite in einem Wohngebiet ankomme.

Mein erster Tag endet nach vierundvierzig Kilometern am Meer. Ich bin völlig erschöpft und der große Zeh meines rechten Fußes schmerzt. Ich muss mir wohl beim Stolpern den Nagel gestoßen haben.

In den sechs Wochen vor meiner Abreise hatte ich ein Trainingsprogramm absolviert, bei dem ich schrittweise die Wanderstrecke bis auf dreißig Kilometer ausgedehnt und das Gewicht des Rucksackes bis auf zwanzig Kilogramm gesteigert habe. Aber auch bei bestem Trainingszustand bin ich jeden Abend müde und meine Füße sind platt und das noch Monate später – es ist einfach mehr als ein halber Marathon jeden Tag.

Ich versuche fünfundzwanzig bis dreißig Kilometer täglich zu gehen, solange es einfache Wege sind. Schaffe ich wesentlich mehr als diese Distanz, so büße ich dafür in den drei Tagen danach, weil ich morgens nicht ganz frisch bin und die Muskulatur nicht locker ist. Die Folge sind etwas kürzere Etappen und unterm Strich habe ich nichts gewonnen. Viel hängt auch von der Tagesform ab. Das merke ich meist schon am Morgen, während des ersten Kilometers. Entweder ich komme in einen guten Rhythmus und der Tag ist mein Freund oder die Beine fühlen sich müde an und es ist mentale Stärke gefordert, den Tag zu gestalten.

Leider schmerzt in den Folgetagen der Zeh und es entwickelt sich eine Blutblase am Nagel. An einem Mittag entscheide ich mich, den heutigen Tag zu beenden und setzte mich in einen Bus, um den Rest nach Marmaraereglisi zu fahren. Im Bus komme ich mit einem Türken ins Gespräch, der früher in Essen gearbeitet hat. Ich bitte ihn um eine Empfehlung für eine Unterkunft, in der ich ein paar Tage bleiben kann, um meinem Zeh Zeit zum Heilen zu geben. Er erklärt mir genau, wo ich vom Busbahnhof aus hingehen muss.

Als ich aus dem Bus raus bin, ist jeder Schritt eine Qual. Trotzdem mache ich einen Sprint über eine vierspurige Straße, damit ich meinem Fuß den Umweg über die Brücke erspare. Im Ort frage ich jeden, der mir begegnet, nach dem Weg, damit ich bloß keinen Schritt zu viel gehen muss.

Endlich stehe ich vor dem Eingangstor zum Hotelgelände: GESCHAFFT! – Denkste! Der Sicherheitsdienst macht mir klar, dass das Hotel geschlossen ist, denn der Betreiber sei pleite. Ich kann und will keinen Schritt mehr gehen und frage, ob es hier ein Taxi gibt. Aber das existiert wohl nicht. Nach längerem Gespräch hat der Sicherheitsmann Mitleid mit mir. Er weckt seinen Kollegen, der noch ein Mittagsschläfchen hält, und dieser erklärt sich bereit, mich die drei Kilometer zurück ins Zentrum zu fahren, wo es ein anderes Hotel gibt.

Ich bleibe drei Tage und verbringe sie überwiegend in einem netten Café, unter einem Baum im Schatten, in der schon warmen Sonne mit Blick auf den Hafen und das Meer. Ich schreibe Gedanken auf zu einem Buch über Karriere und wie man die Chancen nutzt, seine Berufung zu finden, um nicht in Langeweile oder Verdruss seinen Lebensunterhalt zu verdienen.

Ich bin leidenschaftlicher Teetrinker und in manchen Ländern ist das gar nicht so einfach, denn alle trinken Kaffee. Doch hier in der Türkei gibt es ihn: Chai, wie er hier heißt, in Gläsern so groß wie für einen doppelten Schnaps. Er ist etwas bitter, was durch eine großzügige Prise Zucker gemildert wird. Das ergibt eine herrliche Kombination. Dazu kann ich aus einigen, in verführerischen Fruchtfarben leuchtenden, Kuchen aussuchen.

Eines Nachmittags sehe ich eine große Schar Vögel vom Meer her kommen. Sie gleiten in der Luft auf das Land zu und schlagen kaum mit den Flügeln. Je näher sie kommen, umso größer erscheinen sie. Es sind Störche, die aus Afrika kommen und auf dem Weg nach Norden sind, immer dem Frühling nach, wie ich.

Am ersten Abend humpele ich vom Café zum Hotel, an einem Döner-Restaurant vorbei. Der Koch steht in weißer Schürze und Kochmütze vor der Tür und lacht mich einladend an. Ich habe mein Restaurant gefunden, in dem ich jeden Abend eine lokale Spezialität esse. Mein besonderer Leckerbissen ist Pide nach Art des Hauses mit einem Salat dazu. Im Laufe des Abends ist der Laden brechend voll mit Einheimischen und Menschen, die telefonisch bestellt haben und das Essen abholen. Die anderen umliegenden Restaurants sind schwach bis gar nicht besucht.

Ich kann abends immer meiner Lieblingsbeschäftigung nachgehen: Menschen beobachten, rein privat, was ganz anders ist als im Beruf. Dort sind Menschen die wichtigsten Erfolgsgaranten. Zu sehen oder zu spüren, wie es ihnen geht, was sie vielleicht gerade bewegt oder was ihnen fehlt, gehörte zu meinem Alltag. Als Hobby aber hatte ich es entdeckt, als ich in Shanghai wohnte. Sonntagnachmittags fuhr ich in die Stadt, in ein Viertel namens Xintiandi. Dort hat man typische Häuser des alten Shanghai wieder aufgebaut, aber die Straße dazwischen viel breiter als Fußgängerzone angelegt. In den Häusern wohnten keine Bürger mehr, sondern Boutiquen, Restaurants, Bars und allerlei Geschäfte boten dort ihre Waren und Services an. Ich hatte mich mit einem Tee draußen an den Fußgängerbereich gesetzt. Es war, wie an einem Laufsteg zu sitzen. Die Menschen, Frauen wie Männer waren herausgeputzt und kamen aus aller Herren Länder. Immer wieder schlenderten Chinesinnen vorbei, die scheinbar eigene Modeentwürfe trugen, farbenfroh und extravagant. Wäre ich Modedesigner, hier hätte ich mich zur Inspiration hingesetzt. Die kommende Kollektion wäre ein Erfolg gewesen.

Sperrmüll, wie früher bei uns

Und ich war jedes Mal am Abend gut gelaunt in meine Wohnung zurückgekehrt, bereit für eine neue Woche.

An diese Szenerie fühle ich mich nun hier auch erinnert. Das Leben sieht entspannt aus; alle scheinen Zeit zu haben und sitzen gerne zusammen bei einer angeregten Unterhaltung. Beim Barbier von – Nein, nicht Sevilla! –, sondern Silivri lasse ich mir den Bart abnehmen. Das gibt es nur noch hier – in unseren Gefilden ist diese Kultur verlorengegangen. Er ist ein Meister seines Faches und ein Perfektionist. Wieder und wieder werde ich eingeseift; dann ist der Bart ab und meine Wangen sind glatt wie ein Kinderpopo. Fertig? Nein, natürlich nicht! Der Nacken, die Ohren und die Nase werden ebenfalls noch von Haaren befreit – ungefragt! Mein Barbier macht seinen Beruf mit viel Leidenschaft und Hingabe, ein schönes Beispiel für einen Menschen, der seine Berufung gefunden hat. Ich nehme diese Pflegeeinheit als ein gutes Omen für den morgigen Tag. Nach drei Tagen hat sich mein Zeh beruhigt, obwohl er am Nagel noch eine kleine rote Stelle aufweist. Aber ich möchte weiter.

Als ich am nächsten Morgen losgehe, versuche ich ein wenig zu humpeln, indem ich beim Schritt vorwärts den Fuß nach außen wegdrehe. Dadurch werden die Zehen des rechten Fußes nicht gebogen und der „große Onkel" bleibt ruhig. Aber das geht nicht lange gut, denn mein Knie beginnt zu schmerzen, es mag die

Drehbewegung nicht. Ich ändere die Taktik, ich gehe etwas langsamer. Normalerweise habe ich so knapp sechs Kilometer pro Stunde als Tempo und jetzt probiere ich es mit gut fünf Kilometern pro Stunde. Ich mache kleinere Schritte und die Zehen werden nicht ganz so strapaziert – es funktioniert. Und doch tut der Zeh am Abend etwas weh, was aber jeden Morgen wieder weg ist, bis auf den kleinen roten Punkt.

In den nächsten Tagen komme ich gut vorwärts. Wenn ich vorher zu Hause von meinen Reiseplänen erzählt habe, wurde mir besonders von Frauen immer wieder die Frage gestellt: „Hast Du keine Angst vor den Bären und den Wölfen?" Ich bin einigen Tieren auf der Reise begegnet und hatte mir für Bären und Wölfe auch die entsprechenden Verhaltensmaßregeln eingebläut. Aber die ersten „wilden Tiere" auf meiner Reise liegen an einer Straße vor einem Restaurant am Ortseingang von Barbaros. Ich gehe darauf zu und möchte dort bei einem Chai eine Pause einlegen. Vor der Tür dösen zwei Deutsche Schäferhunde. Als ich zwanzig Meter vor ihnen bin, fängt ein Grollen an, das weit über ein Knurren hinausgeht. Gut, dann gibt es eben keinen Tee. Ich wechsele auf die andere Straßenseite, um möglichst weit weg vorbeizugehen.

Kurz danach erreiche ich den Ort, ich wandere hinein und hinunter zum Hafen, um nun einen Chai zu finden. Dort fallen mich drei Hunde an, von denen einer mit fletschenden Zähnen versucht, mich zu beißen. Mit meinem Wanderstock kann ich ihn auf Distanz halten, denn auf die Rufe seiner Herrchen reagiert keiner der Hunde. Ich werde in Südeuropa noch einige Begegnungen mit Hunden haben, die es in sich haben. Aber mein Pfefferspray in der Hosentasche habe ich nie gebraucht. Ich glaube, dass manche Hunde vom großen Rucksack oder meinen Sonnenhut irritiert sind. Vielleicht identifizieren sie mich auch als Fremden und werden deshalb aggressiv, während sie bei den Einwohnern des Ortes ruhig liegenbleiben. In einer Hafenkneipe bekomme ich schließlich meinen Chai, sogar aufs Haus, denn der Wirt hat Deutschland gearbeitet.

Außer mir gibt es hier niemand anderen mit einem Rucksack, aber kurz vor der Grenze nach Griechenland bei Ipsala begegnet mir ein Pärchen mit vollgepackten Fahrrädern. Sie sind vor fünf Monaten in Berlin gestartet und auf dem Weg nach Teheran. Gute Reise! Vor zwei Tagen sind sie einer anderen Wanderin begegnet, die wohl auch auf einer sehr langen Tour ist, nähere Details wissen sie leider auch nicht. Ich erreiche meine erste Grenze und schaue zurück in die Türkei.

Europa kritisiert viel an der Politik des Landes herum. Ich bin zwar nur ein kurzes Stück hindurchgegangen, von Istanbul bis zu griechischen Grenze, aber meine Eindrücke bringen mich zu einer zusätzlichen Sichtweise. Ich habe schon lange nicht mehr so viele junge Leute gesehen. Das Land hat die umgekehrte Demographie, ganz im Gegensatz zu den alternden Gesellschaften Europas. Diese jungen Leute schauen in die Zukunft, wollen sich ein Leben aufbauen und Familien gründen. Dazu brauchen sie Arbeit, Arbeit und nochmal Arbeit. Bei der Bevölkerung hat erste, zweite und dritte Priorität, dass Jobs geschaffen werden, egal von wem, und danach kommt lange nichts. Unsere Luxusprobleme haben die Türken „noch" nicht, mehr noch, sie können sich diesen Luxus noch lange nicht leisten. Es ist meiner Ansicht nach vermessen von uns, von den Türken Dinge zu fordern, die wir selbst im Aufbau unserer Wohlstandsgesellschaft vor fünfzig bis siebzig Jahren auch nicht sonderlich beachtet haben. Damit sage ich nicht, dass es falsch ist, Verbesserungen anzumahnen. Aber wir sind in unserer Vergangenheit auch nicht so unschuldig mit Umwelt, Meinungsfreiheit und so weiter umgegangen, dass wir uns erlauben könnten, mit erhobenem Zeigefinger aufzutreten. Diese Gesellschaft kann unsere Unterstützung gebrauchen. Und im Schatten der Moscheen und Kirchen herrscht eine schöne, warmherzige Gastfreundschaft.

Mein großer Onkel

Es ist ein schönes Gefühl, mit dem Rucksack an die Grenze zu kommen – ein Abschnitt ist geschafft und der Zauber des Neuen entfaltet sich wieder vor mir. Wie wird Griechenland sein, finde ich Wege abseits der Straßen, auf denen ich gehen und die Natur genießen kann? Der türkische Zöllner prüft und stempelt meinen Pass. Aber dann weist er mich darauf hin, dass ich nicht zu Fuß über die Grenze gehen darf. Warum nicht? Griechenland und die Türkei sind sich ja traditionell nicht sehr grün. So besteht die Grenze aus einem Streifen Niemandsland mit einem trennenden Fluss, über den nur diese eine Brücke geht. Und auf beiden Seiten liegen Soldaten, die misstrauisch und bewaffnet die andere Seite beobachten. Es wäre deshalb auf der Straße zu Fuß zu gefährlich. Ich soll mir eine Mitfahrgelegenheit suchen. An dem Grenzshop steht ein Bus und eine Frau, die aussieht wie eine Reiseleiterin, steigt aus. Ich frage sie, ob sie mich das Stück mitnehmen kann. Sie geht zurück in den Bus und fragt. Ja, aber sie fahren erst in fünfzehn Minuten. Ich freue mich. Dann steigt die Reisegruppe aus: sämtlich griechisch orthodoxe Geistliche und Mönche mit ihrem Abt. Sie waren in Konstantinopel, wie alle in Griechenland trotzig sagen, bei ihrem geistlichen Oberhaupt. Während der Pause und der anschließenden kurzen Fahrt fragen sie mir ein Loch in den Bauch über meine Reise. Was für eine herrliche Reisegesellschaft. Zu diesem Zeitpunkt weiß ich noch nicht, dass ich später in einigen ihrer Klöster übernachten werde.

GRIECHENLAND

Am Abend komme ich in dem kleinen Ort Feres an und quartiere mich in einem Hotel ein, das mir an einer Tankstelle ein paar Kilometer zuvor empfohlen wurde. Obwohl ich genug gelaufen bin, erkunde ich den Ort, um etwas zu essen zu finden. Hier ist schon Frühling und die Luft ist lau, auch wenn es abends noch frisch wird. Dieser Ort erweist sich als typisch für kleine Orte in Griechenland. Viele Geschäfte sind für immer geschlossen, die kleinen Gassen haben kaputte Straßen und die Bevölkerung gehört eher der älteren Generation an. Wenn ich von dem kleinen Marktplatz im Zentrum absehe, sieht es aus wie ein sterbender Ort, denn erst sind die Arbeitsplätze und dann die Jugend verloren gegangen. Im einzigen Restaurant frage ich den Besitzer, was er am liebsten von seinen Gerichten isst, denn das hätte ich auch gerne. Das ist häufig eine gute Wahl. Inklusive Bier macht das zusammen zehn Euro für den empfohlenen Salat plus Fleischplatte.

Am Morgen folgt ein typisches Beispiel, wie ich manchmal meinen Weg finde. Ich frage die Hotelierfamilie, ob es einen Weg abseits der Straßen nach Alexandroupoli gibt. Und der existiert, er führt mitten durch ein großes Flussdelta, in dem es viele Vögel gibt. Sie singen und kreischen, der Chor wird noch durch das Quaken der Frösche vervollständigt. In der Nacht hatte es geregnet und deshalb sind die lehmigen Wege aufgeweicht. Je länger ich gehe, umso schwerer werden meine Schuhe. Die darunter klebende Lehmschicht wird immer dicker. Und meine Hosenbeine sehen am Abend auch nicht mehr so gut aus.
Am Ziel angekommen, meide ich die Hotels am Meer und an der Straße, sondern suche mir eine Bleibe in einer Nebenstraße. Sie erinnert mich an eine Tour im Himalaya rund um den Annapurna. Dort schläft man in Teehäusern auf einer Holzpritsche, die mit einem Schaumstofflappen gepolstert ist und schon bessere

Tage gesehen hat. Im Raum hängt die Wäsche zum Trocknen. Das Zimmer, das ich nun hier vorfinde, ist simpel und in Ordnung. Ein Grund für meine Reise war auch, wieder „normal" zu werden und einen Blick fürs Wesentliche zu erhalten. Auf meinen beruflichen Reisen war ich immer in guten Hotels untergebracht, übertrieben gesagt, wenn ich nicht aufgepasst hätte, wäre ich auch noch aufs Zimmer getragen worden. Man versuchte mir jeden Wunsch von den Lippen abzulesen, alles sprang auf, wenn ich erschien. Man nahm mir den Koffer ab und checkte mich mit Priorität ein – obwohl bei den meisten Hotels beim Check-in noch Verbesserungsbedarf war. Hier spricht der Manager in mir, der ein Auge für ineffiziente Prozesse hat. Warum dauerte das so lange, obwohl ich schon fünf Mal in diesem Hotel war? Meine Daten hätten doch in diesem verflixten Computer sein müssen. Waren sie auch, nur keiner fand sie. Dabei wollte ich doch nur möglichst schnell auf mein Zimmer, denn ich war müde von der Anreise.

Ich beschreibe damit einen konkreten Fall, der sich folgendermaßen zugetragen hatte: Ich war um 2.00 Uhr morgens in Mumbai (dem früheren Bombay), Indien angekommen. Dort gibt es nicht genügend Hotels und meine indischen Kollegen hatten mich im „Leela" untergebracht, dem vermeintlich besten Hotel dieser Metropole, für sagenhafte sechshundert Dollar pro Nacht. Wenn es nicht genug Zimmer gibt, sind dem Preis wohl keine Grenzen gesetzt. Ich wurde auf einem Sofa platziert und mein Koffer verschwand. Nach einer Weile erschien ein Page und reichte mir ein gekühltes, feuchtes Tuch. Ja, das war nett und bei der schwülen Wärme erfrischend, aber eigentlich wollte ich nur auf mein Zimmer und ins Bett. Zehn Minuten später erschien der nächste und brachte mir einen Saft. Schön, Durst hat man bei der Hitze immer, aber ich musste um 7.00 Uhr bereits wieder aufstehen und brauchte die wenigen Stunden Schlaf, um fit zu sein. Nach weiteren fünfzehn Minuten erschien jemand von der Rezeption und fragte nach meinem Pass, um die Formalitäten vorbereiten zu können. „Kann das bitte schnell gehen?", bat ich – ich musste einfach ins Bett! Mittlerweile war es bereits 3.00 Uhr geworden. Er versicherte mir, er sei gleich wieder da, doch es sollten weitere fünfzehn Minuten verstreichen, bis er sich wieder blicken ließ – nicht ohne einen großen Fragebogen. Nun wollte er mit mir noch weitere „erforderliche" Daten durchgehen. Nach einigen Fragen streikte ich, verlangte meinen Schlüssel und verwies darauf, dass all diese Daten von einem früheren Besuch bereits im Hotelcomputer gespeichert seien. Um 3.30 Uhr wurde ich schließlich zu meinem Zimmer geleitet, wo ich jedoch meinen Koffer nicht erblicken konnte. Hierzu bedurfte es eines nachdrücklichen Telefonats, um 4.00 Uhr lag ich endlich im Bett. Mit ihrem wohlgemeinten Service („Was für ein Kissen möchten Sie?") hatten sie meinen Schlaf mittlerweile von fünf auf drei Stunden verkürzt, obwohl ich mit jeder fortschreitenden Minute immer fordernder geworden war. Gut gemeint ist eben nicht immer gut gemacht.

Schneller als gedacht beginnt man dieses Leben, wo einem alles abgenommen wird, für normal zu halten und das ist es ganz gewiss nicht. Doch auch ich wurde von dem System eingenommen, ob ich wollte oder nicht. Und jeden Freitagabend, wenn ich wieder zu Hause war, habe ich versucht von der Dienstleistung Abstand zu gewinnen, denn sie veränderte mich. „Glaubst du denn, dass du der große Zampano bist?", fragte ich mich ein ums andere Mal. Es ist leicht, sich diesem Glauben hinzugeben und manche Dienstleister tun alles dafür, dass man ihm erliegt. Aber es ist eine Illusion, eine gefährliche. Ehe man sich versieht, ist man bei diesem Treiben wieder außen vor. Darum laufe ich nun, nicht, weil ich außen vor bin, sondern weil ich wieder „normal" werden und „zu mir finden" möchte. Nichts ist selbstverständlich, alles kann von heute auf morgen anders sein. Das Glück kann auch einen anderen Weg nehmen oder sich gar gänzlich verabschieden. Daher möchte ich mit Demut und Dankbarkeit für all das, was ich erfolgreich tun durfte, auch in vollem Bewusstsein wieder die Einfachheit erleben und mir darüber klar sein, dass das Unglück manchmal bereits an der nächsten Ecke lauert. Wobei ich meiner Familie und meinen Freunden (und auch mir selbst) nur Glück wünsche. Gut: Meine Füße und Knie tun weh, der Rücken zwickt, aber ist das alles, reicht das, sich unglücklich zu fühlen und Unzufriedenheit zu empfinden? Es geht mir immer noch verdammt gut dabei, denn ich bin gesund und glücklich. Ich sitze in einem einfachen Restaurant und habe gerade frische, unverfälscht zubereitete Sardinen gegessen – welch` ein Genuss! Einen Manager hätte es wohl nie in diese Gegend, geschweige denn in dieses Restaurant, verschlagen. Bei dem Hin und Her meiner Gedanken komme ich mir vor wie Gollum aus „Der Herr der Ringe", in dessen Kopf ein ständiger Kampf zwischen dem stattfindet, was vermeintlich Gut und was Böse ist. Denn auch wenn es einfach scheint, ich habe den Luxus, hier hineingehen und etwas essen zu können. Viele Menschen haben nicht im Entferntesten die Wahl. Ich wage es kaum, in meinem Tagebuch niederzuschreiben, dass ich vom Glück beschienen bin, weil ich von Kindesbeinen an gelernt habe, dass dann auch eine Korrektur, ein negatives Ereignis, folgen kann. Ying und Yang, das Gleichgewicht fordert seinen Tribut. Kann ich den Dingen zuvorkommen und mit meiner Wanderung selbst den Ausgleich herstellen und hier, auf mich selbst gestellt, wieder zurück zu einer Normalität finden?

In der Nacht schlafe ich sehr unruhig; die Ursache ist das Gewicht der Bettdecke, obwohl sie federleicht ist. Und doch drückt sie so gewaltig auf meinen großen Zeh, dass ich im Schlaf den Schmerz spüre und davon aufwache. Der kleine rote Fleck hat sich plötzlich zu einem Bluterguss vergrößert. Ich versorge ihn mit allem Nötigen. Aber noch während der Nacht komme ich zu der Einsicht, dass dieser Zeh zur Gesundung eines nicht braucht – und das ist Wandern.

Ich nehme den Bus nach Kabala und suche mir humpelnd ein simples Hotel. Ich schleiche durch die schmalen Gassen und gehe in ein kleines Café und frage, ob es ein solches Hotel in der Nähe gibt. Die Antwort kommt in bestem Deutsch, denn der Eigentümer hat einige Jahre in Braunschweig gelebt und dort Maschinenbau studiert. Wie wir im weiteren Gespräch feststellen, waren wir beide gleichzeitig in manchen Vorlesungen. Finanziert hat er das Studium mit einer Kneipe, diese war dann so erfolgreich, dass er das Studium nicht beendet hat. Er empfiehlt mir ein Familienhotel und ruft dort auch sofort an. Aber es ist ausgebucht und so bleibt mir nichts anderes übrig, als in eines der großen Hotels am Hafen zu gehen. Zuvor aber erklärt er mir noch, wie ich medizinische Hilfe bekomme, denn die brauche ich. Ich muss in das Krankenhaus, das hoch am Berg über der Stadt liegt und mit einem Bus erreichbar ist. Nach dem Beziehen des Hotelzimmers sitze ich im Café und wäge meine Möglichkeiten ab. Ich könnte hierbleiben, die Entzündung behandeln lassen, und erst dann weiter laufen, wenn es wieder gut ist. Aber wie lange dauert das? Oder ich könnte mir ein Fahrrad kaufen und damit weiterfahren. Dadurch würde schließlich der Zeh nicht belastet. Vielleicht könnten ein Paar leichte Joggingschuhe eine Entlastung bringen, wenn ich eine Weile darin laufe, denn hier brauche ich keine bergfähigen Wanderstiefel. Das würde zwar bedeuten, dass ich dadurch zusätzliches Gewicht im Rucksack habe, aber meine körperliche Verfassung ist gut, wenn man von dem Zeh einmal absieht. Auch wenn ich selbst ein paar Kilos verloren habe – da ist noch etwas Speck auf den Rippen, den ich verbrennen kann, falls ich mich für die Schuhe entscheide und der Rucksack deshalb schwerer wird. Außerdem wird er ja jeden Tag auch leichter, denn die Zahnpasta, Tabletten und anderes werden regelmäßig verbraucht. Ich schleiche zu einem Sportgeschäft, um ein paar gute Sportschuhe zu finden, aber keiner passt wirklich.

Der Besuch im Krankenhaus ist ernüchternd: Ich hatte mir eine schwere Nagelbettentzündung eingehandelt, die nun mit antibiotischer Salbe behandelt wird. Die Aussichten auf eine rasche Heilung sind ziemlich gering. Ich komme schweren Herzens zu dem Schluss, dass ich meine Reise unterbrechen muss.

Auch wenn die Entscheidung schnell fällt, geht sie mir nicht leicht von der Hand. Das hat auch mit meiner beruflichen Biographie zu tun. Wenn ich eine Sache einmal in Angriff genommen habe, bin ich daran gewöhnt, sie durchzuziehen, insbesondere wenn Schwierigkeiten auftauchen. Aber das hier ist anders als in meinem Beruf als Manager. Dort blieb ich dran, musste es auch, bis das Projekt erfolgreich abgeschlossen war. Doch jetzt ist die Gesundheit betroffen, mein wichtigstes „Ausrüstungsstück" hat einen Schaden. Daher mischt sich in meine Betrübnis auch so etwas wie Erleichterung über meinen Entschluss: Schmerzen sind erstens kein guter Begleiter, außerdem kann so eine Entzündung auch schnell den gesamten Fuß erfassen und sich sogar auf das Bein ausweiten, wenn sie nicht sofort eingedämmt wird. So schade es ist – es ist das Richtige, die Wanderung zu unterbrechen. Ich MUSS nicht weiter, ich KANN, wenn ich will, zu meinem gewählten Zeitpunkt. Auch das ist Freiheit.

Der Geschäftsführer des Hotels, sein wunderbarer Vorname ist Christus, hilft mir bei allen Vorbereitungen. Ich genieße noch zwei Tage in dieser Hafenstadt. Da ich selbst am Meer groß geworden bin, ist das Wasser für mich immer ein belebendes Element. Und wenn ich etwas essen oder trinken will, dann gehe ich

Krise? Nicht in Kavala!

auch wieder meiner Leidenschaft nach, die Leute zu beobachten. Das Land befindet sich mitten in der Finanzkrise, doch hier merke ich nichts davon. Die Cafés
und Restaurants sind voll mit Einheimischen, die die Frühlingswärme genießen.
Auch die Geschäfte sind gut besucht und es wird reichlich eingekauft. Entweder
gibt es hier keine Krise oder Athen ist weit weg.

Nachdem der Flieger mich heil nach Hause gebracht hat, versuchen die Ärzte
nun die Entzündung zu stoppen, was auch nach zwei Wochen nicht gelingt. Dann
wird der Nagel entfernt und die Ursache tritt zu Tage: Der Nagel ist im Bett längs
gebrochen, bei jedem Schritt zwickte der Riss in das umliegende Fleisch. Und
beim Wandern habe ich täglich dreißig- bis fünfzigtausend Schritte gemacht.
Kein Wunder, dass keine Heilung eingetreten ist. Insgesamt muss ich bis Anfang
Juni zu Hause bleiben, bis alles verheilt ist und ich wieder fit bin zum Weiterwan-
dern. Vor dem Abflug finde ich auch noch die Ursache des gebrochenen Nagels.
Ich habe beim Wandern einen Kompressionsstrumpf getragen, weil durch die
erzwungene Zirkulation die Beine nicht so schnell müde werden. Es war eine
Maßanfertigung, aber diese drückt auch die Zehen zusammen. Nach einer Trai-
ningsrunde über zwanzig Kilometer sehe ich, dass mein großer Zeh so gegen den
nächsten Zeh gedrückt worden ist, dass er regelrecht verformt ist, und das an
genau der Stelle, wo der Nagel gebrochen war. Ich schneide den Fuß des Strump-
fes ab, so dass nur noch ab dem Knöchel aufwärts komprimiert wird. Meine
Zehen haben wieder Platz.

NORWEGEN

Das Motto der Reise und der Schneesturm

Inzwischen zeigt das Thermometer in Griechenland bis zu vierzig Grad Celsius
und ich habe wenig Lust, bei dieser brütenden Hitze zu wandern. Also will ich
meine Wanderung zumindest jetzt nicht dort fortsetzen. Ein Plan ist nur ein Plan
und deshalb habe ich ihn jetzt geändert. In zwei Wochen beginnt in Norwegen
die Wandersaison, weil der meiste Schnee gewichen ist und die Temperaturen
angenehm sind. Und es ist Tag und Nacht hell.

Mit dreimaligem Umsteigen fliege ich nach Honningsvag, einem kleinen Dorf
in der Nähe des Nordkaps. Dabei wird mir zum ersten Mal bewusst, dass Norwegen nicht zur EU gehört. Bei der Einreise in Oslo muss ich das aufgegebene

Gepäck abholen, durch den Zoll und aus dem Sicherheitsbereich des Flughafens, danach das Gepäck erneut einchecken und durch die Sicherheitskontrolle. Dafür ist relativ wenig Zeit, aber dann hat mein Anschlussflug reichlich Verspätung. Ich kaufe mir etwas zu essen und bin überrascht, wie teuer das ist. Die Kapitalflucht in der laufenden Finanzkrise hat das Geld aus der Eurozone heraus in die vermeintlich sicheren Häfen Schweiz und Norwegen getrieben. Beide Länder galten schon vorher als teuer, aber jetzt ist es durch den Wechselkurs exorbitant.

Es ist spät am Abend, als ich an meinem Zielort ankomme, einer Landebahn mit einem kleinen Schuppen davor. Der Himmel ist bedeckt, es ist etwas frisch und schön hell. Also gehe ich das Stück in den Ort hinein und schlafe in einer Art Hostel, wo auch viele Busse stehen. Aber nur die Busfahrer schlafen hier. Warum, das sollte ich nach meiner Rückkehr vom nördlichsten Punkt Europas herausfinden. Ein Freund hatte mir vor der Reise erzählt, dass das Nordkap, zu dem eine Straße führt, nicht der wahre nördlichste Punkt Europas ist. Diesen kann ich nur zu Fuß erreichen und das gefällt mir, ich bin ja schließlich zum Wandern hier.

Um dorthin zu gelangen, muss man auf einem Pfad eine weitere Bucht umwandern. Diese ist wie ein U geformt. Auf dessen rechter Spitze liegt das sogenannte Nordkap, entgegengesetzt davon, auf der linken Seite, befindet sich der wirkliche

Pfad zum nördlichsten Punkt

nördlichste Punkt Europas, denn der linke Schenkel des U ist etwas länger. Der Weg dorthin beginnt ungefähr auf halber Strecke zwischen Honningsvag und dem Nordkap an einem Parkplatz. Zwar fahren auf der Straße einige Autos, aber auf dem Pfad bin ich vollkommen allein. Der Himmel ist wolkenverhangen, die Temperatur liegt bei circa fünf Grad Celsius und es weht ein kräftiger Wind. Aber beim Wandern stört mich das nicht, da wird mir immer mollig warm, selbst wenn ich nur leicht angezogen bin. Der Weg besteht aus wackligen Steinplatten, die unregelmäßig übereinander geschoben sind, was meine volle Aufmerksamkeit erfordert. Er führt auch über einige Schneefelder, die wie eine Erholung zu den Steinen sind.

Von Zeit zu Zeit bleibe ich stehen, um alles in meiner Umgebung betrachten. Die Vogelwelt um mich herum gerät jedes Mal in helle Aufregung, wenn ich komme. Das soll mich durch ganz Norwegen begleiten. Ein kleiner Raubvogel fliegt sogar einige Scheinangriffe auf mich. Er sieht aus wie eine Kreuzung aus Möwe und Habicht. Er hat braunes Gefieder und oben auf dem Flügel einen weißen Strich. So einen habe ich noch nie vorher gesehen. Ich schließe aus den Warnrufen und Sturzflügen, dass trotz der Kälte das Brutgeschäft in vollem Gange ist. Und viel Schutz für die Nester gibt es nicht, denn hier wachsen kein Baum und kein Strauch, nur Gräser behaupten sich in dieser kargen und meist tiefgekühlten Landschaft.

Nach ein paar Stunden geht der Weg etwas steiler bergab und ich gelange zu einer Bucht. Am Steinstrand wurde ein großer Steinhaufen zu einem tonnenartigen Monument zusammengetragen, darauf thront auf einem Besenstiel ein umgekehrt aufgespießter Gummistiefel, der hier wohl mal angeschwemmt wurde. Dank der Hügel rechts und links liegt die Bucht meist geschützt, kommt der Wind jedoch vom Meer, dann pfeift es hier so richtig rein. Hier werde ich heute Nacht – die es, nicht vergessen, zu dieser Jahreszeit eigentlich gar nicht gibt – mein Zelt zum Schlafen aufbauen. Jetzt aber wandere ich noch auf schrägem Felsen auf der westlichen Seite der Bucht entlang. Oft geht das ganz einfach, aber ich muss immer auf der Hut sein, denn manchmal gibt es sehr glatte Stellen, die nur durch einen leichten Farbunterschied des Steines zu erkennen sind. Sie rühren von einer Alge her, die darauf wächst und alles gefährlich glitschig macht.

Bei strammem Wind komme ich bei einer Art kleinen Pyramide an, die in vielen Sprachen in den Stein graviert verkündet, dass dieses der nördlichste Punkt Europas ist. Ich versuche mit dem Selbstauslöser ein Foto von mir und der Pyramide zu machen. Es braucht viele Versuche, bis mir ein halbwegs vernünftiges gelingt. Auf dem ersten sind nur meine Finger zu sehen, denn die Kamera hat sofort ausgelöst. Beim nächsten habe ich es nicht ganz bis zur Pyramide geschafft. Ein schöner Rücken kann auch entzücken. Dann hat mir der Wind gerade den Regenponcho vor das Gesicht geblasen. Aber irgendwann klappt es dann doch und ich gehe in Richtung Bucht zurück. Ich bewundere, wie auf dem Hinweg, noch ein paar kräftige kleine gelbe Blumen ähnlich einer Sumpfdotterblume, nur mit größeren und fleischigeren Blüten. Sie wächst in einer kleinen Pfütze, die sich in einem Loch im Felsen gebildet hat.

Als ich in der Bucht mein Zelt aufbaue, bläst der Wind kräftig vom Meer und ich muss die Plane gut festhalten, sonst ist sie weg. Nach einem warmen Essen krieche ich so gegen 20.00 Uhr müde, aber zufrieden in meine kleine Höhle und setze mir eine Schlafbrille auf, damit ich schlafen kann.

Als ich aufwache, sagt mein Schrittzähler, dass ich über vierzehn Stunden geschlafen habe. So ist das, wenn ich zurück am Meer bin. Aber nachdem ich mich in dem null Grad kalten Flüsschen gewaschen habe, bin ich sofort hellwach. Auf dem Rückweg finde ich einen kleinen strahlend weißen Quarz. Ich packe ihn

Nördlichster Punkt Europas

für meinen Enkel ein – in vollem Bewusstsein, dass ich den Stein jetzt zweiein-
halbtausend Kilometer „schleppen" muss.

Als ich einige Stunden später wieder auf dem Parkplatz an der Straße ankomme,
steht dort ein Wohnmobil mit österreichischem Kennzeichen. Mir wird beim
Stehen in den feuchtgeschwitzten Sachen sofort kühl, deshalb ziehe ich mich um
und auch gleich noch dicker an. Als ich bei leicht wirbelnden Schneeflocken die
lange Hose ausziehe, um eine lange Unterhose drunter zu ziehen, bekomme ich
den schneidend kalten Wind deutlich zu spüren. Die österreichischen Wohnmo-
bilbesitzer laden mich ins Warme ein und spendieren mir einen heißen Tee mit
Honig, und nicht nur eine Tasse! Diese beiden reisenden und liebenswerten Rentner werde ich nicht vergessen.

Am Abend bin ich wieder in Honningsvag und finde heraus, wie ich morgen
früh durch den Tunnel zum Festland komme. Erst am Mittag fährt ein Bus dorthin. Hier scheint das Leben sowieso erst mittags zu beginnen. Fast sieben Kilometer durch einen Tunnel voller Abgase hindurch zu laufen, tut mir sicher nicht
gut. Und damit bin ich bei einem weiteren Motto meiner Reise: Als ich mich im
April von meiner Frau verabschiedet hatte, hat sie mir einen kleinen Brief in den
Rucksack geschmuggelt. Nach ein paar Tagen habe ich ihn gefunden und gelesen. Darin sagte sie mir, dass ich auf der Reise nur das tun solle, was mir gut tut.
Dieser Satz hat sich mir eingeprägt und er ergänzte meine Einstellung zu dieser
Reise. Ich mache sie ohne eine Ideologie, wie ich sie in einigen anderen Reisebe-
richten gefunden habe. Manche haben etwa festgelegt, dass sie nur ein Beförde-
rungsmittel für den Umfang einer Tagesstrecke benutzen dürfen, oder nichts, was
Räder hat. Ich möchte mir solche Regeln nicht auferlegen und manchmal sogar
bewusst ein Transportmittel einsetzen, um eine andere Strecke zu gehen, die mir
besser gefällt. Beispielsweise werde ich in zwei Monaten an einem Punkt nahe der
schwedisch-norwegischen Grenze aus dem Wald auf eine Straße treten und von
dort mit dem Bus nach Westen, nach Trondheim fahren. Letztendlich will ich
nach Oslo und von der Grenze wäre es der kürzeste Weg dorthin, einfach weiter
gen Süden zu gehen. Aber Trondheim möchte ich sehen. Und etwas südwestlich
von der Stadt beginnt ein weiteres wunderbares Wandergebiet, das ich erleben
möchte, auch wenn es der längere Weg nach Oslo ist. Immer wieder während der
Reise muss ich mich entscheiden, wo ich langgehen oder wie ich eine problematische Situation lösen soll. Wenn ich dann meine Möglichkeiten definiert habe
(so wie auch im Falle der Nagelbettentzündung), frage ich mich: Was tut mir gut?
Danach entscheide ich und fahre, nein gehe, damit gut.

Morgens laufe ich in den Ort, kaufe mir eine Busfahrkarte und bringe in Erfahrung, was ich bis zur Abfahrt machen könnte. Ich muss nicht lange überlegen: auf den Berg hinauf und die wunderbare Aussicht genießen, zumal es heute Nacht geschneit hat und alles weiß ist. Auf dem steilen Weg nach oben bin ich nicht der Einzige, denn im Hafen liegen zwei Kreuzfahrtschiffe. Und es geht wirklich steil bergan, so dass ich gehörig ins Schwitzen komme. Als ich auf halber Strecke stehen bleibe, um mich umzudrehen und schon einmal den Ausblick zu genießen, blicke ich stattdessen in eine schwarze Wolke, die schnell näher kommt. Auf meinem GPS hatte ich gesehen, dass am Weg eine Schutzhütte sein soll. Trotz der Steigung gehe ich mit maximaler Geschwindigkeit. Kaum erreiche ich die Hütte, bricht ein Schneesturm los, doch nach einer halben Stunde ist der Spuk vorbei und ich kann im Sonnenschein den Anstieg und dann den Blick genießen. Ein weiteres Kreuzfahrtschiff kommt in die Bucht hineingefahren und glänzt in der Sonne. Dieses Bild mit dem Schiff, dem tiefblauen Wasser, den weißen Hügeln, auf denen zartes Grün zu erahnen ist, und der gespenstischen dunklen Wolke, aus der Schnee fällt, wäre ein Klassiker auf dem Prospekt einer jeden Reederei, die für eine Reise zum Nordkap wirbt. Von oben betrachtet, wirken die Einfahrt und das Anlegen des Schiffes wie Spielerei. Kaum hat das Schiff festgemacht, beginnt ein reges Treiben. Passagiere ergießen sich wie eine Welle auf den Kai und strömen direkt zu einer beträchtlichen Anzahl Reisebusse. Also dafür sind all die Busfahrer im Hostel gewesen! Und kaum hat man sich's versehen, sind die Neuankömmlinge bereits alle unterwegs zum Nordkap, wo sie in einer halben Stunde ankommen werden. Nach einer guten Stunde Aufenthalt kommen sie dann wieder zurück und schlendern durch die Stadt oder bevölkern die Kneipen, bis ihr Kreuzfahrtschiff wieder ablegt und sie sich das Ganze noch einmal vom Meer aus ansehen. Man hat mir gesagt, es ist jetzt noch Vorsaison. Ich möchte nicht wissen, wie viele schwimmende Kolosse hier in der Saison gleichzeitig im Hafen liegen.

Später im Tunnel sehe ich zwei Radfahrer, die ihr Rad im dunklen Tunnel die Steigung hinaufschieben. PKWs, Laster und mein Bus donnern an ihnen vorbei. Ich möchte keinesfalls mit ihnen tauschen. Vor allem bei Lastwagenüberholungen muss es sich anfühlen, als käme von hinten eine Lawine angerollt. Zuerst hört man ein entferntes Geräusch. Dann kommt das Rollgeräusch näher und steigert sich zu einem grummelnden Grollen. Und dann donnert es mit ohrenbetäubendem Lärm und einer Druckwelle vorbei. Bei entgegenkommenden Fahrzeugen kann man das „Unglück" wenigstens kommen sehen, zumindest bis zu dem Moment, in dem die Scheinwerfer einen so blenden, dass man sowieso nichts mehr sieht. Und diese Blendwirkung hält auch noch ein Weilchen an, obwohl das Fahrzeug längst vorbei ist. Folglich würde ich nahezu blind durch den Tunnel stapfen, für jemandem wie mich, der ohnehin nicht gut sehen kann, sicherlich kein Vergnügen, nicht ganz ungefährlich noch dazu. Die beiden Radfahrer tun mir wirklich leid, und ich bin froh, dass ich für diese kurze Strecke den Bus genommen habe.

Kurz hinter dem Tunnel steige ich aus. Hier soll ein Wanderweg beginnen und ich finde auch sofort das erste Hinweisschild. Ihm folgen, in regelmäßigen Abständen, rote Punkte auf größeren Steinen oder eigens aufgerichtete Felsplatten. In diese Markierungen stecken der norwegische Wanderverein und seine Mitglieder einen riesigen Aufwand. Auch wenn ich es jetzt noch nicht weiß, habe ich allen Anlass, ihnen dafür unglaublich dankbar zu sein. Sie haben damit in einer einzigartigen und abwechslungsreichen Landschaft ein fantastisches Netz von Wanderpfaden geschaffen. Und ich gehe in die Einsamkeit hinein, nicht wissend, dass ich einen der eindrucksvollsten, aber auch gleichzeitig schwierigsten Tage meiner gesamten Reise erleben soll …

Zuerst komme ich einen Hügel hoch – unvermittelt stehen ein ziemlich frisches Rentierkalb und seine Mutter vor mir. Leichtfüßig sausen sie davon, ich sehe ihnen begeistert nach. Wenig später erblicke ich über mir einen Adler, der Alarm schlägt, während er hoch oben über mir kreist. Dann gilt meine Aufmerksamkeit wieder den Markierungen, denn ein Pfad oder Weg ist hier nicht auszumachen. Es scheint plötzlich steil herunter zu einem kleinen Fluss zu gehen. Ich vergewissere mich zweimal, aber tatsächlich: Hier geht es hinab. Kurz darauf stehe ich unten am Fluss. Er führt einiges Wasser und fließt schnell dahin. Wie komme ich da hinüber? Ich gehe vor und zurück und suche eine Stelle, wo ich auf Steine treten könnte, um so trockenen Fußes hinüber auf die andere Seite zu gelangen. Ich finde sie nicht. Klar ist, dass meine Wanderstiefel unter keinen Umständen von innen nass werden dürfen. Das hieße nicht nur, Blasen zu riskieren, weil die Haut aufweicht, sondern auch noch kalte Füße zu bekommen, und das bei diesen Temperaturen um null Grad. Und ob ich die Stiefel bei dieser Witterung wieder getrocknet bekommen würde, ist auch unklar. Da fallen mir meine Joggingschuhe ein, die ich ja als Folge der Nagelbettentzündung seit Neuestem im Rucksack habe. Ich ziehe Stiefel und Strümpfe aus und packe sie oben in meinen Rucksack. Dann schlüpfe ich mit bloßen Füßen in die Joggingschuhe und kremple meine Hose bis zu den Knien hoch. Mit dem Rucksack auf dem Rücken und den länger gemachten Wanderstöcken wate ich vorsichtig durch das wirklich eiskalte Wasser. Auf der anderen Seite gut angekommen, kippe ich das Wasser aus den Schuhen und packe sie in einen wasserdichten Sack oben in meinen Rucksack. Mit meinem Fleecelappen trockne ich mir die Füße ab und schlüpfe wieder in meine trockenen Strümpfe und Stiefel. Ich bin begeistert und stapfe mit erfrischten Füßen einen steilen Berg hinauf. Die Kälte des Wassers hat meinen Füßen nichts ausgemacht, da sie vom Wandern erhitzt waren und danach sofort auch wieder voll beansprucht werden. Dieser Prozedur unterziehe ich mich heute drei Mal.

Schon während der Flussüberquerung fingen die ersten Schneeflocken an, im Wind um mich herum zu tanzen. Und je länger ich durch diese Hügellandschaft gehe, umso dichter wird der Schneefall. Ich ziehe unter meinen Hut eine warme Mütze und hole auch die Handschuhe heraus. Es mag sich komisch anhören, aber ich gehe voller Vergnügen durch diese unwirtliche Gegend, weil ich im Moment keinen Gedanken daran verschwenden will, was nachher sein wird. Und das, obwohl ich als Kind einmal im Schnee verloren gegangen bin.

Ich war mit meinen Eltern und den Studenten meines Vaters im Harz. Sie hatten mich auf eine Skiwanderung mitgenommen und saßen nun in der Gast-

Im Schneetreiben durch die Flüsse

stätte „Zum Rehgraben". Da sie wohl noch einige Bierchen trinken wollten, war ich sechsjähriger Steppke schon mal in Richtung Landschulheim aufgebrochen. Den Weg kannte ich, aber es wurde langsam dämmrig und alles hüllte sich in Wolken. Plötzlich wusste ich nicht mehr, wo ich war, ja ich hatte mich ganz offensichtlich verlaufen. Als ich schon leicht verzweifelt zu einer Weggabelung kam, sah ich meine Mutter einen der Wege herunterkommen. Sie hatten angefangen mich zu suchen, weil die Studenten ohne mich längst wieder im Heim angekommen waren. Ich war nur fünfhundert Meter von dem Landschulheim entfernt, aber der Nebel hatte mir die Sicht versperrt.

Das einsame, verlorene Gefühl, das ich hatte, empfinde ich heute noch, wenn ich daran denke. Aber jetzt, auf dieser Wanderung, macht es mir nichts aus. Die Markierungen des Europawanderweges E1 sind vorhanden und mein GPS zeigt mir genau an, wo ich stehe. Doch als ich an ein großes Schneefeld komme, sind keine weiteren Wegmarkierungen mehr zu erkennen. Ich gehe nun nach Intuition über den Schnee, wo ich den Weg vermute. Nach einer Weile kann ich dann außerhalb des Schneefeldes die nächste Markierung ausmachen und weiß mich damit auf dem richtigen Weg. Die Markierung im Schnee finde ich dann doch noch, sie ragt nur zwei Zentimeter aus der weißen Fläche heraus. Ich beginne einen geschützten Platz für ein Nachtlager zu suchen, finde aber keinen. Dafür werden der Wind und der Schneefall immer stärker. So gehe ich weiter und weiter, denn es wird ja nicht dunkel. Als ich neun Stunden gewandert bin, gelange ich an eine Kuppe, unten am Hang steht an einem See ein Haus. Es geht so steil bergab, dass ich denke, hier möchte ich nicht bergauf gehen müssen. Natürlich hoffe ich, dass jemand zu Hause ist. Aber wer fährt schon bei diesem Wetter zu seinem Wochenendhäuschen am See?

In Norwegen gilt das Jedermannsrecht: Außer auf privatem Grund darf man überall zelten, aber mit einem Mindestabstand von einhundertfünfzig Metern zu Gebäuden. Das kann ich ausnahmsweise leider nicht einhalten, denn ich brauche Schutz vor dem Schneesturm. So schlage ich mein Zelt im Windschatten direkt an einer Hauswand auf. Schnell schlüpfe ich mit allen verfügbaren warmen Anziehsachen in meinen Schlafsack. Nach einem halben Kilogramm Früchtejoghurt, den ich noch aus Honningsvag habe, lege ich mich hin und denke nach. Hütten vom Wanderverein gibt es hier im äußersten Norden noch nicht, und da, wo dieser Weg entlangführt, tummeln sich zumindest jetzt noch keine Menschen. Sie kommen erst, wenn besseres Wetter ist. Somit bin ich völlig auf mich allein gestellt, ein gravierendes Risiko, und das bei dieser Wetterlage. Diese hält sich ohnehin nicht ans Drehbuch: In der Wettervorhersage war von durchgehendem und heftigem Schneefall nicht die Rede gewesen. Noch bevor ich einschlafe, fällt meine Entscheidung: Wenn ich ausgeschlafen habe, gehe ich zurück zur einzigen Straße.

In dieser eiskalten Nacht höre ich immer wieder den Schnee auf meinem Zelt herunterrutschen. Stetig sinken die Temperaturen, es wird bitterkalt, doch Schlafsack und Kleidung halten mich warm. Allerdings hält die Isomatte die Kälte von unten nicht gut ab, was für meinen Rücken bei diesen Bedingungen nicht gut ist. Ich werde sie später, in Deutschland, gegen eine kleine, innen mit Daunen gefüllte Luftmatratze mit integrierter Pumpe ersetzen. Letztere sorgt dafür, dass man beim Aufblasen keine Feuchtigkeit mit der Atemluft in die Daunen bringt. Hightech pur! Würde ich so etwas schon besitzen, wäre die Nacht wahrscheinlich sogar gemütlich.

Um 5.30 Uhr wache ich auf, die Sonne scheint. Ich mache mir einen heißen Tee und Haferflocken mit Milchpulver und getrockneten Früchten. Während des Frühstücks versuche ich mein Zelt etwas in der Sonne zu trocknen. Ich putze danach alles blank, der Besitzer des Hauses soll nicht merken, dass ich hier war. Aber ich danke ihm unbekannterweise, dass sein Haus mir den nötigen Schutz für die Nacht gewährt hat. Auch wenn das Wetter herrlich ist, mache ich mir nichts vor: Der Winter ist zurück, und für eine dauerhafte Schneewanderung bin ich nicht ausgerüstet. Dennoch genieße ich die Wanderung zurück zur Straße, wenngleich ich das steile Stück von gestern Abend wieder hinauf muss. Wie richtig meine Entscheidung war, merke ich bald, denn trotz der Handschuhe habe ich einige Blasen an den Fingern sowie eine auf der Unterlippe – Erfrierungen, die mich die nächsten vierzehn Tage begleiten sollten, bis sie abgeheilt sein werden.

Die norwegischen Hütten

In Kautokeino habe ich wieder ein festes Dach über dem Kopf, denn eine pensionierte Lehrerin stellt mir in ihrem Haus die Kellerwohnung zur Verfügung.

Bis hierhin hat sich die Landschaft schon etwas geändert. Es gibt kleine Birken, sie erinnern eher an Büsche. Mit dem Baum, den man in Mitteleuropa kennt, hat sie nur die Blätter und die Rinde gemeinsam.

Heute will ich bis zu einer privat bewirtschafteten Hütte kommen, der ersten auf meiner Planungskarte. Ich bin gespannt, wie sie aussieht, der Name jedenfalls klingt durchaus „interessant": Madame Bongos Hytta. Ich habe eine Telefonnummer, die ich anrufe, um vorab zu reservieren. Zweimal während des Tages werde ich zurückgerufen, ob ich auch wirklich komme. Es ist ein typischer Tag, denn es ist ein Wechsel aus Birkenbuschwald und moorigen Abschnitten. Die Wegmarkierungen sind nicht mehr so deutlich und selbst mit meinem GPS, auf dem der Weg verzeichnet ist, verlaufe ich mich manchmal. So komme ich beispielsweise an eine Stelle, wo der Weg sich in zwei Richtungen gabelt. Eine Markierung ist nicht zu sehen. Ich ändere auf dem Bildschirm des GPS den Maßstab und wähle die rechte Abzweigung. Nach dreißig Metern sehe ich auf der GPS-Karte deutlich, dass ich auf dem falschen Weg bin und gehe zurück. Den linken Weg stapfe ich dann munter weiter. Nach ein paar Minuten schaue ich erneut nach und stelle fest: Ich bin völlig falsch, die rechte Weggabelung muss doch die richtige gewesen sein! Entweder ist die Peilung der Satelliten nicht gut genug, oder die Karte stimmt nicht, oder beides zusammen. Gehe ich zurück, laufe ich im Dreieck, eineinhalb Kilometer. Soll ich also querfeldein gehen? Das würde den Weg um fast die Hälfte verkürzen, genauer um eine Strecke von lediglich achthundert Metern. Ich entschließe mich zu Letzterem.

Es wird ein Kampf durchs Unterholz, in dem ich immer wieder mit der Hose an den Ästen hängen bleibe. Außerdem muss ich Sümpfe und kleine Tümpel umrunden. Als ich meinen Weg schließlich wiedergefunden habe, bin ich schweißgebadet – und das bei drei Grad Außentemperatur! Das war eine klare Lektion: so querfeldein werde ich mit Sicherheit nicht mehr gehen. Schon das Gehen auf den Pfaden fordert mir volle Konzentration ab, denn ich muss meinen Blick auf den Boden richten, um den Schritt sicher zu setzen. Lektion zwei ist, auch DAS darf ich nicht die ganze Zeit machen, denn dann übersehe ich Markierungen, die auf halber Höhe angebracht sind. Deshalb gewöhne ich mir an, regelmäßig hochzuschauen, damit ich nichts verpasse. Bei Etappenlängen von fünfundzwanzig bis dreißig Kilometern tun die summierten Umwege des Tages dann am Ende der Wanderung mächtig weh. Die Beine sind müde, die Füße platt.

Als ich bei „Madame Bongo" eintreffe, erlebe ich eine Überraschung: ‚Sie' ist … ein Mann – ein kleiner Messie, denn irgendwie liegt rund um das Haus und drinnen alles durcheinander. Aber das macht nichts: So, wie ich durch die Querfeldeinwanderung aussehe, wie ein Landstreicher nämlich, passen wir gut zusammen. Und muss in der westlichen Welt immer alles so übertrieben penibel und steril sauber sein? Gibt es nicht viel Wichtigeres im Leben als dem Putzteufel zu huldigen? Etwa eine herrliche heiße Dusche nach einem Tag in der Kälte? Oder ein Rentiereintopf mit Kartoffeln und Möhren nach entbehrungsreicher und kräftezehrender Wanderung? Besser geht es nicht! „Madame" lässt sich nicht lumpen und serviert Nachschlag bis zum Abwinken, sprich vier gehäufte Suppenteller!

Heute habe ich eine private Hütte auf dem Plan, aber es gibt keine Telefonnummer, so dass ich nicht reservieren kann. Der Tag hat es in sich, bei höchstens zwei bis drei Grad Celsius bläst ein heftiger Wind. Er war mit Windstärke acht bis zehn angekündigt worden. Ich habe einige Jahre in Kanada gelebt und dort gelernt, dass sich Kälte auch bei weniger als zwanzig Grad unter null im Freien aushalten lässt. Kommt jedoch der Wind dazu, dann kühlt er zum Beispiel die Gesichtshaut so aus, dass sie erfriert, ohne dass man es rechtzeitig bemerkt. Der Wind, mit dem ich es hier zu tun bekomme, entzieht meinem Gesicht nicht nur alles an Wärme, er nimmt sie mir auch aus der Kleidung und das, obwohl ich einen bewährten Windstopper trage. Zusätzlich mit Mütze und Handschuhen bekleidet, arbeite ich mich vorwärts, das hält mich warm. Stehenbleiben oder eine fünfminütige Pause sind nicht drin, denn ich würde sofort auskühlen. Von Kindesbeinen an habe ich den Wind geliebt, je stärker desto besser. Wenn an der Ostsee der Orkan tobte, hielt mich nichts im Haus. Ich habe mich dann so schräg wie möglich in den Wind gestellt. Gestützt durch den Druck gegen meinen Körper bin ich in meiner Vorstellung gesegelt und geflogen wie ein Vogel – für mich der Inbegriff von Freiheit. Diese Kindheitserfahrungen kann ich nun nutzbringend anwenden: Ich lege mich schräg nach links vorne, denn von dort bläst es mir entgegen. Mache ich das nicht, dann schiebt mich der Wind aus meiner Bahn. Ich habe ja auch wie ein Boot ein zusätzliches Segel gesetzt, meinen Rucksack. Seine Angriffsfläche macht den Schub des Windes so unkalkulierbar, dass ich manchmal wie ein Betrunkener hin und her torkele.

Plötzlich werde ich ein paar hohen Zäunen und eines abgewrackten Wohnwagens sowie zwei Holzschuppen gewahr. Ist hier jemand? Nach kurzer Inspektion lautet die Antwort: nein, alles verlassen. Hier war schon seit Monaten niemand mehr. Es sieht aus wie ein Platz, an dem Hirten eine Rentierherde zusammen treiben, um sie zum Beispiel zu markieren. Überall liegt Holz und Gerät herum. Die Tür des einen Holzschuppens ist am Schloss nur mit einem Holzstab gesichert. Ich ziehe ihn aus der Öse und klappe den Bügel zurück. Der Wind reißt mir die Tür aus der Hand und schlägt sie gegen die Wand. Ich gehe hinein und schließe die Tür, denn was ich – trotz aller Liebe für den Wind – suche, ist Windstille. Doch die gibt es auch hier drinnen nicht, es pfeift durch alle Ritzen. Aber der Schuppen bietet ausreichend Windschutz, so dass ich hier eine Pause machen kann. Im Inneren sind, in einem Meter Höhe, Bänke zum Schlafen angebracht Auf einer Leine hängen eine Matratze und ein Fell. Selbst ein kleiner Kanonenofen steht in der Ecke. Auf dem Tisch und dem Boden liegen aufgeschnittene Getränkebehälter und Plastikflaschen verstreut. Es macht den Eindruck, als seien die Bewohner direkt nach der Feier anlässlich des Almabtriebs ins Winterlager abgereist, ohne sich noch einmal umzublicken. Mir ist es egal. Ich habe einen einigermaßen geschützten Raum, in dem ich meinen Knochen und Muskeln eine Pause gönnen kann und ich in Ruhe ordentlich essen kann. Der Kalorienverbrauch meines Körpers ist durch den Gegenwind und die zusätzliche Kühlung sicherlich exorbitant. Laut meines Schrittzählers habe ich heute vierundvierzigtausend Schritte gemacht und dabei, auf dreiunddreißig Kilometern Wanderung, satte dreitausendsiebenhundert Kilokalorien verbraucht – und das nur, weil ich in Bewegung war, ohne den Gegenwind dazu zu rechnen. Nachdem ich nach fünfundzwanzig Minuten in der Hütte doch langsam zu frieren beginne, starte ich wieder, um auf Betriebstemperatur zu kommen.

Der Nachmittag liegt noch vor mir, genauso wie das nächste Hindernis. Mein Pfad bringt mich an einen Fluss, der zwanzig Meter breit ist. Es gibt keinen Zweifel: den muss ich überqueren. Meine Joggingschuhe anzuziehen, habe ich keine Lust, aber ich sehe überall im Wasser Steine liegen. Manche ragen etwas heraus, andere sind leicht überspült. Ich versuche mir einen Weg über diese zurechtzulegen. Wenn alles gutgeht, könnte ich zumindest theoretisch trockenen Fußes auf der anderen Seite ankommen. Also dann, auf geht's: Wanderstöcke etwas verlängern und den Rucksack ganz fest an den Körper schnallen! Ich kann jetzt keinen Wackler brauchen. Und so mache ich einen Schritt nach dem anderen, von einem Stein zum nächsten. Manchmal steht mir das Wasser bis zum Knöchel, aber es läuft nicht oben in die Stiefel. Und die Schuhe selbst sind dicht. Ab und zu schwanke ich ganz schön hin und her, denn nicht jeder Stein sitzt fest. Aber ich habe Glück und komme heil auf der anderen Seite an. Ich drehe mich nochmals um und mache ein Foto, denn ich kann kaum glauben, dass ich so unbeschadet und trockenen Fußes über diesen Fluss gekommen bin.

Als ich an der Privathütte ankomme, ist alles abgeschlossen und verbarrikadiert. Wie bei meiner Nacht im Schneesturm, südlich von Honningsvag, tanzen wieder ein paar vereinzelte Schneeflocken um mich herum. Ich finde drei Holzplanken, die ich unter mein Zelt schiebe, damit ich von unten etwas besser isoliert bin. Den überdachten Hütteneingang nutze ich, um witterungsgeschützt eine Portion Reis (für drei Personen!) mit Thunfisch in Öl zu kochen. Und es bleibt kein Korn übrig! Auch wenn ich auch heute noch im Freien nächtigen muss: Morgen komme ich zur ersten Hütte des DNT (norwegischer Wanderverein), da sollte ich Einlass finden.

Aber bis dahin muss ich noch eine der längsten Etappen meiner Wanderung zurücklegen, laut Karte elf reine Gehstunden. Und damit es sich auch lohnt, kommt auch noch ein Umweg dazu: Gleich zu Anfang des heutigen Abschnitts finde ich den Einstieg in den Pfad nicht. Das führt dazu, dass ich am Ende des Tages knapp dreieinhalb Kilometer zusätzlich zurückgelegt haben werde, weil ich zu enthusiastisch losgelaufen bin. Angesichts des vor mir liegenden langen Tages, wollte ich erst einmal ordentlich Strecke machen, statt in Ruhe den richtigen Weg zu finden. Wie oft hatte ich meinen Managementteams eingeschärft: „Auch wenn die Zeit knapp ist und es alle eilig haben – erst nachdenken, planen und dann los. Die verbrauchte Zeit ist gut angelegt und führt zum besseren Ergebnis, weil der Weg und das Ziel klar sind." Und ich? Renne hier blindlings los und habe damit zusätzliche fünfundvierzig Minuten Wanderung auf die elf Stunden draufgepackt. Ich könnte mich selbst beißen, aber das hilft jetzt auch nichts mehr.

Die Landschaft ändert sich, denn heute sind die Birken keine Büsche mehr, sondern richtige Bäume. Ab und zu ist dann auch mal eine Fichte dazwischen. Die letzte Stunde gehe ich in steiler Böschung an einem gewaltigen Fluss entlang. Teilweise ist ein Stahlseil entlang des Felsens rechts von mir gespannt, denn der Pfad ist nur etwa zwanzig Zentimeter breit und links von mir geht es steil bergab in den Fluss. Laut meines GPS sollte die Hütte auf der anderen Seite des Flusses sein. Wie soll ich bloß auf die andere Seite kommen, frage ich mich. Kurz vor dem Ziel sehe ich die Lösung: Der Fluss wird von zwei hohen Felsen eingeschnürt, darüber verläuft eine kleine Hängebrücke, hier mitten in der Einsamkeit.

Und so stehe ich schließlich vor der kleinen Hütte unten am Fluss und hole meinen Schlüssel aus dem Rucksack. Er soll für jede der fünfhundertachtzig Hütten des DNT in Norwegen passen. Ich glaube es aber erst, als ich den Schlüssel rumdrehe und sich das Vorhängeschloss tatsächlich öffnet. In dem kleinen Raum gibt es rechts und links je eine Holzpritsche. Auf der einen breite ich meine Sachen aus, da werde ich schlafen. Durch eine Glastür komme ich in einen zweiten Raum, in dem es sogar einen kleinen Kanonenofen gibt. Ich schnappe mir einen großen Blecheimer und gehe runter zum Fluss, um Wasser zu holen. Als ich vom Fluss wieder auf die Hütte zugehe, fällt mein Blick auf den Wald oben an der Böschung des Flusses. Da steht ja noch ein Häuschen! Was heißt hier

Häuschen? Dieses ist um einiges größer. Ich stelle meinen Eimer ab, nehme den Universalschlüssel und stapfe hinauf. An der Tür hängt das gleiche Schloss und – Sesam öffne Dich! – es tut sich die Tür zum Paradies auf! Dieses ist die Hütte Nedrefoss mit einer voll eingerichteten Küche, einem langen Esstisch für zwanzig Personen, einem Wohnbereich mit gemütlichen Sesseln und einer Couch, gruppiert um einen Kanonenofen, an dem das gespaltene Feuerholz bereit liegt, sowie vier Schlafräumen mit je vier bis acht Betten mit Bettwäsche und guten Matratzen. Ich bin überwältigt! Wie haben die das alles hier in die völlige Einsamkeit bekommen? Mir kann es nur recht sein – hier bleibe ich. Und was hatte es mit dem Gebäude unten am Fluss auf sich? Ich wäre beinahe in die Sauna eingezogen und auch mit diesem Dach über dem Kopf glücklich gewesen.

Nachdem ich den Kanonenofen angeheizt habe und mir – nach Schwierigkeiten mit dem Anschluss der Gasflasche – ein ordentliches Abendessen bereitet habe, sitze ich auf dem Sofa und erledige die kleine Bürokratie. Die Eintragung ins Hüttenbuch und das Ausfüllen einer einmaligen Abbuchungsbestätigung für die Übernachtungsgebühr mache ich wie in Trance. Genauso geht es beinahe mechanisch mit dem Wäschewaschen weiter. Ich mache heute eine Erfahrung, die mir noch öfter widerfahren soll: Wenn ich an meinem Tagesziel ankomme, bin ich unterzuckert und mir fehlt Salz. Als Folge nehme ich nicht mehr alles in meiner Umgebung war. Wie sonst hätte ich diese große Hütte übersehen oder in der Küche die Anleitung zum Anschluss der Gasflasche in Augenhöhe nicht bemerken können? Um das künftig etwas zu verbessern, koche ich fortan direkt nach der Ankunft meist eine halbe Tasse heißes Wasser auf, löse einen Brühwürfel darin auf, fülle die Tasse mit kalten Wasser soweit auf, dass das Gebräu gerade die richtige Trinktemperatur hat. Das Salz hilft mir, schnell wieder zur Besinnung zu kommen.

Ja, die DNT-Hütten in Norwegen sind ein Hit. Egal, wie ein Tag verläuft, ob es kalt, nass, heiß oder sehr anstrengend war – am Ende des Tages schließe ich meist ein kleines Paradies auf, in dem alles ist, was ich brauche. Ich habe eine Planungskarte, in der alle Hütten verzeichnet sind und auf meiner GPS-Karte sind diese hinterlegt, so dass ich sie sogar als Ziel eingeben kann. Ich habe ein Dach über dem Kopf und ein Bett, in dem sich mein Körper, vor allen Dingen mein Rücken, erholen kann. Weiter südlich weisen dann einige Hütten einen Schrank oder sogar einen ganzen Raum voller Lebensmittel auf, die ich gegen Bezahlung entnehmen kann. Außerdem gibt es im Süden noch Hütten, die bewirtschaftet sind und dann auch meist sehr groß ausfallen. Es gibt immer einen Fluss, eine Quelle oder eine Wasserleitung, an der ich in Hüttennähe sauberes Wasser in großer Menge bekommen kann.

Es gibt keine Zufälle

Zumindest am Beispiel der Nedrefoss Hytta soll ich später noch erfahren, wie alles Material in die Einsamkeit gebracht wurde, nämlich per Boot.

Ich gehe den ganzen Tag den gewaltigen Fluss Ràiseatnu entlang, mal über kleine Wege und dann wieder über große Steine, kletternd. Plötzlich höre ich ein Geräusch. Auf dem Fluss kommen zwei lange kanuartige Boote angesaust, die von einem kräftigen Außenborder angetrieben werden. Als die Bootsführer mich sehen, fahren sie langsamer. Erst, als ich sie grüße und ihnen mit dem Daumen hoch signalisiere, dass es mir gut geht, beschleunigen sie wieder. Das also ist hier das Transportmittel. Mit den Booten werden bald Touristen den Fluss hinauf schippern, denn hier gibt es die schönsten Wasserfälle, die ich auf meiner gesamten Reise gesehen habe. Der Fluss hat sich ein sehr tiefes Tal in das Gestein gewa-

Krukkistua - eine gemütliche Hütte

schen und von dessen senkrechten Wänden stürzt sich das Wasser hinunter. Der größte von ihnen bildet rund um sich eine eigene kleine Nebelwolke und obwohl ich am anderen Ufer gehe, spüre ich die feinen Tropfen auf mein Gesicht fallen.

Heute beschäftigt mich der Gedanke, dass mir eine Karte für mein GPS fehlt. Als ich zuhause die Abdeckung im Internet geprüft hatte, sicherten meine Karten noch ein Stück des Grenzgebiets bis nach Schweden und Finnland hinein ab, und genau das bräuchte ich jetzt. Doch nun in der Realität hört die digitale Karte genau an der Grenze auf. Und eines steht fest: Selbst bei gut markierten Wegen werde ich ohne eine Karte diesem Weg nicht weiter folgen!

Am Mittag gelange ich zu einer kleinen Schutzhütte, sie steht im ersten Fichtenwald seit dem Nordkap, direkt am Fluss. Während ich esse, schaue ich mich um. Da liegen ein paar Karten, die jemand zurückgelassen hat. Ich inspiziere sie kurz und lege sie dann zurück. Es wäre ja auch zu viel erwartet gewesen, ja, leider ist die, die ich gebraucht hätte, nicht dabei.

Als ich später voller Konzentration über Steinlawinen wandere und klettere, höre ich plötzlich ein Geräusch. Als ich hochschaue, sehe ich auf der anderen Seite des Flusses zwei Angehörige des Volksstamms der Samen, die dort sitzen und mir zuwinken. Ich war so beschäftigt, meine Füße richtig zu setzen, dass ich die beiden nicht bemerkt habe. Ich winke zurück und setze meinen Weg fort bis zu dem kleinen Ort, der mein heutiges Ziel ist. Dort soll es eine private Unterkunft geben, einmal angekommen, würde ich dann sehen, wie es weiter geht. Ungefähr zwei Kilometer vor dem Ort geht mein Trampelpfad in einen richtigen Weg über und führt schräg vom Fluss weg. Er mündet weiter oben in einen größeren Wirtschaftsweg. Als ich mich diesem nähere, sehe ich oben einen Menschen stehen. Ich bemerke, dass er sich suchend umschaut. Er möchte wissen, wie weit der Wirtschaftsweg noch geht, denn er ist mit dem Mountainbike unterwegs. Meine GPS-Karte zeigt, dass er nach zwei Kilometern endet. Der Fahrradfahrer heißt Valentin, ist Banker aus Moskau und hat gerade einen Marathon in Tromsø absolviert. Bevor er morgen wieder nach Hause fliegt, möchte er diesen spektakulären Wasserfall sehen, an dem ich vor vier Stunden vorbeigekommen bin. Als er das sagt, klingelt eine kleine Glocke hell in meinem Inneren. Und wenn die läutet, ist es Zeit, genau zuzuhören, denn sie signalisiert, dass sich aus dem tiefsten Inneren ganz leise eine Idee, Chance oder sogar eine Entscheidung meldet. Diese kleine Glocke hat mir im Leben, wie im Beruf, viel geholfen, denn sie hat mich Dinge erkennen lassen, die sonst leicht übersehen werden.

Valentins Wasserfall

Da ich vermute, dass er danach wieder nach Tromsø fährt, frage ich ihn, ob er mich ein Stück mitnehmen kann. Er erklärt sich sofort bereit dazu. Und so vereinbaren wir, dass wir uns an seinem Mietwagen treffen, dessen Standort er mir genau beschreibt. In spätestens zwei Stunden, etwa gegen 17.00 Uhr, müsste er wieder an seinem Auto sein. Was für ein Zufall – wäre er fünf Minuten eher an der Weggabelung vorbeigekommen oder ich nur ein bisschen langsamer während des Tages gegangen, wir wären uns nie begegnet. Meine Chancen auf einen Lottogewinn wären hier in der Einsamkeit größer gewesen. Aber wieso Zufall? Es gibt ja keine Zufälle – spätestens seit Fidelio, der einzigen Oper Beethovens, wissen wir: „Ja, es gibt eine Vorsehung."

Ich finde sein Auto in der Nähe von zwei Häusern und ziehe mich warm an, denn es ist noch immer empfindlich kalt. Ich gehe auf und ab, um mich warm zu halten, denn ich habe doch meine Zweifel, dass er so schnell wieder da ist. Nachdem ich weitere drei Stunden auf und ab gegangen bin, bietet mir einer der Hausbesitzer ein Bett in einer langsam verfallenden Hütte im Hof an. Ich hänge einen Zettel ans Auto, damit Valentin mich findet.

Um 1.00 Uhr morgens klopft er tatsächlich an die Hütte und wir fahren los, es ist ja hell. Er hat es bis zum Wasserfall geschafft. Zuerst hatte er sein Fahrrad lange auf der Schulter getragen und dann hatte auch er die zwei Samen auf der anderen Flussseite sitzen sehen. Sie hatten sich seiner erbarmt und ihn mit dem Boot bis zum Wasserfall gefahren. Es ist eine herrliche Fahrt mit dem Auto durch die helle Nacht und wir zwei erzählen uns, wie wir bis hierhin gekommen sind. Ab und zu wechseln ein paar Rentiere über die Schotterstraße, was unsere Aufmerksamkeit hochhält. Valentin setzt mich im nächstgrößeren Ort namens Skibotten ab, der liegt am Ende eines langen Fjords.

Ich hoffe, Valentin, dass Du sicher und munter in Moskau wieder angekommen bist, Du warst ein ganz besonderer Reisegefährte!

Skibotten also. Skibotten an der Nordsee, am Ende eines sehr langen Fjords, der hier eingebettet ist von Bergen, die weit über eintausend Meter hoch sind. Hier befinde ich mich nun. Nach fünf Stunden Schlaf wache ich wie gerädert auf. Ich kann keinen klaren Gedanken fassen. Um mich zu sortieren, nehme ich einen Zettel und schreibe auf, was durch mein Gehirn wirbelt. Einmal schriftlich auf dem Papier fixiert, kann es sich ja nicht mehr so wahllos umherbewegen und ich kann, auch wenn ich noch nicht voll konzentriert bin, strukturiert an einen Plan herangehen, herausfinden, wie ich mein Problem lösen könnte. Das lautet: Wie komme ich an einen Chip, auf dem der fehlende Kartenabschnitt enthalten ist? Damit ist die Anspannung weg und ich schaue mich um. Der Sommer beginnt, die Kälte ist vorbei. Die Norweger strömen aus ihren Häusern und gehen gar nicht mehr wieder hinein. Nach dem langen dunklen Winter wollen sie jeden Sonnenstrahl genießen. Und so sitzen sie draußen bis weit nach Mitternacht und die Sonne hört nicht auf zu scheinen. Auch ich lasse mich anstecken und gehe nachts kaum noch schlafen.

Bald schon versuche ich, den Chip mit der digitalen Karte zu bekommen. Das soll sich als komplizierter herausstellen, als angenommen. Der Bestellvorgang selbst ist schnell erledigt. Aber der Versand stellt das erste Hindernis dar: Der Hersteller will ihn nicht nach Norwegen schicken. Also muss ich in deren Logistikcenter in Großbritannien anrufen, wo man mir verspricht, die Lieferadresse zu ändern. In deren System gilt der Chip nun als abgeschickt. Damit tut sich aber die zweite Hürde auf: Denn der Chip ist in Wirklichkeit gar nicht abgeschickt worden, konnte auch nicht, denn – Hürde Nummer drei – die bestellte Version war gar nicht mehr vorrätig! Nachdem das bemerkt worden war, erklärten sie sich großzügiger Weise bereit, mir die neue Version zukommen zu lassen. Das taten sie dann auch, nur – Stolperstein der Vierte – nicht MIR, sondern an meine Heimatadresse, also an meine Frau zu Hause. Damit nicht genug der Scherereien: Sie drückte den Umschlag, zu einem horrenden Preis, einem Kurier in die Hand, der wiederum packte ihn (wie wir im Internet sehen konnten) in den falschen Sack, um ihn dann wieder zu uns nach Hause zu senden. Die Begründung war nicht minder kurios, als der gesamte Vorgang: Bei dem Versandstück handele es sich um einen Chip und Norwegen gehöre ja nicht zur EU. Merkwürdig nur, dass dieser Umstand bei der Auftragsannahme noch kein Thema gewesen war. An dieser Stelle packte meine liebe Frau die Verzweiflung, ich wiederum entschloss mich, ohne diese verwünschte   oder verwunschene? – Karte weiter zu gehen und Schweden auszulassen. Als Manager habe ich zu so etwas gesagt: „Es ist einfach, etwas schwierig zu machen, aber schwierig, etwas einfach zu machen." In dieser Hinsicht hat der Hersteller meines GPS-Geräts noch reichlich Potential, denn was hier so kurz beschrieben ist, hat mir einen Aufenthalt von fast vierzehn Tagen im schönen Skibotten beschert. An dieser Stelle gilt mein besonderer Dank den Damen der Rezeption in der Rehabilitationsklinik. Ich durfte bei ihnen den Computer benutzen und auch ihre Postadresse für den Versand, auch wenn dieser nie den Weg hierhin fand. Zum Vergleich: Die Briefe an meine Frau haben von Skibotten zwei Tage mit der normalen Post gebraucht – es geht also!

Pferdebremsen und Mücken

Nach all der Kälte ist die sommerliche Wärme mit zwanzig Grad richtig angenehm, ich gehe nur noch in einem dünnen T-Shirt und schwitze gehörig. Und dann beginnt ein Wetter, was die Norweger als den besten Sommer seit Menschengedenken bezeichnen. Später erfahre ich von meiner Frau, dass der Sommer in Kroatien ein kompletter Ausfall war, sogar mit sintflutartigen Regenfällen richtig gefährlich war. Ohne meine Nagelbettentzündung, die mich zur Änderung meiner Route gezwungen hatte, wäre ich mitten durch die Überschwemmungen in Kroatien gegangen. Zufall? Die Temperatur steigt auf dreißig Grad Celsius – und das selbst in den Bergen in über eintausend Metern Höhe. Ich schwitze derart, dass ich fünf bis sechs Liter Wasser am Tag trinken muss, um nicht auszutrocknen. Zum Abkühlen und zum Waschen lege ich mich abends in Flüsse oder Seen, obwohl das ein richtiger Schock ist, denn die sind vom Schmelzwasser des Schnees noch sehr kalt.

An dem Tag, als die Temperatur sprungartig auf dreißig Grad ansteigt, laufe ich auf einem Wirtschaftsweg durch ein mooriges Gebiet, in dem es einige Cottages gibt. Um mich herum schwirren immer ein paar Pferdebremsen, die versuchen, auf mir zu landen und mich zu beißen. Der Lappen, mit dem ich mir eigentlich den Schweiß aus den Augen wische, wird zur Abwehr benutzt. Wie ein Pferd seinen Schweif hin und her wedelt, schlage ich mit dem Tuch bei jedem Schritt um mich. Wichtig zur Abwehr ist dann auch noch mein Hut. Er schützt wunderbar vor Sonne, Schnee, Regen und wärmt bei kühlem Wind. Wenn es bergan geht oder etwas Baumschatten ist, würde ich ihn zur besseren Kühlung des Kopfes gerne abnehmen. Das geht aber nur, wenn es keine Bremsen und Mücken gibt. Durch die Bewegung meiner Arme und Beine schwirren die Insekten glücklicherweise lediglich um mich herum. Das ist zwar lästig, aber sie setzen sich nur auf etwas, was ruhig ist. Die „Platte" auf meinem Kopf hingegen bietet eine ideale Angriffsfläche. Ich nehme versuchsweise den Hut ab – sofort nehmen die Insekten die Einladung an. So setze ich ihn schnell wieder auf. Ich vermute, dass die Bremsen nun oben auf dem Hut sitzen (als ob ich nicht genug zu tragen hätte, jetzt muss ich die alle auch noch schleppen) und versuchen, hindurch zu stechen. Das gelingt ihnen aber nicht, genauso wenig wie durch den Stoff meiner Hose. Also bleiben ihnen nur das T-Shirt und die Socken. Aber beides ist, solange ich gehe, zu stark in Bewegung.

Wie habe ich mir im Schneesturm und im eisigen Wind gewünscht, dass es wärmer wird, damit ich gute Ruhepausen einlegen kann. Ich hatte das Bild vor Augen, auf einer duftenden Wiese in der Sonne zu liegen und meinen Muskeln und meiner Seele eine richtige Erholung zu bieten. Und jetzt? Nun ist es tatsächlich warm und ich habe bisher wegen der Bremsen noch keine Pause einlegen können.

Nach drei Stunden und fünfzehn Kilometern Strecke entdecke ich einen Stapel Bauholz und setze mich darauf. Ich brauche jetzt einfach etwas Ruhe. Doch kaum bewege ich mich nicht mehr, steigt die Anzahl der Bremsen um mich herum. Ich schätze, dass dreißig dieser blutrünstigen Viecher versuchen, einen Landeplatz zu finden. Mehr noch, sie beißen selbst durch den Stoff des T-Shirts und die Wollsocken hindurch. Von einer Pause ist keine Rede mehr, ich schlage nur um mich und gebe nach drei Minuten auf. Lieber gehe ich weiter.

Ein Stündchen später komme ich zu einer Brücke über einen reißenden Fluss voller Schmelzwasser. Die Stromschnellen unter der Brücke erzeugen einen richtig kalten Wind auf der Brücke. Mit einem Mal sind da nur noch zwei Bremsen, mit denen werde ich fertig. Der kühle Wind hat die anderen vertrieben. So sitze ich mitten auf der kleinen Brücke auf der Fahrbahn und mache eine ordentliche Pause. Wie soll es anders sein, natürlich kommt gerade jetzt ein Auto und ich muss aufstehen, da sonst nicht genug Platz für uns beide ist. Der Fahrer wundert sich sicherlich, dass ich mir diesen Platz für meine Rast ausgesucht habe. Kaum bin ich wieder von der Brücke runter, sind meine „Freunde" auch schon wieder da und begleiten mich den Rest des Tages und bis in den Abend hinein. Jetzt gesellen sich auch noch viele Mücken dazu, sie wollen ihren Teil von meinem Blut abhaben.

Obendrein muss ich nun auch noch einige Flüsse überqueren. Wegen der Bremsen möchte ich natürlich ungern meine Schuhe wechseln, denn darauf warten sie nur. Einmal rutsche ich von einem Stein ab und mein Schuh läuft voll Wasser. Ich wechsele die Socke, aber die ist auch bald durchnässt. Die Folge ist, dass ich mir wegen der aufgeweichten Haut die erste Blase laufe. Als erste Schicht trage ich immer ein Paar Nylonsöckchen für Damen, denn so reibt bei Bewegungen des Fußes im Schuh die Haut nicht gegen die Wollsocke und den Schuh, sondern der Fuß gleitet auf dem Nylon, ohne die Haut zu walken, was üblicherweise die Blasen verursacht. Diesen Trick habe ich nicht etwa von Madame Bongo gelernt, sondern schon vor Jahren auf einer Tour rund um den Annapurna in Nepal angewendet. Das hat mich vor manchen Blasen bewahrt. Aber wenn die Haut durch Wasser weich wird, dann nützt auch das manchmal nichts mehr.

Ich gehe immer weiter, viel weiter, als ich eigentlich heute gehen wollte. Als ich mit mir selbst ein Einsehen habe, bin ich absolut erschöpft, hinter mir liegen sechsunddreißig Kilometer sowie siebenundvierzigtausend Schritte. In Windeseile baue ich mein Zelt auf. Gefühlte eine Million Mücken umschwirren mich jetzt, es ist 21.00 Uhr.

Kaum steht das Zelt, springe ich hinein und werfe die „Tür" hinter mir zu – auch wenn diese ein Reißverschluss ist.

Daran, mir ein Essen zu kochen, ist nicht mehr zu denken, ich habe auch keinen Hunger. Es war einfach zu viel heute. Ich putze mir die Zähne und falle ungewaschen auf meinen Schlafsack. Unter dem Druck der Quälgeister war das der beste Platz, den ich für das Zelt finden konnte. Aber der Boden unter mir ist wellig und ich muss mir eine Position suchen, wie ich mich schlangengleich um die kleinen Hügel zum Schlafen herum winde. Wie soll das bloß weitergehen? Gegen solche Massen an Insekten hilft auch mein Insektenschutzmittel nicht mehr. Auf jeden Fall geht es nicht so weiter, immer den Versuch zu unternehmen, noch die übernächste Hütte zu erreichen. Bisher waren die angegebenen Gehzeiten zwischen den Hütten für mich komfortabel, denn ich habe sie einschließlich der Pausen meist unterboten (ohne dass ich hier einen Wettbewerb gemacht hätte). Aber die Gehzeiten scheinen hier, im nächsten Distrikt des DNT, knapper definiert zu sein. Ich beschließe nur noch von Hütte zu Hütte zu gehen, was sich in den nächsten Tagen auch als sinnvoll erweisen soll, denn die angegebenen Stunden sind jetzt tatsächlich reine Gehzeiten. Ich schlafe erst einmal erschöpft und ungewaschen ein.

Da quälen mich schon die Insekten, geht auch noch etwas anderes schief. Mein Wanderer-Navigationsgerät hat mir heute einen Streich gespielt und mich einmal, zur Freude der Bremsen, zu einer langsameren Gangart gezwungen. Das intelligente Gerät zeigte die Karte plötzlich nur noch mit vielen schwarzen Flächen, auf denen ich keine Details und damit auch meinen Weg nicht mehr erkennen konnte. So war an ein sicheres Weitergehen nicht zu denken. Da ich in Norwegen bin, hatte ich zuerst angenommen, es handele sich hierbei um Sümpfe, aber diese waren bisher eigentlich stets schraffiert dargestellt. Dann habe ich probeweise getestet, ob ich den nächsten Mikrochip einlegen müsste, weil ich nahe am Übergang zur nächsten Karte war. Fehlanzeige. Ich habe im Menü „Einstellungen" hin und her probiert. Hierbei bin ich am Tageskilometerzähler über die Anzeige des Sonnenuntergangs gestolpert. Dort sagt das Gerät mir, wie viele Stunden und Minuten es bis zum Sonnenuntergang sind. Für einen Wanderer eine gute Information. Es war Nachmittag – doch mein Gerät informierte mich, dass die Sonne in einigen Stunden aufgehen würde! Aber sie schien doch noch und die eingestellte Uhrzeit stimmte auch. Die Erklärung dafür war: Da ich mich im Bereich der Mittsommernacht befand und die Sonne gar nicht unterging, war das Gerät so durcheinander, dass es die Nachteinstellung gewählt hatte. Und die ist so dunkel, dass man bei Licht nichts mehr sehen kann. Ich fand in den Einstellungen glücklicherweise eine Dauertageseinstellung und mein kleiner Bildschirm zeigte mir wieder alle Details.

Heute, am nächsten Tag, ist es wieder heiß und ich gehe weiter. Ich spüre die zu lange Wanderung von gestern in meinen Knochen und Muskeln. Es sind nicht mehr ganz so viele Bremsen wie am Vortag unterwegs und jetzt, während der Tageshitze, sind auch keine Mücken zu sehen.

Und drei Tage später sind sowohl die Bremsen als auch die Mücken völlig verschwunden und das fast bis zum Ende meiner Reise in Oslo. Die Norweger haben mir das so erklärt: Die starke Hitze hatte für ein massenhaftes, gleichzeitiges Schlüpfen der Insekten gesorgt. Hier im Norden sind diese jedoch keine so dauerhaft hohen Temperaturen von dreißig Grad Celsius gewohnt und daher sehr schnell wieder gestorben. Deshalb war es, mit Ausnahme dieser wenigen Tage, ein insektenfreier Sommer. Ich habe wohl mehr Glück als Verstand, denn Mücken gehören zu den größten Sorgen von Skandinavien-Reisenden.

Das Schwert im Stein

Für heute ist ein Tag mit elf Stunden reiner Gehzeit angesagt. Ich stehe um vier Uhr morgens auf, es ist ja ohnehin hell. Die Morgenstunden sind reich an frischer und noch einigermaßen kühler Luft, da komme ich gut vorwärts. Nach gut der Hälfte der Strecke ist eine Schutzhütte eingezeichnet, das gibt ein gutes Gefühl, denn wenn mir die Anstrengung zu stark wird, kann ich auch dort bleiben. Gegen zehn Uhr wird es langsam heiß, und trotz der Höhe von eintausend Metern erwärmt es sich auf knapp dreißig Grad Celsius im Schatten – theoretisch, denn Schatten gibt es hier nicht. Ich gehe auf einem langgezogenen Bergrücken und arbeite mich immer wieder durch kleine Flüssen, die reichlich Schmelzwasser führen. Bei einem davon geht es in eine richtige kleine Felsschlucht hinab und ich muss zur Durchquerung wieder meine Turnschuhe anziehen. Bei dieser Hitze ist das für meine Füße eine echte Erfrischung. Aber der kleine Fluss ist reißend und ich muss bei jedem noch so kleinen Schritt aufpassen, dass das Wasser meinen Fuß nicht talwärts drückt, wodurch ich die Balance verlieren würde. Glücklich auf der anderen Seite angekommen, ziehe ich meine Stiefel wieder an. Jetzt muss ich den steilen Fels wieder hoch, der sich als eine glatte schräge Fläche präsentiert.

Ich finde einen kleinen Absatz, auf den ich den ersten Schritt mit dem rechten Fuß setzen kann. Meine Wanderstöcke finden auch einen Halt, so dass ich mich mit einem weiteren Schritt hinaufwuchten können sollte. Als ich den Schritt mache, rutscht erst mein rechter Schuh weg und dann der rechte Stock, der mir auch meine Hand nach unten zieht. So schlage ich ungebremst mit der rechten Gesichtshälfte auf den Fels. Aua! Nachdem ich mich geschüttelt habe, taste ich mein Jochbein ab. Es scheint heil geblieben zu sein, aber meine Finger sind voller Blut. Erst einmal will ich aus diesem Loch raus, was im zweiten Anlauf auch funktioniert. Oben packe ich mein kleines Erste-Hilfe-Set aus. Dank Marion, der Schwiegermutter meines Sohnes, und Daniel, einem Arbeitskollegen, habe ich eine kleine Flasche mit zehn Millilitern rotem Desinfektionsmittel dabei, keine Sprühflasche, sondern eine mit Pipette. Da es so etwas bei uns nicht mehr gibt, habe ich es mir vor der Reise aus Spanien von Daniel mitbringen lassen.

Nun platziere ich, ohne etwas zu sehen, einen roten Tropfen auf der Wunde und verteile ihn. Habe ich die Wunde überhaupt getroffen? Ich nehme meine Kamera heraus, mache ein Selfie und schaue es mir dann an. Volltreffer – für mich eine der schönsten Eigenaufnahmen auf dieser Reise. Na, dann kann es ja fröhlich weitergehen.

Die Sonne brennt mir auf den Hut und der Schweiß rinnt in Strömen. Mit der Zeit kommt es mir so vor, als ob mein Hirn langsam frittiert wird. Schließlich geht es so weit, dass ich glaube, eine Fata Morgana zu haben. Zwanzig Meter vor mir meine ich, neben dem Pfad ein großes Schwert in einem Stein stecken zu sehen. Excalibur? Wie eine Maschine gehe ich Schritt für Schritt einfach weiter, nehme das Schwert zwar zur Kenntnis und blende es gleichzeitig doch aus.

Bald schon kann ich mir das kaum noch vorstellen, aber ich bin tatsächlich einfach wie in Trance weitergegangen, ohne das geringste Interesse, diese „Erscheinung" aus der Nähe zu betrachten. Auch die Frage, ob das real ist oder ich schon einen Sonnenstich habe, kam nicht auf.

Wenig später komme ich an der Schutzhütte an. Ein großes Schild markiert den hier entlanglaufenden Nördlichen Polarkreis. Da ich für den Moment genug Sonne abbekommen habe, gehe ich hinein und nehme mein Mittag in der Hütte zu mir. Danach lege ich mich hin und schlafe etwa zwanzig Minuten lang wie ein Murmeltier. Als ich wach werde, will ich dennoch nicht gleich wieder los, denn ich muss noch weiter Energie sammeln. Also blättere ich im Hüttenbuch und lese die englischen und deutschen Eintragungen. Mein Blick fällt auf die nächste Seite – und was sehe ich? Da ist doch wahrhaftig eine Zeichnung des Schwertes in dem Stein! Es existiert also wirklich. Die Geschichte dazu, von mir frei aus dem Englischen übersetzt, ist folgende: „Vor drei Monaten haben wir unseren guten Freund und Ehemann verloren. Da es immer sein Wunsch war, nach Norwegen zurückzukommen, haben wir seine Asche hierher gebracht und dem Wind übergeben. Um diesen besonderen Platz zu markieren, haben wir sein Schwert und eine Inschrift mit seinem Namen zurückgelassen. Wir haben diesen Platz in

Schutzhütte am Polarkreis

Erinnerung daran gewählt, dass er J. hier vor zwei Jahren seinen Heiratsantrag gemacht hat. In liebevoller Erinnerung."

Darunter folgen die Namen von vier Hinterbliebenen. Welch ein letzter Liebesdienst! Ich sitze eine Weile ohne einen Gedanken im Kopf und bin wie in ein Gebet ohne Worte vertieft. Und ich kann dieses bewegte Gefühl noch Monate später wieder hervorrufen, so tief hat es mich beeindruckt.

Norge på langs – Das lange Norwegen

Auf dem Weg zur Argalad-Hütte treffe ich zwei junge Norwegerinnen, schwer bepackt mit großen Rucksäcken. Sie sind wie ich auf dem Weg nach Süden. Wir sehen uns in den nächsten Tagen ein paar Mal, denn wir haben einen ähnlichen Rhythmus. Sie haben sich vier Monate frei genommen und wollen den absoluten Wanderklassiker der Norweger gehen: Norge på langs, einmal längs durch Norwegen. Dabei stehen nur die beiden Endpunkte fest, das Nordkap als nördlichster Punkt und Lindesnes als südlichster. Welche Richtung der Wanderer wählt, ob nach Norden oder gen Süden, bleibt ihm überlassen und die Route auch. Jeder wählt sich seine eigene und so kann die Wanderung von zweitausendsechshundert bis dreitausend Kilometer reichen. Bevor ich auf meine Reise gegangen bin, habe ich einen Text gefunden, aus dem hervorging, dass gut dreihundert Menschen dies bisher geschafft haben. Die beiden Frauen haben die Route komplett im Detail vorgeplant und ermöglichen so eine Versorgung durch die Familie zu Hause. Sie haben Orte beziehungsweise Adressen vordefiniert, wo sie sich alle zehn Tage ein Paket abholen können. Darin finden sie die Detailkarten für die nächsten zehn Tage in Papierform. Die haben ein Vermögen – über eintausend Euro – gekostet. Daher schicken sie die Gebrauchten zurück. Meine acht digitalen Karten waren übrigens zusammen genauso teuer. Die Großmutter der Frauen versorgt sie mit allen erforderlichen Lebensmitteln für die jeweils kommenden zehn Tage. Dazu zählen auch ein schweres Schwarzbrot mit Nüssen und ein Kuchen. Ich frage die beiden, ob bei ihnen auch die Hose anfängt zu rutschen, weil die Pölsterchen schrumpfen. Sie schauen mich nur verständnislos an. Warum, erfahre ich bald: Ich sitze auf der Veranda einer Waldhütte und mache meine Mittagspause. Da kommen die beiden um die Ecke und setzten sich zu mir. Zum Mittag gibt es eine Scheibe von Großmutters Schwarzbrot, aber diese ist etwa zwei Zentimeter dick. Und darauf schmieren sie mindestens in gleicher Stärke, wenn nicht mehr, eine Nuss-Nougat-Creme. Danach gibt es noch ein Stück Kuchen. Da hätte ich auch nicht abgenommen. Als die beiden wieder gehen, sehe ich, dass sie jeden Rucksack zusammen hochheben und sie sich ihr Gepäck nacheinander auf die Rücken wuchten. Ich frage noch nach, wie viel der Rucksack wohl wiege. Jede von den beiden trägt stolze dreißig Kilogramm, zumindest immer dann, wenn sie gerade das Paket von der Familie entgegengenommen haben. Sind die Lebensmittel verzehrt, geht es auf fünfundzwanzig Kilogramm Rucksackgewicht runter. Das Wasser ist übrigens überhaupt noch nicht mitgezählt. Respekt, ich weiß nicht, ob ich damit noch vorwärts kommen würde. Danach verlieren sich unsere Wege, nur in Umbukta sehe ich sie einige Tage später noch einmal wieder.

Auf dem Wege dorthin gibt es eine Etappe, an deren Ende ich zwei weitere norwegische Wanderinnen treffe, die auch auf dem Norge på langs sind, aber in Richtung Norden.

Ich bin am Morgen bei bedecktem Wetter gestartet, bald darauf hatte es zu nieseln begonnen. An so etwas bin ich überhaupt nicht mehr gewöhnt. Mein Ziel heißt Saufasshytta und für mich klingt das so, als wäre der Name Programm, zumindest was das heutige Wetter angeht. Es hat so viel geregnet, dass meine Schuhe trotz Membrane komplett durchnässt sind. Ich spüre, wie im Stiefel bei jedem Schritt das Wasser von hinten nach vorne schwappt und wieder zurück. Und dabei geht es an einem schrägen Hang auf der rechten Seite stetig bergab, wodurch die Füße bei jedem Aufsetzen des Schuhes auf die rechte Seite des Stiefels rutschen. Der Pfad ist hier nicht so gut markiert, vielleicht, weil trotz der Hanglage immer wieder moorige Wiesen dazwischen sind. Zu allem Überfluss ist die Karte nicht genau, denn der Pfad ist dort viel höher am Berg – mitten in steilen Bereichen voller Steinlawinen – eingezeichnet als er in Wirklichkeit ist. Kurz vor dem Pass komme ich an eine steile große Schneefläche. Gut, dass es nicht frostig kalt ist, denn so ist der Schnee locker und das Profil meiner Stiefel greift. Wäre die Oberfläche gefroren und damit glatt, ich hätte ohne Steigeisen keine Chance. Nach siebeneinhalb Stunden nur bergauf und wegen des Wetters auch ohne Pause, nur versorgt mit ein paar Nüssen, bin ich oben auf dem Pass angekommen. Weitere anderthalb Stunden später erreiche ich die Berghütte. Während des Tages habe ich immer wieder über eine Spur von zwei Fahrrädern gestaunt, die wohl dieselbe Tour wie ich bewältigten. Mir ist es schleierhaft, wie die Fahrer manche Passagen geschafft haben sollen, denn dieser Abschnitt ist schon zu Fuß eine Herausforderung, insbesondere an den steilen oder steinigen Strecken.

Gleichzeitig mit mir, kommt von der anderen Seite das Geschwisterpaar auf dem Wege zum Nordkap an. Die beiden sind ebenfalls durchnässt und hungrig. Vor einer Stunde war bereits jemand in der Hütte, so ist es also noch warm und im Ofen befindet sich genügend Glut, womit sich schnell ein neues Feuer entfachen lässt. Die beiden trocknen ihre Sachen auf dem Drahtgestell über dem Ofen und genießen eine warme Mahlzeit. Obwohl es schon 18.30 Uhr ist, wollen sie noch weitergehen, denn sie haben ihr Tagessoll noch nicht erfüllt. Sie wollen dann irgendwo zelten, wenn sie müde sind. Da ich die Strecke kenne, rate ich ihnen davon ab, denn dort folgen stundenlang nur schräge Geröllhänge und sumpfige Wiesen. Aber sie lassen sich nicht beirren – und mich dann in dieser sehr schönen kleinen Hütte allein. Wenn Ihr das lest: Ich hoffe, Ihr seid heil am Nordkap angekommen und habt Norge på langs geschafft. Ich hätte mich gerne noch länger mit Euch unterhalten!

Der Elch

Auf dem Weg nach Junkerdal kommt mir ein Wanderer entgegen. In den ersten zwei Monaten meiner Reise in Norwegen sind mir genau zehn Wanderer begegnet, abgesehen davon, wenn ich irgendwo in einen Ort gegangen bin, um einzukaufen. Natürlich tauscht man sich aus, so erfährt jeder etwas über die Strecke, die vor ihm liegt. In diesem Fall ist es auch so. Er rät mir auf einem etwas anderen Weg nach Junkerdal zu gehen, als ich geplant habe. Es gibt dort entlang des Flusses einen alten, nicht mehr benutzten Wirtschaftsweg. Er hatte ihn gerade hinter sich. Auf meiner gesamten Reise habe ich solche Empfehlungen stets angenommen und mit einer Ausnahme habe ich es auch nicht bereut.

Der Weg ist auch auf meinem GPS, und als ich auf ihm gehe, muss ich mal nicht auf den Weg achten, denn er ist immer noch wie planiert. Aber auf mein Gesicht muss ich achten. Die Natur hat den unbenutzten Weg wieder in Besitz genommen und kleine zwei bis drei Meter hohe Bäumchen und Büsche erkämpfen sich ihren Platz. Ich bahne mir mit den Händen einen Weg hindurch. Mit der Zeit wird das zunehmend schwieriger, denn der Bewuchs wird immer dichter. Aber es geht trotzdem gut, bis ich den Grund dafür finde, warum der Wirtschaftsweg nicht mehr benutzt wird. Links von mir donnert ein wilder Fluss, der wohl zu Zeiten der Schneeschmelze das ein oder andere Stück des Weges weggerissen hat. Obendrein sind von rechts einige Steinlawinen von der fast senkrechten Felswand heruntergekommen. Plötzlich verwandelt sich meine eben noch geruhsame Wanderung in eine schwere alpine Klettertour. Davon hatte der Norweger nichts gesagt. Nach einer schweißtreibenden Stunde habe ich es endlich geschafft. Zwischenzeitlich habe ich kaum gewusst, wie ich hindurch kommen sollte. Jetzt gehe ich wieder normal auf dem leicht bewachsenen Weg und komme um eine Ecke herum. Und ...

Unvermittelt steht vor mir auf meinem Weg ein Elch und erfreut sich des frischen Grüns. Er nimmt den großen Kopf hoch und sieht mich an. Ich bleibe stehen. Die Entfernung ist so, dass ich gerade noch innerhalb seines Wohlfühlabstands bin. Er setzt seine Mahlzeit fort, was mir die Zeit gibt, meinen Fotoapparat herauszuholen. So würde wenigstens meine Familie mit diesem Bild in der Hand wissen, welches „Unglück" mir zugestoßen ist. Denn da er wegen des reißenden Flusses rechts und der senkrechten Felswand zur Linken wenig Fluchtmöglichkeiten hat, könnte er die Flucht nach vorne antreten, geradewegs auf mich zu. Ich bin zwar ein sturer Hund und kann manchmal ein Dickkopf sein, aber einer solchen Kollision wäre auch ich nicht gewachsen, denn der Elch ist ein großes Tier. Natürlich könnte er auch rückwärts ausweichen. Ich hoffe, er entscheidet sich für diese Option, denn ich habe wirklich keine Lust, diesen gerade so mühsam

Er oder ich?

bewältigten, furchtbaren Weg zurückzugehen. Und rechts den Fels hinauf oder links durch den Fluss hindurch, ist für mich auch keine Option. Also starte ich einen Versuch: Ich setze einen Schritt vorwärts, der Elch hört sofort auf zu fressen und hebt den Kopf. Ich bin genau an der Grenze seines Sicherheitsabstandes. Als ich einen weiteren Schritt nach vorne mache, macht er einen Schritt zurück. Bei meinem nächsten Schritt wiederholt sich das. Nach vier bis fünf Mal ist der Elch dieses Spiels überdrüssig, er dreht sich um und verschwindet den Weg entlang. Ich folge in respektvollem Abstand, sollte ihm aber nicht mehr begegnen.

Dafür treffe ich tags darauf ein norwegisches Pärchen. Auch sie versuchen, der Hitze aus dem Wege zu gehen, indem sie am Morgen bereits um vier Uhr starten. Das hindert sie aber nicht, am späten Nachmittag immer noch unterwegs zu sein. Sie schaffen ihren langen Tag nur, weil sie sich in der Mittagshitze zwei Stunden schlafen legen. Danach seien sie immer so frisch wie am Morgen. Für mich hingegen ist es an der Zeit, einen Platz für die Nacht zu finden, und sie raten mir, mein Zelt innerhalb der nächsten dreißig Gehminuten aufzuschlagen. Danach folge nämlich für mehrere Stunden eine Geröllwüste, die kein flaches Plätzchen mehr für ein Zelt bietet. Ratschläge von anderen habe ich schon häufig in meinem Leben befolgt. So auch diesen. Es gibt so viel von anderen Leuten zu lernen, man muss nur zuhören.

Das ist eine Erfahrung, die ich speziell auf dieser Wanderung, aber auch ganz allgemein im Leben immer wieder gemacht habe: Eine gute Pause ist keine Zeitverschwendung, sondern bringt die Kräfte zurück. Im Beruf habe ich immer, wenn es ging, versucht über Mittag die Arbeitsstätte zu verlassen, um nicht doch im halben Modus weiterzuarbeiten. Als ich in Kanada gelebt habe, konnte ich mittags nach Hause fahren und mit meiner Frau zusammen essen. Eine Stunde ohne Arbeitsthemen genügte und ich war wieder fit für einen effizienten Nachmittag, eigentlich genauso frisch wie am Morgen. Hätte ich im Büro gegessen, wäre die Hälfte meiner Aufmerksamkeit immer noch beim Job gewesen. Ich habe für mich persönlich jedenfalls die Feststellung gemacht, dass es keinen Sinn ergibt, eine Pause auszulassen und durchzuarbeiten, denn nach einer Pause arbeite ich anschließend wieder effizienter. Der Volksmund sagt ja nicht umsonst: „Er ist ein ausgeschlafener Junge". Gute Ideen und Kreativität bleiben bei einem müden oder erschöpften Menschen schon im Ansatz stecken. Hier beim Wandern ist es immer so, dass nach einem Mittagsschlaf – immer dann, wenn ich dafür eine passende Fläche finde – sowohl Füße als auch Beine wieder fit sind.

Pause muss sein!

Zwei Tage später komme ich einen Berghang hinauf. Zuerst arbeite ich mich durch einen Abhang, der von kleinen Büschen bewachsen ist, die mich an Heidelbeeren erinnern. Hierbei scheuche immer wieder brütende Vögel auf, die wie Rebhühner aussehen. Zuerst bleiben sie möglichst lange und still sitzen, damit ich sie nicht entdecke – was aus ihrer Sicht auch ziemlich gut gelingt. Gehe ich aber rein zufällig zu nah an dem Nest vorbei, ungefähr mit zwei Metern Abstand, dann springt zu meinem Erschrecken der Vogel unvermittelt auf und gaukelt mir einen Fluchtversuch vor. Dabei schlägt er unbeholfen mit den Flügeln und läuft über beziehungsweise durch die Heidelbeerbüsche hindurch. Für mich sieht das so aus, als wenn er die Flügel wie Flossen benutzt und auf den Büschen schwimmt. Kaum hat er genügend Sicherheitsabstand, bleibt er sitzen und wartet, ob ich auf seinen Trick hereinfalle und ihm folge. Komme ich wieder näher an ihn heran, „schwimmt" er flügelschlagend noch ein Stück weiter. Hat er mich weit genug von seinem Nest weggelockt, fliegt er plötzlich auf und davon.

Bei so viel Abwechslung komme ich nur langsam den Berg hinauf, denn ich nehme mir ausreichend Zeit, um das Schauspiel zu beobachten. Auf halber Höhe ändert sich die Vegetation in ein Grasland, und ich gehe der Sonne entgegen. Die Markierungen des Pfades sind wegen des gleißenden Lichtes manchmal nur zu erkennen, weil zum Anbringen des roten Punktes extra Steine angehäuft wurden und diese heben sich von der Umgebung ab.

An Silhouette des Hanges, in einiger Entfernung, bemerke ich wieder eine solche Erhebung und gehe darauf zu. Plötzlich bewegt sich der vermeintliche Steinhügel und wird zu einem riesigen Elch mit stattlichem Geweih. Im Gegenlicht wirkt er wie ein Scherenschnitt am Hang. Ich bleibe begeistert stehen und zücke meinen Fotoapparat. Als ich ihn fokussiert habe, fallen beide Batterien zu Boden – die Klappe ist aufgegangen. Vorsichtig bücke ich mich und lege sie schleunigst wieder ein, schalte das Gerät ein und fahre den Zoom aus. Gerade als der Autofocus noch scharfstellt, macht der Elch drei Schritte und ist verschwunden – schade! Während ich weitergehe, beobachte ich die ganze Zeit den Hang. Und siehe da: Mit einem Mal ist er wieder da, unterhalb von mir in den Büschen. Wieder hole ich die Kamera heraus, die immer griffbereit an meinem Gürtel steckt. Doch während der Autofocus noch arbeitet, ist der Elch schon wieder verschwunden. Ich soll noch eine dritte Chance erhalten, aber diese verläuft genauso erfolglos wie die ersten beiden. So existiert dieses wunderbare Bild nur in meiner Erinnerung.

Mein Tag

Rückblick: Mein Tagesablauf sah in der Regel folgendermaßen aus: aufstehen um 6.00 Uhr und frisch machen, danach zwanzig Minuten Yoga und Rücken-übungen auf dem Boden. Yoga ist für mich seit Jahrzehnten der perfekte Start in den Tag. Selbst wenn ich mal schlecht geschlafen habe, nach den Übungen bin ich körperlich und mental fit und der Tag kann kommen.

Es dauert nicht lange, bis danach ein Topf mit Wasser auf dem Kocher steht. Ein Teil des Wassers wird dann für Tee verwendet, der Rest kommt, mit Milch-pulver gemischt, in mein Müsli. Im Schlafsack werden vor dem Frühstück die Daunen aufgeschüttelt und nach Möglichkeit wird er zum Auslüften aufgehängt. Dennoch, ein leichter Eigengeruch ist auf Dauer nicht zu vermeiden. Während des Essens zieht ein spezielles Öl in die Haut meiner Füße ein, um die Muskulatur zu entspannen. Nach dem Abwaschen des Geschirrs und dem Reinigen der Hütte ist das Packen des Rucksacks angesagt. Das bedarf einer genauen Ordnung, einer-seits wegen der Gewichtsverteilung nahe am Körper, andererseits, damit alles immer an derselben Stelle ist, denn wenn es zum Beispiel zu regnen anfängt oder das Desinfektionsmittel gebraucht wird, bleibt keine Zeit zum Suchen. Danach gilt es, mich, je nach Wetter, richtig für den Tag anzuziehen und die Wander-schuhe fest genug für einen guten Halt zu schnüren – und doch locker genug, dass der Fuß ausreichend mit Blut versorgt wird. Als nächstes wird das Navi gestartet, damit es hochfahren kann. Jetzt wird der Rucksack auf den Rücken gehoben. Es gleicht einer kleinen Prozedur, den Rucksack von Grund auf neu einzustellen, und das jeden Morgen, damit er genau richtig sitzt. Wenn der Hut dann aufge-setzt ist und die Wanderstöcke in der Hand sind, kommt ein wichtiger Moment: umdrehen und schauen, dass ich nichts vergessen habe! In meinem Gepäck gibt es nur wichtige Dinge. Es darf nichts fehlen! Ein letzter Blick auf den Bildschirm des Navis, den richtigen Weg einschlagen, loslaufen …

Dann wird erst einmal Strecke gemacht, denn das ist gut für die mentale Verfassung. In den Bergen war meist das Gegenteil der Fall, denn dort ging es zunächst erst einmal bergauf. Aber auch überwundene Höhenmeter stärken das Bewusstsein. Nach anderthalb bis zwei Stunden wird die erste Pause gemacht, wenn das Wetter es erlaubt. Dafür suche ich mir einen möglichst guten Platz, wo ich aufrecht sitzen und die Beine locker nach unten hängen lassen kann. Bei Regen oder wenn es sehr kalt ist, verzichte ich aufs Hinsetzen und stehe in Ruhe an einer Stelle. Von da an wird etwa jede Stunde eine Pause von fünf bis zehn

Minuten eingelegt. Da ich meist weiß, wie lang die Strecke für den Tag ist oder wie viele Höhenmeter zu überwinden sind, lege ich meine Mittagspause so, dass ich zu diesem Zeitpunkt ungefähr sechzig Prozent der Tageswanderung hinter mir habe. Für die Auswahl des richtigen Platzes lasse ich mir stets Zeit und habe dafür ein Luxusprogramm ausgetüftelt: Am besten sind bei Sonnenschein Plätze, wie sehr große von der Sonne aufgewärmte Steine. An die lehne ich mich beim Essen an, um den Rücken zu entlasten. Danach lege ich mich der Länge nach darauf und schlafe sofort ein. Nach circa fünfzehn bis zwanzig Minuten bin ich wieder wach und voller Energie für den Nachmittag. Natürlich ziehe ich während dieser Zeit die dampfenden Stiefel und Socken aus, die nach der Pause wieder trocken sind. Feuchte Haut an den Füßen birgt immer die Gefahr, dass sich eine Blase bildet. Wichtig auch: Sobald ich zur Pause anhalte, ziehe ich mein nass geschwitztes T-Shirt aus und ersetze es durch ein trockenes, das immer griffbereit in einer Seitentasche ist. Wenn ich das feuchte T-Shirt auch nur für eine kurze Pause angelassen habe und es mir den Rücken gekühlt hat, habe ich es eine Stunde später mit Rückenschmerzen gebüßt. Die quälten mich dann bis zu zwei Tage lang.

Das beschriebene „Verwöhnpaket" entfällt natürlich bei schlechtem Wetter. Dann suche ich mir eine geschützte Stelle, wenn es eine gibt, und versuche in entspannter Haltung zu essen. Das dauert dann maximal dreißig Minuten, während ich mir bei günstigen Witterungsbedingungen eine gute Stunde gönne. Auch nachmittags mache ich möglichst ein Mal pro Stunde eine kurze Pause. Und ich schaue öfter auf mein Navi, um zu sehen, wie weit die Entfernung zu meinem Ziel noch ist, in Luftlinie gemessen. Es gibt Tage, da weiß ich vorher, dass ich neun bis elf Stunden reine Gehzeit brauche, um mein Ziel zu erreichen. An diesen Tagen versuche ich früher zu beginnen und statt um acht Uhr schon um sieben oder gar sechs Uhr aufzubrechen. Irgendwann habe ich gemerkt, dass es egal ist, wann ich losgehe: Unabhängig vom Zeitpunkt des Starts, beginne ich ab 15.30 Uhr müde zu werden – auch, wenn ich erst wenige Stunden unterwegs bin. Deshalb gehe ich bei langen Etappen lieber früher los, denn dann splitte ich den Tag nicht in sechzig Prozent vor der Mittagspause und vierzig Prozent danach, sondern drittele ihn und lege zwei große Pausen ein. Egal, wie die Einteilung ist: Wenn ich zwischen 15.00 Uhr und 18.00 Uhr an meinem Ziel ankomme, bin ich körperlich völlig erledigt und dringend erholungsbedürftig. Dann braucht es ein paar Automatismen, um wieder zu Kräften zu kommen. Und das geht so:

Punkt eins: Sofort trockene und – wenn erforderlich – warme Sachen aus dem

Rucksack anziehen. Zweitens: Kocher raus, Wasser holen und eine kleine Menge heiß machen. In meinem Becher einen Brühwürfel darin auflösen, noch etwas Salz hinzufügen, das Ganze mit etwas kaltem Wasser auf eine trinkbare Temperatur bringen und voller Genuss schlürfen! Das Salz bringt mir in kurzer Zeit einen kleinen Energieschub. Drittens: Einen weiteren großen Topf Wasser aufsetzen und einen Hibiskustee aufbrühen. Auch, wenn ich gerade erst meinen salzigen „Energy Drink" zu mir genommen habe, habe ich weiteren Flüssigkeitsbedarf und Lust auf etwas mit Geschmack. Irgendwann, wenn man so viel Wasser tagsüber trinkt, braucht es eine Abwechslung. Der Hibiskustee kann abkühlen, während ich mich in der Hütte einrichtete oder mein Zelt aufbaue.

Beim Zelten gibt es Ausnahmen vom Ablauf, nämlich immer dann, wenn es regnet oder ich von Mücken leergesaugt werde. Dann schlage ich zuallererst das Zelt auf. Wenn es einen Fluss oder See gibt, dann bade ich darin. Aber auch ohne Badestelle wasche ich mich und meine durchgeschwitzte Kleidung täglich. Das ist Pflicht. Ein Freund und Kollege hatte mir lange vor der Reise einen Tipp gegeben: Es gibt ein Buch der U.S.-Streitkräfte, wie man in der Wildnis überlebt (The U.S. Army Survival Manual von John Boswell). Darin sind alle Tipps gesammelt, die Soldaten im Laufe ihrer (leider) vielen Einsätze rund um die Welt gesammelt haben. Ich habe es mit Interesse gelesen, denn man weiß ja nie, wofür man es eines Tages brauchen kann. Eine Botschaft war deutlich in diesem Buch: Körperhygiene ist wichtig fürs Überleben, um Krankheiten zu vermeiden und damit immer genug Kraft zu haben, den Überlebenskampf zu meistern. Meine Füße hätten diesen Satz jeden Abend auch gerne schriftlich bestätigt.

Dann ist Zeit, Essen zu kochen und eine Portion zu verdrücken, die ich sonst halbiert und mit einer zweiten Person geteilt hätte. Da ich jetzt nicht mehr imstande bin, noch irgendetwas anderes zu tun, schreibe ich in mein Tagebuch. Viele kleine Tagesereignisse, ob nun schön oder weniger erbaulich, wären mir sonst verlorengegangen. Trotzdem sind mir auch noch am nächsten Tag weitere Dinge vom Vortag eingefallen, die ich erlebt, gesehen, gespürt oder gedacht habe. Sie wurden dann eben mit einem Tag Verzögerung notiert. (Wenn ich dann zum Einkaufen in die Zivilisation zurückgegangen bin, habe ich die fünf bis zehn DIN A4-Seiten dieses Tagebuchs per Post an meine Frau geschickt. So hatte sie eine ständige Reportage, was ich so erlebt habe. War ich dann wieder zu Hause, habe ich meine Aufzeichnungen nochmals mehrfach gelesen. Dies hat mich für eine Weile in meine Wanderschaft zurückversetzt, mit dem Ergebnis, dass ich große Lust verspürte, umgehend wieder meinen Rucksack zu packen.) Nach Beendigung des Tagebuchschreibens ist es meist schon 21.00 Uhr. Um am nächsten Tag wieder locker zu sein, dehne ich dann noch, zunächst meine Achillessehne und die Wade, indem ich mich gegen eine Wand oder einen Baum lehne und jeweils einen Fuß nach hinten gesetzt belaste. Auch der Oberschenkel muss gedehnt werden, indem ich mich mit einer Hand irgendwo abstütze und mit der anderen den Fuß hinten an den Po ziehe. Das bringt aber nur richtig etwas, wenn auch das Becken nach vorne gekippt wird, sonst ist der Effekt nur halb so stark. So gelockert, lege ich meine Sachen für den nächsten Morgen zurecht und krieche in meinen Schlafsack. Hier kommt als letzte Pflegemaßnahme eine Creme auf meine Füße, um die Hornhaut geschmeidig zu halten. Anfangs hatte ich geglaubt, dass ich wegen der Müdigkeit innerhalb von Sekunden einschlafen würde. Weit gefehlt. Ich liege erst eine Weile wach und verbringe einige Stunden in einer Art Halbschlaf. Erst die letzten drei bis vier Stunden schlafe ich dann tief. Mein Körper ist wohl von der Anstrengung des Tages immer noch zu aufgedreht, als dass er gleich zur Ruhe kommen könnte.

Am Anfang der Reise kam bei mir immer wieder der Manager durch. Kaum war ich losgegangen, fing ich an auszurechnen, wann ich mein Pensum von sechzig Prozent geschafft haben würde, um die Mittagspause zeitlich zu bestimmen. Ich ermittelte, wann ich unter Einbezug der Pausen, an meinem Ziel ankommen würde. Mal stimmte es, mal nicht. Besonders wenn es länger gedauert hatte als berechnet, wurde mir meine Erwartungshaltung zur selbst gestellten Falle. In der „Nachspielzeit" ist es nämlich um die Moral und die Kräfte nicht mehr so gut bestellt. Nach einigen Wochen hörte ich damit auf und immer dann, wenn mein Verstand von alleine wieder in diesen Mechanismus verfiel, stoppte ich ihn mit folgenden Worten: „Das Einzige, was stimmt, ist, dass ich durch den Schritt, den ich gerade mache, meinem Ziel um genau diesen Schritt näher gekommen bin. Wie weit oder wie lange es noch sein möge."

Es mag von Interesse sein, was ich gegessen habe und wie ich zu Nachschub gekommen bin. In meinen Rucksack kommen nur Sachen, die wenig wiegen und viele Kalorien haben. Das Frühstück bestand aus Haferflocken mit getrockneten Früchten, Nüssen und Wasser mit Milchpulver. Dazu gab es einen heißen Tee. Um die Mittagszeit, nach mehr als der Hälfte der Tagesdistanz, habe ich Schwarzbrot mit Salami gegessen und dann am Abend eine warme Mahlzeit aus Reis oder Nudeln gekocht. Dazu gab es dann eine Dose Thunfisch oder Sardinen in Öl.

Auch getrocknete Eintöpfe sind ideal, denn sie gewährleisten die Kalorien- und die Flüssigkeitsversorgung. Je nach Einkaufsmöglichkeiten fand ich auch asiatische Suppen, in denen ich dann den Reis gekocht habe, was ein sehr schmackhaftes Gericht ergab. Ich war alle fünf bis zehn Tage darauf angewiesen, einen Supermarkt oder Dorfladen zu finden, um alles wieder neu einzukaufen. Ich deckte mich mit dem ein, was im Sortiment geführt wurde. Bei dieser Gelegenheit kaufte ich mir dann auch immer einen großen Joghurt, den ich gleich vor dem Markt verschlang, genauso wie etwas Obst für den Tag. Für die Versorgung mit genügend Mineralstoffen und Vitaminen nahm ich jeden zweiten Tag eine Tablette ein, die das Nötigste enthielt. In der Natur pflückte ich die leckeren Moltebeeren, die es in Nord-Norwegen gab. Eine wahre Vitamin C-Bombe! Dabei galt zu beachten, dass sie gelb sein mussten, denn dann sind sie reif. Die roten Exemplare sind, um ein Wortspiel zu verwenden, nach unserem Sprachgebrauch, noch zu „grün" zum Essen.

Die Trinkwasserversorgung war von Land zu Land verschieden. In der Türkei, Griechenland, Albanien und teilweise in Kroatien habe ich Wasser in Flaschen gekauft, so dass ich maximal drei Liter im Rucksack hatte. Wenn ich nur noch anderthalb Liter hatte, habe ich nach dem nächsten Ort und Geschäft Ausschau gehalten, um den „Tank wieder aufzufüllen". Ich habe bei vielen Wanderungen vor

Rastender Wanderer aus Stein

allem im Gebirge gelernt, dass eines nicht ausgehen darf: Wasser. Als ich Wandern als mein Hobby entdeckte, hatte ich das oft unterschätzt und zu wenig Wasser mitgehabt. Die Kraft lässt sehr schnell nach, wenn der Körper dehydriert ist. Der Bedarf ist durch die körperliche Anstrengung um einiges höher und im Gebirge steigt er obendrein auch noch aufgrund der trockeneren Luft. Vor der Reise hatte ich Strategien im Internet gelesen, wie man weniger Wasser und damit Gewicht tragen muss. Die radikalste Empfehlung, auf die ich stieß, lautete, gar kein Wasser mitzunehmen, sondern sich morgens „bis zur Unterlippe voll zu füllen" und so viel zu trinken, bis es einem „aus den Ohren wieder herausläuft". Den einzigen Nachteil, den der Verfasser dieses Artikels sah, war, dass er am Vormittag an jedem Busch halt machen musste. In Norwegen hatte ich anfangs immer zu viel Wasser bei mir. Dort im Gebirge reiht sich ein Bach neben den nächsten Fluss und bietet ausnahmslos köstliches und sauberes Wasser. Eine kleine Einschränkung hierzu gibt es: Das gilt nicht für die Jahre, in denen viele tote Lemminge herumliegen. In „den Jahren des großen Sterbens" muss das Wasser abgekocht werden. Ich hatte das Glück, dass ich nur einige quicklebendige Exemplare zu Gesicht bekam. In Deutschland, Österreich, Slowenien und Tschechien kam das Wasser ganz schlicht aus dem Wasserhahn.

Der schönste Platz

Zwei Verletzungen quälen meine Füße. Ich habe unter einem Fußballen eine Hornschwiele, die so dick ist, dass die Erhebung beim Laufen auf das darunterliegende Gewebe drückt. Jeden Abend sieht das aus wie eine Blase, die sich seitlich herausquetscht. Je länger der Tag dauert, umso mehr schmerzt jeder Schritt. Das zweite Problem befindet sich oben am Spann, etwa in der Mitte der Stelle, wo sich der Übergang des Fußes zum Schienbein befindet. Vor einigen Tagen hatte ich plötzlich in meiner Wollsocke genau an dieser Stelle ein Loch. Darüber hatte ich mich gewundert, denn der restliche Strumpf war wie neu. Wäre dies zu einem späteren Zeitpunkt meiner Reise geschehen, hätte ich viel genauer hingesehen. Zwischenzeitlich hatte ich nämlich gelernt, sofort anzuhalten, wenn am Fuß etwas weh tat oder eine ungewöhnliche Veränderung am Material auftauchte. Ich bin der Sache dann immer sofort auf den Grund gegangen und habe die Ursache behoben. Das ist meist einfach. Man hat eine Falte in der Socke oder die Zunge des Stiefels sitzt nicht richtig. Häufig musste ich nur den Stiefel etwas anders schnüren und die Sache war erledigt. Aber über das Loch in der Socke war ich galant hinweg gegangen. Und so wurden statt der Socke jetzt meine Haut und das darunter liegende Gewebe malträtiert. Als Übeltäter sollte sich der Schnürsenkel herausstellen. Der Druck, den er verursachte, wirkte sich über die Zunge des Schuhs hinweg ungepolstert auf meine Socke beziehungsweise Haut aus und hat auf diese Weise eine Scheuerstelle hervorgerufen. Die vom Hersteller mit einem Stück Leder aufgesetzte Polsterung beginnt nämlich erst darüber. Deshalb habe ich nun eine Wunde mit einer Kruste darauf. Und das an einer Stelle, die bei jedem Schritt zusammengedrückt und dann wieder auseinandergezogen wird, wodurch die Wunde natürlich immer wieder aufgerissen wird und nicht heilen kann. Die eigentliche Ursache hatte ich bereits abgestellt, indem ich fortan beim Schnüren der Stiefel einfach eine Öse ausließ.

Der Schmerz der zwei Verletzungen bringt mich zu einer generellen Entscheidung für meine weitere Reise: Alle sieben Tage werde ich einen Tag Pause einlegen, damit sich Körper und Geist erholen können. Wobei es gar nicht so sehr meine Muskeln sind, die Erholung brauchen, sondern es hauptsächlich darum geht, meine mentalen Batterien wieder aufladen. Das war am Anfang der Wanderung nicht so wichtig, aber jetzt wird es zu einem entscheidenden Faktor für das Gelingen der gesamten Reise. Je nach Gelände muss ich den Tag über mit voller Konzentration jeden Schritt setzen, um sicher zu laufen. Um diese wichtige Anspannung hochzuhalten, braucht mein Kopf diesen Tag Pause. Es ist spürbar, dass ich am Tag danach mit vollem Elan wieder unterwegs bin, regelrecht ungeduldig, hinaus in die Natur zu kommen und zu wandern.

Am Nachmittag gehe ich also in Begleitung meiner zwei Leiden auf mein heutiges Ziel zu: Angeltjønnshytta, eine kleine Hütte an einem riesigen See. Als ich mich ihr nähere, braut sich auf dem linken Bergrücken gerade ein Gewitter mit pechschwarzen Wolken zusammen. Normalerweise stellt so etwas für mich eine Bedrohung dar, denn bei Blitz und Donner ungeschützt in der offenen Landschaft herumzulaufen, ist ja eher etwas, was man nicht tun sollte. Jetzt aber gleicht es, zusammen mit der Sonne und dem See, einem Naturschauspiel. Und die dunklen Wolken bleiben auch, wo sie sind, als ich In die kleine Hütte einziehe. Als ich drinnen meine Sachen auspacke – ich bin wie fast immer alleine – habe ich das Gefühl, dass ich immer mal wieder das Gleichgewicht verliere. Bin ich etwa unterzuckert? Erst, als ich einen Topf mit Wasser auf dem Herd habe, kann ich an der Wasseroberfläche ablesen, dass diese Hütte schief steht. Da ich ja morgen „frei habe", kann ich es etwas langsamer angehen lassen und gehe zuerst einmal im See baden. Danach lege ich mich nackt auf die Holzterrasse und trockne in der Sonne. Dabei nicke ich für kurze Zeit ein, doch der Hunger weckt mich. In dieser Hütte gibt es einen Schrank, prall gefüllt mit Nahrungsmitteln. Ich verbrauche aber erst einmal meinen mitgebrachten Proviant, damit ich ihn nicht unnötigerweise weiterschleppen muss. Zum Nachtisch gibt es eine große Dose mit eingelegten Birnen. Es ist zur Gewohnheit geworden: In jeder mit Proviant ausgestatteten Hütte muss eine Dose Früchte daran glauben. Das bedeutet für mich fünfhundertzwanzig Kalorien zusätzlich, die auch bitter nötig waren.

Zu Beginn der Reise im Norden wies mein Hosengürtel zwei bis dahin ungenutzte Löcher auf, um ihn enger schnallen zu können. Doch mittlerweile hat die Schnalle sie eingeholt – dennoch rutscht meine Hose. Ich war schon schlank, als ich die Reise antrat, aber jetzt ist auch das letzte Gramm Körperfett verschwunden. Bei einer Körpergröße von einem Meter sechsundachtzig bringe ich dreiundachtzig Kilogramm auf die Waage. Nach zwei Monaten sind es nur noch fünfundsiebzig Kilogramm. Für den Wohlstandsbürger klingt das prima. Wo kann man diese Diät buchen? Für mich ist das weniger gut, was ich inzwischen auch beim Wandern zu spüren bekomme: Nachmittags, wenn das Frühstück und das Mittagessen in Körperkraft umgesetzt und damit aufgebraucht sind, werde ich plötzlich langsam. Das lässt sich auch mit Willenskraft nicht umkehren – mein Tank ist einfach leer. Für diesen Fall habe ich immer eine kleine Tüte Nüsse in der Hosentasche und kann sie während des Gehens knabbern. Eine Rechnung ergibt: Ich verbrauche vier- bis fünftausend Kilokalorien pro Tag, schaffe es aber nur dreitausend zu mir zu nehmen, weil ich nicht mehr Lebensmittel tragen kann und will. Somit fehlen mir seit dem Nordkap ungefähr siebzigtausend Kalorien, was einem ungefähren Körpergewicht von sieben bis zehn Kilogramm entspricht. So kommen mir alle zusätzlichen Kalorien gerade recht.

Wie üblich falle ich früh ins Bett, finde aber vorher im Regal, zwischen einigen norwegischen Büchern, einen deutschsprachigen Roman, „Medea" von Christa Wolf. Ich freue mich darauf, ihn mir an meinem morgigen Ruhetag zu Gemüte führen zu können. Laut Eintrag wurde er 1998 von einem Christian H. hier zurückgelassen, vorn auf dem Einband prangt ein Aufkleber mit der Aufschrift „Thalia Bücher – Ihr Urlaub beginnt bei uns".

Natürlich schlafe ich aus. Nebel liegt über dem See, der von der Sonne beschienen wird, und neben dem die Berge rechts und links herausragen. Ich sitze auf der Terrasse und futtere Knäckebrot mit Leberpastete, beides dem Proviantschrank entnommen. Ich höre erst auf, als ich die gesamte Packung mit Brot verputzt habe. Der Nebel wird immer weniger und gibt damit immer mehr des wunderschönen Panoramas preis. Nachdem ich ein Weilchen in dem Buch gelesen habe, schaue ich einfach auf den See und lasse meine Gedanken schweifen, bis auch die sich verlieren. Ich kenne diesen Zustand aus der Meditation und es trifft mich die Erkenntnis: Einfach so dasitzen ist herrlich und erfüllt mich ungemein! Aber ist denn das erlaubt? Einfach so herumsitzen? Als Manager war der gesamte lange Tag durchgetaktet. Jede freie Minute hatte ich versucht, der E-Mail-Flut Herr zu werden. Und auch am Wochenende war es schwer gewesen, dieser Mühle zu entrinnen. Und das, obwohl ich mir samstags immer sehr viel Zeit für alles gelassen habe. Aber einfach so herumsitzen? Das ist in der Erziehung und Programmierung eines Deutschen nicht vorgesehen, ja es ist sogar verwerflich, das geht gar nicht!

Geht doch! Von klein auf werden wir so erzogen, dass wir etwas leisten müssen. Sobald wir in der Schule sind, wird die Liste der Pflichten mit jedem Tag länger. Kommen wir nach Hause, folgen die Schularbeiten. Und heutzutage ist da noch die vermeintliche Pflicht, stets in den sozialen Netzwerken präsent und rund um die Uhr erreichbar sein zu müssen. All diese Zwänge lehren uns, dass wir keine Sekunde verschwenden dürfen. Aber ist es wirklich vertane Zeit, einfach da zu sitzen und die Gedanken oder den Blick schweifen zu lassen? Nein! Es sind wesentliche Ruhephasen oder Zeiten, in denen wir die so ersehnte Entspannung finden können. Auch manch gute Idee kommt so ganz von alleine, ohne dass man angestrengt darüber nachgedacht hat. Aber das funktioniert nur dann, wenn man sich eben kein Ziel bei dieser Pause gesetzt hat. Deshalb folgere ich für mich: Einfach nur hinsetzen, ohne Plan, frei von Zwängen, einfach nur für mich sein – das tut mir gut und ich werde es in meinen zukünftigen Alltag integrieren. Der heutige Tag hat mich diesem Vorsatz einen Schritt näher gebracht. Aber ich muss erst wieder lernen, deswegen kein schlechtes Gewissen zu haben und mir klarmachen, es ist MEINE Zeit. Sie gehört niemanden sonst und ich bin niemanden Rechenschaft schuldig. Außerdem muss ich gerade kein bestimmtes Ziel unbedingt erreichen. Ich besitze den größten Luxus der westlichen Welt: Ich habe Zeit!

Jetzt meldet sich wieder mein Magen, an den Pausentagen ist er immer so programmiert, dass ich fortwährend etwas essen könnte. Später habe ich dann herausgefunden, dass ich ihn einmal mit einer Portion vollstopfen muss, die sonst

Angeltjønnshytta - einfach nur dasitzen ...

für eine vierköpfige Familie reichen würde, zum Beispiel Spaghetti mit einer Fleischsoße, wie hier im Proviantlager vorrätig. Daraufhin gab er stets Ruhe und das Gehirn sandte keine Hungerrufe mehr aus.

Den freien Tag verbringe ich damit, abwechselnd die Landschaft auf mich wirken zu lassen, zu lesen, etwas zu essen, und ab und zu meine Hose in der Seifenlauge aus Abwaschmittel und Wasser durchzukneten. Ich komme nicht umhin, mich zu wundern, was da für eine Brühe rauskommt, obwohl das Kleidungsstück jede Woche gewaschen wird. Der Tag vergeht wie im Flug und ich lese den kompletten Roman durch. Ein interessanter Stoff, der im alten Griechenland spielt, leicht erzählt. Trotzdem hinterfragt er dabei kritisch die egoistischen Interessen von Politik und Macht. Am Abend gehe ich erholt und bezaubert von diesem schönen Platz in mein Bett. Und erfreue mich daran, hier sein zu dürfen.

Der nächste Tag bietet mir ein Relikt aus der Vergangenheit. Gemäß meines GPS gehe ich ein Stück der Etappe genau an der schwedisch-norwegischen Grenze entlang. Als ich mich nähere, kann ich kaum glauben, was ich sehe: einen Zaun aus großen Holzpfählen, die in einem verrosteten Eisenfuß stecken, der in den Boden geschlagen ist. Und einen fast zwei Meter hohen Drahtzaun, dessen

Maschen etwa fünfzehn Zentimeter Weite haben. Soweit das Auge von Norden nach Süden reicht – ein Zaun! Die erste Frage, die sich mir stellt, ist, ob sich dieser Zaun über die gesamte Länge der Grenze erstreckt – das wären dann etwa tausendsechshundert Kilometer! Schon fängt mein Kopf an zu rechnen. Alle vier Meter steht ein Pfosten, das wären dann rund dreihundertfünfundsiebzigtausend über die gesamte Strecke und genauso viele Metallfüße. Ich stelle mir vor, wie das passiert sein könnte, denn meiner Phantasie sind ja hier keine Grenzen gesetzt, und Google, wo ich spontan Auskunft finden könnte, ist unendlich weit weg. Es formt sich dieser Erklärungsansatz: Die Lobbyisten der Holz- und Metallindustrie waren auf der Suche nach einem kräftigen Umsatzschub und fanden einen Einfältigen in hoher Verwaltungs-Funktion, der sich ein Denkmal setzen wollte. Aber handelte es sich um einen nationalen Alleingang oder haben die beiden Staaten das gemeinsam gemacht? Wie groß der Blödsinn war, kann ich daran ersehen, dass viele der Zaunpfosten inzwischen umgefallen sind und der Maschendraht nach unten gerutscht ist. Wie gut, dass die ausführende Firma nicht so genau gearbeitet hat. Wie muss dieser Zaun die Tiere ausgebremst haben, die nicht darüber springen konnten oder klein genug zum Durchschlüpfen waren. Später befragte ich einige Norweger zu diesem Zaun. Sie erklärten mir, dass er errich-

... und träumen, gucken und genießen.

tet wurde, damit sich die Rentierherden nicht vermischen konnten. So weit, so gut (oder auch nicht). Bleibt die Frage, wer diesen halb umgefallenen, nutzlosen Schandfleck jetzt wieder abbaut, hier in der völligen Einsamkeit?

Kurze Zeit später kann ich noch zwei illegale Grenzübertritte vermelden. Mein Pfad führt einmal auf die schwedische Seite und wieder zurück nach Norwegen. Aber bei der Abgeschiedenheit merkt das natürlich wieder niemand. Am Nachmittag komme ich dann an der E14 heraus, der Straße von Storlien in Schweden nach Kopperå in Norwegen. Von hier wollte ich irgendwie mit Bus, Eisenbahn oder per Anhalter nach Stjørdalen/Trondheim kommen. Die Vorsehung will es – denn Zufälle gibt es ja nicht, wie wir bereits an anderer Stelle festgestellt haben –, dass montags bis freitags kein Bus fährt, nur samstags morgens und sonntags am späten Nachmittag. Und welcher Tag ist heute? Sonntag! Und wann fährt der Bus? In zwei Stunden! So eine Punktlandung muss man erst einmal hinkriegen, ohne vorher den Fahrplan zu kennen! Die Pufferzeit verbringe ich in einem Café eines nahen Parks und lasse es mir bei Waffeln mit Erdbeerkompott gutgehen – natürlich mal wieder viel zu viele.

Der Steinadler

In Trondheim angekommen, verbringe ich zwei Tage in der Stadt und erhole mich. Dazu gehört auch, ordentlich viel zu essen. In die Zeit meiner Anwesenheit fällt das Olavsfestival. Es wird begangen zu Ehren des Heiligen St. Olav, dem früheren König Olav Harraldson, der hier begraben liegt. Auf seiner Grabstätte wurde zuerst eine kleine Holzkapelle erbaut, die 1090 durch eine steinerne Kirche ersetzt wurde. Im Laufe der Jahrhunderte wurde dann eine prachtvolle Kathedrale daraus. Als ich in die Stadt hinein wandere, entdecke ich überall kleine Buden, in denen es eine Programmübersicht gibt sowie Karten für die Veranstaltungen. Ich erstehe spontan ein Ticket für die h-Moll-Messe von Bach am nächsten Abend in der Kathedrale. Erst danach suche ich mir in einem Studentenwohnheim ein Zimmer.

Die Stadt ist voll mit Menschen aus aller Herren Länder, viele sind allerdings enttäuscht, dass sie nicht zu einer Besichtigung in die Kathedrale dürfen. In Oslo und Trondheim gilt gerade ein Terroralarm, weshalb einige wichtige Gebäude für die Öffentlichkeit gesperrt sind. Das ist vor allem für all die Pilger, die den Olavsweg von Oslo nach Trondheim gegangen waren, sehr enttäuschend, denn der Besuch bildet normalerweise den Abschluss ihrer Wanderung. Mein Plan ist, diesen Weg in der entgegengesetzten Richtung zu gehen, die GPS-Daten befinden sich sogar auf meinem Navigationsgerät. Aber einige Pilger haben mir erzählt, dass es schwierig war, Unterkünfte zu finden. So entscheide ich mich, erst den Bus Richtung Südwesten nach Rindal (Straße Nummer 65) zu nehmen, und dann meinem eigenen Weg zu folgen, an dem es viele DNT-Hütten gibt.

Vor diesem Abschnitt ist eine Ära zu Ende gegangen: Ich habe meinen Gefrierbeutel entsorgt. In all den Jahren, in denen ich Woche für Woche im Flugzeug unterwegs war, musste ich stets die Sicherheitsbestimmungen für Flüssigkeiten im Handgepäck einhalten. Für einen Flug in den Urlaub und zurück, sind die vorgeschriebenen dünnen Plastikbeutel mit einem Fassungsvermögen von einem Liter in Ordnung. Aber bei mehrfacher Benutzung gehen sie kaputt. Und das natürlich immer im falschen Moment. So geschehen einmal, als ich den Beutel (der Zahnpasta, Mundspülung und dergleichen enthielt) auf das Förderband ins Röntgengerät legen wollte. Die untere Naht riss auf und der ganze Inhalt fiel auf den dreckigen Fußboden. Da kam Freude auf! Nicht nur bei mir – auch bei den Wartenden dahinter. Denn das Einsammeln der verstreuten Teile dauerte seine Zeit und fast alle hatten es eilig, zum Flieger zu kommen. Um eine Wiederholung zu vermeiden, nutzte ich fortan einen soliden Gefrierbeutel (der zwar etwas größer war, was aber die meisten Sicherheitsleute nicht störte). Und dieser Beutel war nun auch mit auf meine Wanderung gegangen, denn er wog ja fast nichts. Für acht Jahre war dies mein „Kulturbeutel" und jetzt hatte er seinen Geist aufgegeben. Ein klarer Hinweis, dass dieser Abschnitt meines Lebens in der Luft zu Ende ist! Ich kaufe mir ein leichtes Kosmetiktäschchen und lebe nicht mehr aus dem Gefrierbeutel.

Am Morgen nach dem Konzert setze ich meine Wanderung fort. Von nun an ist das Wetter nicht mehr heiß, sondern moderat, mit einer leichten Kühle und ab und zu etwas Regen. Der Busfahrer lässt mich genau an der Stelle aussteigen, wo mein Pfad beginnt. So etwas ist nur mit einem Navigationsgerät möglich. Da ich auf fünfzig Meter Meereshöhe bin, geht es erst einmal nur bergauf bis auf den achthundert Meter hohen Bollen, wo ich auch zum ersten Mal ein Gipfelbuch vorfinde. Von hier führt mich mein Weg weiter auf tausenddreihundert Meter Höhe zur Hütte Vindølbu. Auf diesem Abschnitt ereignet sich auch der Moment, mit dem dieses Buch beginnt – richtig, die Begegnung mit dem Steinadler.

Rentierfamilie

Der majestätische Vogel und zwei Krähen sind aufgeflogen und ich folge dem Golden Eagle mit meinen Blicken, bis ich ihn nicht mehr sehen kann. Sofort setzt ein völlig anderer Gedankengang ein: Dort muss etwas zu Fressen sein! Und richtig, ein paar Schritte weiter entdecke ich ein totes Schaf. Es ist noch sehr frisch, denn das Blut fließt hellrot und färbt das Fell. Ich drehe mich um dreihundertsechzig Grad, aber beruhigender Weise kann ich nichts entdecken. Wo ein so großer Futtervorrat liegt, sind auch größere Aasfresser nicht weit – oder der tierische Jäger, der das Schaf gerissen hat. Hier gibt es Wölfe und Bären, die einen solch attraktiven Kadaver mit Zehen und Klauen verteidigen würden, selbst wenn sie nicht selbst der erfolgreiche Jäger waren. Das stellt für mich jetzt eine Gefahr dar. Ohne noch eine Sekunde zu verlieren, setze ich meinen Weg fort. Ständig scanne ich auf meinem Pfad das Gelände vor und hinter mir sowie rechts und links. Als ich ein paar hundert Meter Abstand zum toten Schaf gewonnen habe, sehe ich vor mir eine kleine Rentierfamilie, der Vater mit seinem mächtigen Geweih, das Muttertier mit weißem Kalb. Außer dass sie genau darauf achten, dass der Sicherheitsabstand zu mir gewahrt bleibt, sind alle drei ganz ruhig. Daraus schließe ich, dass kein Bär oder Wolf in der Nähe ist, und gönne mir die Zeit, die drei in aller Ruhe zu beobachten. Die Eltern grasen und observieren mich im Wechsel, das

Kalb stolziert neben ihnen her. Erst einige Wochen alt, sind seine Beine schon hoch und kräftig und sicherlich schnell genug, um flüchten zu können.

Ein paar Tage später erfahre ich von anderen Wanderern, dass das Schaf wahrscheinlich Opfer eines Vielfraß geworden ist, denn auch diese Tiergattung ist in dieser Gegend vertreten.

Vor, während und nach meiner Wanderung war eine der häufigsten Fragen, die mir über diese Reise gestellt worden ist, wie ich mich gegen wilde Tiere, insbesondere Wölfe und Bären, verteidigen würde. Die Antwort: Nach Möglichkeit gar nicht! In Norwegen gab es auf meiner Reiseroute all diese Tiere, nicht zu vergessen die Elche und Moschusochsen. Vor Reisebeginn hatte ich versucht, die Verhaltensmaßregeln zu verinnerlichen, die ich für diese beiden Tiere gefunden habe. Und diese gelten auch für alle anderen Tiere. Haben sie Nachwuchs, ist es oberstes Gebot, sich so fern wie möglich zu halten oder am besten ganz zu verschwinden. Auf gar keinen Fall darf man zwischen Muttertier und Jungtier kommen. Des Weiteren sollte man beachten, dem Tier nicht die Fluchtmöglichkeit zu nehmen, sowie Abstand zu halten. Außerdem hatte ich auf meiner Wanderung für den Fall, dass sich Bären in der Nähe befanden, immer versucht, beim Gehen mit den Wanderstöcken genügend Geräusche zu machen, damit das Tier mich früh genug hört und sich trollt. Dadurch habe ich natürlich manch anderes Tier, das mich auch gehört hat, leider nicht gesehen. Unterwegs sollte ich noch lernen, dass es bei der Benutzung von Pfefferspray gegen Bären und Wölfe gar nicht nötig ist, direkt auf das Tier zu zielen, sondern einfach nur auf den Raum zwischen mir und dem Tier. Ihre Nasen sind nämlich so fein und empfindlich, dass dies ausreicht, um sie zu vertreiben. (Ein Hinweis, den amerikanische Ranger, die nur mit einem speziellen Bärenspray in den Wald gehen, entschieden bestreiten würden.) Glücklicherweise habe ich es nie einsetzen müssen.

Auch wenn dies der erste Tag nach dem Aufenthalt in Trondheim war, so war es gleichwohl der letzte Tag meiner Wanderung in der norwegischen Einsamkeit.

Alleinsamkeit

Mehr als einmal bekam ich die Frage gestellt: „Hast du dich nicht allein gefühlt?" Ehrlich gesagt, ganz selten. Diese Momente waren an einer Hand abzuzählen. Sie waren auch gar nicht so sehr mit dem Alleinsein an sich verbunden. Was an jedem Wandertag präsent war, war die körperliche Anstrengung. Trotz des täglichen Wanderns – und der damit verbundenen Gewöhnung – war ich auch nach vielen Monaten abends bei der Ankunft körperlich schlichtweg müde. Aber das war morgens wieder verflogen, zumindest meistens. Wenn ich mehr als eine Woche jeden Tag gegangen war, dann stellte sich eher eine mentale Müdigkeit ein. Vor allem, wenn die Routen anspruchsvoll waren, beispielsweise wenn ich den ganzen Tag über einen Berg gegangen war, der aus losen Steinen bestand, die größer waren als Tennisbälle. Wenn da nicht jeder Schritt saß, knickte ich um. Oder es waren flache große Steinplatten, die durch Erd- oder Gletscherbewegungen in alle möglichen Richtungen geschoben worden waren. Sie waren am schwierigsten zu überwinden, wenn sie so hoch aufgestellt in der Natur lagerten. Dann war es ein Balanceakt. Wenn noch Moos und Feuchtigkeit auf den Steinen waren, konnte ich leicht mal ausrutschen. Daher brauchte ich besonders an langen Tagen mit schwieriger Wegstrecke eine permanent hohe Konzentration. Wenn sich dann zu der körperlichen Müdigkeit auch eine mentale Erschöpfung gesellte, dann habe ich mich alleine gefühlt. Da halfen dann auch kein heißer Tee und keine Kalorienzufuhr. Es kamen zum Teil sehr alte Erinnerungen hoch und die damit verbunden Menschen habe ich dann vermisst. Habe ich abends in meinem Schlafsack gelegen, sind an diesen Tagen vor dem Einschlafen auch mal Tränen geflossen. Tagsüber, während der eigentlichen Wanderung, habe ich mich nie alleine gefühlt. Ich war geborgen in meinem Rhythmus und der Natur, die mir ständig Eindrücke präsentiert hat, die mich gefangen hielten. Als Beispiel seien hier die Vögel genannt. Ich war ein Eindringling in ihrem (Brut-)Revier. Schon aus der Entfernung konnte ich ihren Warnruf hören und ich konnte sicher sein, dass ich beim Verlassen des Reviers, wenn der Warnruf aufhörte, gleich den nächsten Bereich eines anderen Vogels betrat, der dann sofort sein Gezeter anstimmte.

Ich besitze sicherlich ein paar Persönlichkeitsmerkmale, die vor dem Alleinsein schützen – ich bin ein Optimist und ruhe meist in mir selbst. Das führe ich unter anderem auf Yoga und Meditation zurück. Damit habe ich schon vor dreißig Jahren begonnen, als es noch in die Ecke der Esoterik gedrängt wurde. Heute ist es ja geradezu modern, ein Muss (was dem Gedanken von beidem eigentlich entgegensteht!). Wenn ich sonst Sport treibe, geht es mir währenddessen und danach immer gut. Ich bin dann frisch und erfreue mich guter Laune. So war es auch jeden Tag auf der Reise. Da spielte die jeweilige Witterung keine Rolle – selbst bei Regen wirkte die „Bewegungsdroge", sobald ich losgegangen war. Das setzt natürlich die richtige Kleidung voraus. Das Gefühl der Freiheit tat sein Übriges zu meiner guten Stimmung. Und ich bin auf manchen Abschnitten natürlich auch vielen Menschen begegnet. Wirklich allein war ich lediglich in den gut zwei Monaten in Norwegen vom Nordkap bis auf die Höhe von Trondheim. Einsam bin ich nicht gewesen, denn ich hatte ja meinen Geist, meinen Verstand dabei. Kaum war ich losgegangen und die bewussten ersten Schritte waren getan, da schaltete sich die Automatik ein, ohne dass ich noch darüber hätte nachdenken müssen. Die Füße setzten einen Schritt vor den anderen und die Arme die Wanderstöcke rhythmisch ein, die Augen richteten sich abwechselnd auf den Boden und in die Umgebung, warfen ab und zu noch einen Blick aufs GPS, kontrollierten, ob ich auf dem richtigen Weg bin – all das, ohne noch nachzudenken. Und der Kopf? Fast unbemerkt begann er sein eigenes Thema. Und nicht, dass ich mir das etwa bewusst ausgesucht hätte – er drängte es mir von sich aus auf! Das konnte Alles und Nichts sein. Zunächst betraf es die unmittelbar wichtigen Dinge, die meine Tagestour angingen. Wie ist die Wegführung, wie lange würde ich brauchen, zu welcher Uhrzeit würde ich da sein? Das Managerherz war gleich in seinem planerischen Element! Irgendwann, und das hat eine Weile gedauert, fand ich dieses fahrplanmäßige Denken überflüssig. Ich bin da, wenn ich da bin, und es dauert so lange, wie es dauert. Jeder Schritt ist ein Schritt weniger für den Tag. Einen unbekannten Weg kann ich ohnehin nicht detailliert planen und muss es auch nicht.

Natürlich sind mir in den allerersten Wochen auch noch viele Gedanken an meine Arbeit, meine Kollegen und die Firma selbst durch den Kopf gegangen. Auch danach war diese Thematik immer noch da, obwohl ich gehofft hatte, sie schneller hinter mir lassen zu können. Aber das hat auch sein Gutes: Ich fühl(t)e mich mit der Firma und ihren Menschen so stark verwurzelt, so identifiziert, dass sie in mir leben, auch wenn ich nicht mehr da bin. Eines Abends habe ich statt meines Tagebuchs eine DIN A4-Seite über meine ehemalige Firma Sulzer geschrieben. So stand alles als zusammengefasste Analyse auf einem Blatt Papier. Ich habe dies mit „vertraulich und gefährlich" markiert. Und von diesem Tag an wurden die Gedanken an Arbeit und Firma schlagartig weniger. So wurde in meinem Kopf Platz für Gedanken an meine Familie, meine Frau, meinen Sohn und dessen Frau und an meine Enkel. Dabei habe ich mich auf den Tag gefreut, an dem ich bei ihnen ankommen würde, in einem Ort südlich von Hamburg. Das Timing dieses einzigen geplanten und länger feststehenden Herzenstermins war perfekt, denn die Einschulung meines Enkels stand bevor.

Die bewussten Gedanken abzustellen und mich geistig treiben zu lassen, war immer öfter erfolgreich. Eines Tages fiel mir auf, wie eigenartig es war, dass ich mich immer erst über Ereignisse der Reise gefreut habe, wenn ich sie abends aufgeschrieben habe. „Warum freust Du Dich nicht ganz bewusst in dem Moment, in dem es passiert?", fragte ich mich. Eine schwierige, fast philosophische Frage. Geht das überhaupt? Von da an habe ich versucht, die Ereignisse bewusster wahrzunehmen, in dem Moment, in dem sie sich ereignen. Das war zwar anfangs gar nicht so einfach, ist mir aber dann in zunehmendem Maße Stück für Stück besser gelungen. Dadurch habe ich die Momente intensiver erlebt, immer mit der Hoffnung verknüpft, etwas von dieser intensiveren Gegenwart beizubehalten oder diese vielleicht noch etwas weiterentwickeln zu können.

In den ersten Wochen der Wanderung habe ich auch viel über ein Buch nachgedacht, das ich über das Thema „Karriere" schreiben will. Ich möchte mit meiner Erfahrung dazu beitragen, dass Menschen ihre beruflichen Chancen nicht verpassen beziehungsweise den für sie passenden Beruf wählen, selbst wenn man sich dazu von seinem bisherigen Job verabschieden muss. Vieles zu dieser Thematik ging mir durch den Kopf und wanderte aufs Papier, vor allem an den Tagen, an denen ich wegen meines entzündeten Zehs zwangspausieren musste. Aber diese Gedanken wurden im Laufe der Wanderung weniger und ich habe sie erst wieder aufgenommen, als ich zu Hause war. An vielen Tagen hatte ich das Glück, dass mir nichts durch den Kopf ging. Denn das hieß, dass ich auf meinem Weg ging und nicht mit dem Kopf woanders war. Entsprechend nahm ich mir besonders für die zweite Hälfte der Reise vor, mich während des Wanderns nicht von irgendwelchen „artfremden" Gedanken ablenken zu lassen, sondern ganz bewusst auf meinem Weg zu sein. Das sollte ich dann auch leidlich gut hinbekommen. Begünstigt wurde dies durch die sehr hohen Temperaturen in Südeuropa, denn ein „frittiertes" Gehirn hört von alleine auf zu denken.

Neben dem Denken gibt es noch etwas anderes aus dem „Universum des Alleinseins" zu berichten: die Selbstgespräche. Als ich plötzlich anfing, mit mir selbst zu sprechen, sogar zu argumentieren, als wohnten, ach, zwei Seelen in meiner Brust, da hätte ich eigentlich erschrecken müssen. Aber Selbstgespräche kenne ich aus meiner Kindheit, da waren sie positiv besetzt! Wieso das so ist? Mein Urgroßvater sah eines Tages in Kiel das Bild einer sehr schönen Frau, einer Dänin, die in Kopenhagen lebte. Ihren Eltern gehörte das Café direkt am Platz vor dem Königspalast. Opa Schauser, mein Vorfahr, war dermaßen von dem Bild eingenommen, dass er ausrief: „DAS ist meine Frau!" Daraufhin reiste er in die dänische Hauptstadt und hielt um ihre Hand an – erfolgreich! Um sich nach dem Umzug in ein anderes Land mit einer anderen Sprache nicht allzu einsam zu fühlen, hat meine spätere Urgroßmutter eine junge Angestellte namens Johanne aus dem elterlichen Café nach Kiel mitgenommen. So konnte sie, in Kiel angekommen, auch nach der Heirat zumindest mit einem Menschen weiterhin in ihrer Muttersprache reden – ein Stückchen Heimat in der Fremde. Johanne hat meine Urgroßeltern beide überlebt und sogar noch bei meinen Eltern im Haushalt mitgeholfen, indem sie sämtliche Wäsche gebügelt hat. Was bei sieben Personen eine ganze Menge war! Wir Kinder haben Johanne geliebt, sie war die Lebensweisheit pur und konnte wunderbar erzählen. Wenn sie am Bügelbrett stand, hat sie laut mit sich selbst geredet. Als kleiner „Pöks" (wie man bei uns im Norden sagt) habe ich sie dann einmal gefragt, warum sie das macht, denn ich hatte das zuvor bei keinem anderen Menschen beobachtet. Ihre Antwort war: „Wer mit sich selbst redet, wird alt." Johanne sollte Recht behalten, sie ist über 90 Jahre alt geworden. Also hatte ich nichts gegen meine Selbstgespräche einzuwenden. Was mir daran fast Spaß machte, war, dass manchmal Engel und Teufel miteinander diskutierten, was richtig und was falsch ist. Ein Wettstreit zweier Meinungen in einem Kopf! Die Gesundheit und die Fitness meines Körpers waren natürlich immer ein wichtiges Gesprächsthema. Wenn es um meine Füße ging, kann man sich den Kommunikationsverlauf, angelehnt an einen Otto-Waalkes-Sketch, wie folgt vorstellen:

Alleinsamkeit - herrlich!

Zentrale (Gehirn) an Fahrwerk (Füße und Beine): „Wie läuft es heute Morgen?" „Ganz gut, keine besonderen Vorkommnisse." Oder: „Wir haben nur noch eine Stunde zu gehen, das macht ihr prima da unten, tolle Leistung."

So konnte ich mich sogar selbst noch zusätzlich motivieren! Klingt das schräg? Und wenn schon – es waren gute Methoden, um souverän mit der einsamen Situation umzugehen. Ein paar Mal habe ich auch angefangen zu singen. Da war es hingegen sogar gut, dass ich alleine war, denn ich hatte nur noch die Melodie und ein paar Bruchstücke des Textes im Kopf und einem zahlenden Publikum hätte ich bei dieser Darbietung das Eintrittsgeld zurückerstatten müssen ...

Ein sehr wichtiger Aspekt, mit dem nötigen Selbstvertrauen an das Unterfangen herangehen zu können, war für mich die Sicherheit, die ich von Anfang an, auch schon in der Vorbereitung, berücksichtigt habe. Dazu gehören das Verhalten gegenüber der (wilden) Tierwelt und die zweckmäßige Ausrüstung. Über die richtige Kleidung habe ich ja schon berichtet. Letztere beginnt mit guten Wanderstiefeln. Diese sollten stets genügend Halt geben, sodass es zu keiner schwerwiegenden Verletzung kommt, auch wenn ich mal trotz aller Aufmerksamkeit umknicke. Was würde ich tun, wenn es dennoch passiert? Ein unverzichtbarer Teil meines Equipments war ein altes Handy, der so genannte „Nokia-Knochen". Damit kann man im Prinzip nur telefonieren und SMS senden, mehr nicht. Dafür hält seine Batterie bei smarter Energiewirtschaft über drei Wochen, wie ich im Himalaya aus eigener Erfahrung bestätigen kann. In Norwegen hatte ich im Schnitt höchstens alle fünf Tage die Möglichkeit zum Aufladen. Zudem gab es hier natürlich nicht überall ein Netz – und da zeigt sich der zweite Vorteil dieses alten Gerätes: Es wurde zu einer Zeit konstruiert, als die Netzabdeckung zum Teil noch sehr dünn war und es nicht immer Empfang gab. Da spielt die Leistungsfähigkeit der Antenne eine große Rolle. Keines der heutigen Smartphones kann diesbezüglich mithalten, wie das folgende Erlebnis zeigt, das sich auf einer späteren Etappe ereignet hatte, im Nationalpark Velebit in Kroatien.

Dort hatte ich mich vor einer Hütte in den Bergen zur Rast niedergelassen. Außer mir waren auch noch einige andere Wanderer da. Netz? Fehlanzeige! Es ist von den hohen Bergen abgeschirmt. Einer der Gäste kannte die Strecke von früheren Wanderungen und meinte, auf einem etwas höher gelegenen Fels hinter der Hütte gäbe es manchmal ein wenig Netzempfang, woraufhin ein junger Mann und ich uns sofort dort hinauf begaben. Während ich meiner Frau erfolgreich eine SMS schicken konnte, lief der andere mit seinem modernen Telefon herum und war traurig, dass ihm dies bei seiner Freundin nicht gelingen wollte. Er bat mich dann, meines benutzen zu dürfen. Damit hat es dann geklappt. Tags darauf erhielt ich von seiner Freundin eine Antwort auf Kroatisch, die ich natürlich nicht verstand. Sie hatte gar nicht bemerkt, dass die Mitteilung von einer anderen Nummer geschickt worden war, was ich ihr deshalb auf Englisch erklärte.

Dieses Telefon war also so etwas wie meine Versicherung fürs Hilfe holen, zumindest wenn nicht alle widrigen Umstände zusammenkämen. Und mein Sohn wiederum hatte eine Möglichkeit via Smartphone mein Handy zu orten. Eine weitere Sicherheitsvorkehrung war, dass ich meiner Frau per SMS immer mitteilte, wo ich mich gerade befand und wo ich die nächsten Tage hingehen würde. Sollte ich mich innerhalb von sieben Tagen nicht bei ihr gemeldet haben, würde sie einen Rettungstrupp losschicken. Für diesen Fall hatte ich mir extra einen roten und keinen schwarzen Regenponcho zugelegt, denn die Signalfarbe wäre bei einer Bergung aus der Luft gut sichtbar gewesen. Und was hätte ich noch machen können, um Hilfe zu holen? In meiner Hosentasche befand sich immer eine Trillerpfeife, deren Ton auch über weite Entfernungen zu hören wäre. Das könnte die menschliche Stimme nicht leisten. Lautes Rufen kostet viel Kraft und ist nicht sehr weit zu hören. So hatte ich für mich ein kleines Sicherheitskorsett gebaut, welches mir das nötige Vertrauen gab, um unbeschwert, aber aufmerksam, unterwegs zu sein. Ist dieses Vertrauen da, dann stellt sich – zumindest bei mir – auch nicht die Angst vor dem Alleinsein ein.

Das Dreieck und noch mehr Irre

Doch zurück zum Tagesgeschehen und zu meiner Wanderung: Heute befinde ich mich auf der Route von Vindølbu nach Trollheimshytta. Während des Tages bin ich noch alleine. Schon der Name Trollheim hat eine magische Anziehungskraft auf mich. Bereits als Kind hatte ich diese kleinen Fabelwesen geliebt – und heute Abend soll ich in ihrem Heim ankommen! Und das Besondere ist, dies ist meine erste bewirtschaftete DNT-Hütte in Norwegen – ich bin gespannt, was das bedeutet.

Bis kurz vor der Ankunft bin ich allein und habe die Natur für mich. Dann gelange ich auf die Lichtung, wo die große Hütte steht ...

... und überall Menschen, viele davon! Sie sitzen in Gruppen und trinken Bier oder gehen auf und ab, um irgendetwas zu erledigen. Ich höre viele verschiedene Sprachen und verharre einen Moment in gewissem Abstand. Ich bin „zurück“,

zurück unter vielen Menschen. Das ist der erste Gedanke, der mich durchzuckt. Der nächste lautet: „Nichts wie rein, bevor das letzte Bett besetzt ist." Aber diese Sorge ist unnötig. Erstens sind ausreichend Betten vorhanden, und zweitens findet ein Hüttenwirt immer einen Platz für all seine Gäste – und wenn es bedeutet, dass er Matratzen im Speisesaal auslegen muss. Das ist das Stichwort überhaupt: der Speisesaal. Nach einer heißen Dusche, was schon für sich genommen der totale Luxus ist, bildet das Abendessen den krönenden Abschluss: ein Drei-Gänge-Menü in großer Runde mit Essen, so viel ich will. Was es nicht ganz trifft: Besser wäre, essen, so viel ich kann, denn irgendwann bekomme selbst ich keinen Bissen mehr hinunter. Das Hauptgericht ist gekochter Lachs mit Kartoffeln und Buttersoße, dem eine Vorspeise, eine Pilzsuppe, vorausgegangen war. Der Nachtisch besteht aus einer Creme mit eingekochten Waldfrüchten. Köstlich! Wenn einem so viel Gutes wird beschert ... mich auch an den vielen Menschen nichts mehr stört. Gesättigt und zufrieden suche ich kurz darauf mein Nachtlager auf, nicht ohne zuvor meine Ohrenstöpsel ein- und meine Schlafbrille aufzusetzen. Von den anderen elf Wanderern, die im Laufe des Abends auch noch zum Schlafen in das Zimmer kommen, merke ich nichts. Als ich früh am nächsten Morgen wieder aufstehe, schlafen alle anderen noch.

Am Abend – also vor dem Festmahl – hatte ich meinen Rucksack so vorbereitet, dass ich mit meinen Sachen aus dem Zimmer schleichen kann, ohne die Schlafenden zu stören.

Es steht mir in vielerlei Hinsicht ein besonderer Tag bevor. Die Hüttenwirtin hatte mich vorgewarnt, dass der Morgen anstrengend werden würde, denn es gehe zwei Stunden lang immer nur steil bergauf.

Sie hat nichts Falsches gesagt. Der Pfad ist schmal und verwinkelt und ich arbeite mich durch einen Wald den Berg hinauf. Obendrein hat es pünktlich zu nieseln begonnen, was den Weg glitschig macht. Mein Regenponcho bleibt immer wieder an den Zweigen der Büsche hängen. Mit diesem Tag ist das Ende des Jahrhundertsommers gekommen. Statt der fünfundzwanzig bis dreißig Grad Celsius der letzten fast zwei Monate herrschen heute ungefähr sechs Grad und die Sonne ist verschwunden. Der Wald und die Büsche werden immer spärlicher und am Ende der Steigung bin ich buchstäblich in den Wolken angekommen und wandere auf nassen und meist rutschigen Steinen. Nun geht es nur noch flach bergan und die Landschaft reduziert sich auf mein unmittelbares Sichtfeld. Alles, was weiter als fünfzig Meter weg ist, bleibt hinter den Wolken verborgen.

Bei Kilometer sieben kommen mir plötzlich aus dem Nebel zwei ungewöhnliche Gestalten entgegen. Sie sind nur mit kurzen Hosen und einem dünnen Jäckchen bekleidet und auf dem Rücken tragen sie jeweils einen kleinen Rucksack. Zu meinem Erstaunen joggen sie. Bevor ich das gedanklich einordnen kann, sind sie auch schon bei mir. Wie bei solchen Begegnungen in der Wildnis üblich, halten sie an und wir tauschen kurz aus, wo wir herkommen und wo wir hin wollen. Sie sind vor zwei Stunden in Gjevilvasshytta, meinem heutigen Ziel, gestartet, was nach meiner Berechnung zwanzig Kilometer ergibt. Ich will ihnen gerade versichern, dass sie ihr Ziel bald erreichen werden, da erfahre ich, dass mein Ausgangspunkt für sie lediglich eine Zwischenstation ist. Von dort aus wollen sie zu noch einer anderen Hütte namens Jøldalshytta weiterlaufen und dann zurück zu ihrem Ausgangspunkt, meinem heutigen Ziel. Wir wünschen uns gegenseitig eine erfolgreiche Weiterreise. Sie verschwinden joggend im Nebel.

Meine nächsten Schritte sind wahrscheinlich etwas langsamer, denn ich bin voll damit beschäftigt, das Gehörte zu verarbeiten. Erst einmal ist es mir unbegreiflich, wie man auf diesen glitschig nassen und unebenen Steinen joggen kann. Ich muss mit meinen Wanderstiefeln jeden Schritt bewusst setzen, damit ich nicht ausrutsche oder umknicke. Und die beiden fliegen im Lauftempo darüber. Ich hätte mir nach fünf Minuten die Füße gebrochen. Dann fange ich an zu rechnen und komme zu dem Ergebnis, dass sie mindestens fünfzig Kilometer laufen wollen. Das ist mehr als ein Marathon – und das nicht einmal auf ebener Straße, sondern auf losem Untergrund, bei einem Höhenunterschied von insgesamt über dreitausend Metern, den es zu überwinden gilt. Ein permanenter Wechsel aus Auf und Ab, was an sich schon eine zusätzliche physische Belastung darstellt. Ich komme zu dem Schluss, dass es Leute gibt, die noch verrückter sind als ich.

Das volle Ausmaß des „Wahnsinns" erfahre ich später im Laufe des Tages, als ich zwei Wanderinnen begegne, die aus dieser Region stammen. Sie klären mich auf, dass es einmal im Jahr ein Rennen gibt, für das die Läufer trainieren. Die Strecke wird „Das Dreieck" genannt und ist sage und schreibe sechzig Kilometer lang. Der Rekord für diesen Lauf liegt bei fünf Stunden, neunundfünfzig Minuten und zweiundvierzig Sekunden. Die Fakten beeindrucken mich dermaßen, dass ich diese Zahl nie wieder vergessen werde. Es gibt also außer mir tatsächlich noch mehr „Irre" auf dieser Welt – eine herrlich erlösende Erkenntnis!

Kurz vor meiner Mittagspause erreiche ich einen Bergsee, der zur Hälfte von einem etwa um dreihundertfünfzig Meter höheren Bergrücken umgeben ist. Die Wolken haben sich etwas gelichtet und ziehen über das Wasser und hinauf zum

Gipfel. Ich bleibe eine Weile stehen und erfreue mich am Zauber dieses Anblicks, den ich auf dem Weg nach oben aus immer neuer Perspektive wiederholt genieße. Als ich noch unten stehe, kommt mir der Gedanke, dass mein Sohn mich gebeten hatte, ein Stück auf meiner langen Wanderung für ihn zu gehen. Der richtige Zeitpunkt dafür scheint mir nun gekommen. Den gesamten steilen Anstieg geht er in meinen Gedanken mit mir hinauf und ich empfinde es tatsächlich so, als wäre er wirklich dabei. Ein wunderschönes gemeinsames Erlebnis. Oben angekommen habe ich zu meiner Überraschung ein Funknetz, natürlich habe ich ihm umgehend eine SMS geschrieben und erklärt, was „wir" gerade gemacht haben.

Nach meiner Mittagspause auf dem Bergrücken ändert sich noch etwas: Bis Trondheim waren mir innerhalb von zwei Monaten ganze zehn Wanderer begegnet. Ab diesem Nachmittag stelle ich das Zählen ein, denn allein heute sind siebenundzwanzig Personen dazugekommen. Ich bin in einem der Hauptwandergebiete Norwegens angelangt.

Moschusochsen und Hunger

Ich weiß schon am Morgen, dass dies ein langer Tag wird. Und da diese Etappe etwas abseits der größeren Wanderwege liegt, begegne ich, im Gegensatz zum Vortag, kaum anderen Menschen, was sich schon eher mit meiner Vorstellung vom Wandern deckt.

In meinem Tagebuch vermerke ich abends, dass dieses der ultimative Tag war: Am Ende schlagen neunundzwanzig Kilometer und eine Höhendifferenz von tausenddreihundert Metern zu Buche. Der vielfach unsichtbare Pfad führte über kreuz und quer stehende Steinplatten – nicht ganz ungefährlich, denn sie bergen das ständige Risiko umzuknicken. Und oben auf den Bergen blies mir ein derartiger Wind entgegen, der jedem Schritt noch mehr Energie abverlangte. Ich trat in einen scherzhaften Diskurs mit den Elementen und machte dem Wind leichte Vorwürfe, warum er eigentlich nicht von hinten käme, um mich ein wenig zu unterstützen. Wahrscheinlich machte er das sogar manchmal, aber dann merkte ich ihn nicht bewusst, denn er kostete ja dann keine Kraft, blies mir ebenso wenig kühlend ins Gesicht. Entsprechend bin ich nun am Abend richtig stolz, wie ich diesen Tag gemeistert habe.

Tags darauf habe ich eine besondere Begegnung. Ich sehe sie schon von weitem: eine kleine Herde Moschusochsen. Aus der Entfernung ist es schwierig, ein Gefühl für ihre Größe zu bekommen. Mit jedem Schritt werden sie größer, denn ich gehe genau auf sie zu. Und je kleiner der Abstand wird, umso größer wird mein Respekt. Sie erinnern mich an die Yaks im Himalaya, die freilebenden Bullen sollen gefährlicher sein als Tiger. Aber trotz der enormen Größe ist der Moschusochse ein friedliches Tier.

Ich soll später noch erfahren, dass ein Sicherheitsabstand von zweihundert Metern sinnvoll ist. Aber ich habe gesehen, dass auch bei kleinerer Distanz keine Reaktion erfolgt. Die Herde grast direkt auf meinem Pfad und so gehe ich in einem großen Bogen um sie herum. Auf der anderen Seite der Herde kann ich eine kleine Gruppe Wanderer ausmachen, die etwas ratlos herumstehen. Scheinbar wissen sie nicht recht, wie die Lage einzuschätzen ist. Als sie mich im Halbkreis um die Herde herum schreiten sehen, tun sie es mir gleich – bis auf einen. Ein Mann aus der Gruppe versucht mit einer großen Kamera näher an die Moschusochsen heran zu kommen. Mit jedem Schritt wird das Gezeter seiner Frau größer, er solle zurückkommen. Mir scheint es fast so, als würde er aus reinem Trotz nun erst recht immer weiter herangehen, denn je mehr und lauter sie ruft, umso weiter geht er. Schließlich ist er bis auf circa fünfzig Meter an die Herde herangekommen, ohne dass die Tiere ihn eines Blickes gewürdigt hätten.

Moschusochse aus der Entfernung

Aber ab welcher Entfernung wird aus „nah" ein „zu nah"? Allgemein lässt sich sagen, lebensgefährlich wird es, wenn der Bulle anfängt mit den Hufen zu scharren und sein Gegenüber anzupeilen – ab da sollte man sich nicht weiter nähern, sondern sich sofort zurückziehen. Doch zum Glück kommt es nicht soweit und die Sache geht glimpflich aus.

Hier in diesem Gebiet gibt es immer wieder kleine Herden, sie zu bestaunen ist wie ein Wunder der Natur. Die Bullen sind wahre Monumente, die selbst mit meiner kleinen Kamera auf große Entfernung ein gutes Bild ergeben. Dabei waren diese eindrucksvollen und mächtigen Geschöpfe in diesem Tal bereits ausgestorben. Aber nach dem Zweiten Weltkrieg konnten sie mit Herden aus Deutschland wieder erfolgreich angesiedelt werden. Viele Menschen kommen extra hierher, nach Kongsvold in ein gutes Hotel mit extravagantem Restaurant, um eine geführte Wanderung zur Besichtigung der Moschusochsen zu machen.

Das, wie gesagt, war das Ereignis des Tages während der Wanderung. Rückblende zur Nacht davor: Ich schlafe in einer großen Hütte namens Reinheim, die bis aufs letzte Bett belegt ist, unter anderem mit einer siebzehnköpfigen Gruppe, die zum Glück nach mir ankommt. Wir waren am Morgen des Vortages von der gleichen Hütte losgegangen, aber auf verschiedenen Wegen, und ich war gestartet, als sie gerade aufwachten. Auch in Reinheim möchte ich früh aufbrechen, damit ich am Morgen und während der Wanderung meine Ruhe habe. Als ich um sechs Uhr aufstehe, fangen fünf Minuten später überall Wecker an zu klingeln, die Gruppe will auch früh los. Ich entscheide mich spontan, meinen morgendlichen Ablauf zu ändern, um dem einsetzenden Tumult zu entgehen. Sie irren alle durch die Zimmer und Flure, um ihre zum Trocknen aufgehängten Sachen zu finden, denn sie waren gestern ziemlich nass geworden. Also höre ich mit dem Einpacken auf und gehe in die noch leere Küche, um mir Frühstück zu machen. Dabei muss ich auf mein sich erhitzendes Teewasser aufpassen, welches große Aufmerksamkeit von den ersten Kaffeedurstigen erntet. So ein Nescafé wäre schnell aufgegossen, mein halb erhitztes Wasser wäre dann ganz fix verschwunden. Als ich im Eiltempo mein Müsli gegessen habe, ist das Gruppenfrühstück fertig. Für mich das Signal, mich auf mein Zimmer zu begeben, um den Rucksack zu packen. Ich bin noch nicht damit fertig, da rücken bereits die ersten mit Besen und Wischlappen an, um das Zimmer zu säubern. Höchste Eile ist geboten! Der Rucksack ist fertig, jetzt also nichts wie hin zum einzigen stillen Örtchen, bevor sich dort eine Schlange bildet. Der Fünf-Sterne-Tourist schlägt die Hände über dem Kopf zusammen, der Nostalgiker Purzelbäume der Glückseligkeit: Ein Objekt, das an längst vergangen geglaubte Zeiten erinnert, begrüßt mich. Das Toilettenhäuschen

Marke „Anno Dunnemals" mit Sanitärborke als Konzession an das Hygienebe-
dürfnis, welche nach erledigtem Geschäft von oben auf das Ergebnis der Sitzung
gestreut wird, tut sich vor meinem Auge auf. Als ich wieder herauskomme, stelle
ich fest, ich bin keine Minute zu früh. Trotz meiner kurzen Sitzung stehen bereits
weitere Anwärter vor der Tür.

„Geschafft", denke ich, „gleich bin ich weg und bis Ihr alle auf dem Thron
wart, bin ich schon längst über alle Berge und habe zwei Kilometer zwischen
uns gebracht!" Von wegen! Als ich meine Wanderstöcke im Vorraum der Hütte
einsammeln will, um loszugehen, sind sie unauffindbar. So vergehen zwanzig
Minuten, bis ich sie dann schließlich doch entdecke: Jemand hatte sie mit seinen
verwechselt und in der Hütte hinter seinen Rucksack gestellt. So kommt es, dass
ich fast gleichzeitig mit der Gruppe losgehe … Deshalb gebe ich erst einmal Gas,
um nicht mehr die Stimmen der Unterhaltung, sondern nur noch die Natur zu
hören.

In den zwei Hütten vor dem erwähnten Hotel gab es die besten Lebensmittel-
vorräte, aus denen der Wanderer sich aussuchen konnte, was er brauchte, natürlich gegen Bezahlung. Mein Hunger hat inzwischen doch ziemliche Ausmaße
angenommen und abends esse ich wie ein Scheunendrescher. Sofern sie vorrätig
sind, nehme ich beim Aufbruch auch immer noch eine Rolle leckerer Haferkekse
mit, die den Tag meist nicht überstehen. So eine Rolle hat nur tausend Kalorien
und ist nicht mehr als ein Tropfen auf den heißen Stein. Meine Körperfettreser-
ven sind längst aufgebraucht. Kein Wunder also, dass ich ständig essen könnte!

Doch zurück zum Wanderpfad: Als ich auf Kongsvold zugehe, sehe ich aus
einem Seitental einen Mann kommen, der einen unglaublich großen Rucksack
trägt. Nach einer Weile schließe ich zu ihm auf, wir gehen ein Stück gemeinsam und halten ein kleines Schwätzchen. Er verschwindet einmal im Jahr für vier
Wochen aus seiner dänischen Heimat hierher in die Berge und nimmt alles mit,
was er braucht, um auf sich alleine gestellt und eins mit der Natur sein zu können.
Heute kehrt er in den Teil der Welt zurück, die wir Zivilisation nennen, denn es
ist sein letzter Wandertag. Da wir verschiedene Geschwindigkeiten haben, verabschieden wir uns in dem Wissen, dass wir heute Abend das Gespräch fortsetzen
können.

Und so erreiche ich wenige Stunden später das an der Straße gelegene Hotel.
Hier im Nirgendwo hat früher einmal der König übernachtet. Damit erklärt sich

der Name: Kong = König, ebenso wie mit der Ausstattung meines Zimmers, denn es ist geräumig und für Wanderer-Verhältnisse geradezu luxuriös.

Zuerst gibt es im Café eine frisch gebackene Waffel mit viel Erdbeermarmelade und Crème Fraîche darauf. Das hat Nationalgerichts-Charakter und hebt den Blutzuckerspiegel, denn bis zum Vier-Gänge-Menü am Abend muss ich noch einige Stunden aushalten. Da mittlerweile auch die siebzehnköpfige norwegische Wandergruppe eintrifft, sind die Zimmer dann auch alle belegt. Diese Gruppe ist die letzten drei Tage immer parallel mit mir gelaufen und ich habe unter den Reisenden ein paar sehr interessante Menschen kennengelernt. Sie sind vor fünfunddreißig Jahren in Kristiansand im Süden Norwegens zusammen zur Schule gegangen und leben heute über ganz Norwegen verstreut. Einmal im Jahr treffen sie sich zum Wandern. Einer von ihnen ist für die Ausarbeitung der gesamten Tour verantwortlich und mit der Organisation betraut. Und wie gewissenhaft er diese Aufgabe wahrnimmt, zeigt sich an folgendem Beispiel: Heute ist ihr Abschlussabend und den ersten Champagner gibt es bereits kurz vor der Ankunft im Hotel an einem kleinen Fluss. Darin lag gut gekühlt für jeden eine Dose des kühlen Schaumweins ...

Beim Abendessen nach Gourmet-Art sitzen der fünfundsiebzigjährige Däne und ich am selben Tisch und setzen unsere Unterhaltung vom Nachmittag fort. Auch für ihn kann es nicht genug zu essen geben. Nach dem Hauptgericht sind wir beide weit davon entfernt, satt zu sein. Das Essen ist wirklich gut, aber wie in teuren Restaurants üblich, sind die Portionen für unseren Geschmack – und Appetit! – viel zu mickrig. Und ein Nachtisch alleine kann die noch bestehende Lücke in unseren Mägen wahrhaftig nicht füllen. Ich winke den Restaurantbesitzer heran und erzähle ihm kurz, dass mein freundlicher Däne und ich während der letzten Wochen täglich etwa fünftausend Kalorien verbraucht haben. Ich muss gar nicht weiter sprechen – schon ist er in der Küche verschwunden und serviert uns kurze Zeit später das Hauptgericht ein zweites Mal. So sind auch wir beiden Unersättlichen an diesem Abend doch noch richtig satt geworden.

Am nächsten Morgen bemerke ich eine gewisse Beklommenheit an mir. Die Erklärung ist schnell gefunden: Alle packen ihre Sachen in bereit stehende Autos und fahren nach Hause, nur ich nicht. Diese Trübsal hält indes nicht lange an, denn ich baue mich mit dem Gedanken wieder auf, dass auch ich auf dem Wege nach Hause bin und mit jedem Schritt und Tag ein Stückchen näher komme. Hinzu kommt, wenn es auch auf der anderen Seite der Straße zwar keine

Moschusochsen mehr gibt, ist die Landschaft mehr von Flechten bedeckt und nicht mehr so steinig, was bedeutet, dass sie damit einfacher zu gehen sein wird. Schon kurz darauf bin ich auch nicht mehr allein, denn mir begegnet eine Gruppe von blinden Wanderern. Jeder wird durch einen circa zwei Meter langen Stock von einem Sehenden geführt. Sie setzen ihre Schritte tastender, aber sie gehen dabei genauso schnell wie ich. Ich freue mich über diese Gruppe und spätestens jetzt ist meine Melancholie vom Morgen verschwunden.

Ein paar Tage später begegne ich einer größeren Ansammlung von Tieren. Es ist später Vormittag und ich sitze auf einer Sanddüne, die umgeben ist von grünen Wiesen mit vielen Kühen darauf. All das liegt in einem Tal, eingefriedet von Berghängen. Mein Blick ruht auf dem gegenüberliegenden Abhang. Ich werde etwas gewahr, das ich nicht einordnen kann. Was mag das sein? Da ich nicht sehr gut sehen kann, denke ich zunächst an eine optische Täuschung. Denn in ungefähr drei- bis vierhundert Metern scheinen sich Teile des Hügels zu bewegen. Wie ein großer schwimmender Teppich sieht das aus. Das kann doch nicht sein! Bei genauerer Betrachtung entpuppt sich dieser vermeintliche Teppich als eine aus etwa zweihundert Exemplaren bestehende Rentierherde. Sie bewegt sich den Hang hinunter auf mich zu. Ich schaue diesem Schauspiel sehr lange zu, aber irgendwann muss auch ich weiter. Kaum stehe ich auf, stockt sofort die Bewegung der Herde, um sich gleich darauf mit enormem Tempo von mir weg den Hügel hinauf zu entfernen. Einen Wimpernschlag später sind sie schon über die Spitze des Hügels gelangt und verschwunden.

Etwas später werde ich immer langsamer, ich bin müde und mental erschöpft. Ich bin seit neun Tagen ohne Pause unterwegs, meine Fettreserven sind aufgebraucht und es bleibt meinem Körper nichts anderes übrig, als die Geschwindigkeit zu drosseln. Just in dem Moment treffe ich an einem Flüsschen auf eine norwegische Familie, alle drei Generationen sind versammelt. Am letzten Tag der Schulferien machen sie ein Picknick mit gegrillten Würstchen. Als sie mich bemerken, laden sie mich ohne Umschweife ein, mich doch zu ihnen zu gesellen. Dieser Einladung kann ich natürlich nicht widerstehen. Wenn morgen die Schule startet, dann werde ich wieder ziemlich alleine auf den Pfaden sein. Der Großvater ist übrigens sehr an Informationen über die Rentierherde interessiert, denn in einer Woche beginnt die Jagdsaison ...

Eines Abends steht im meinem Tagebuch: „Der kleine Junge in mir ist wieder zum Vorschein gekommen!" Dieser Eintrag war einfach eine Eingebung und mir

Das ist unser Pfad!

so aus der Feder geflossen, ohne dass sie einen bestimmten Auslöser gehabt hätte oder durch ein bestimmtes Erlebnis zustande gekommen wäre. „Der Lütje" war lange verschüttet unter der Persönlichkeitsschicht des wohlerzogenen Managers, der stets bewusst, kalkuliert, strukturiert, effizient und immer wachsam durchs Leben gegangen ist. Immer achtsam, wie es den Menschen um ihn herum geht und wo es Möglichkeiten zur Verbesserung in den Abläufen gibt. Das hat sich wohl gerade geändert. Der kleine Junge in mir steht staunend und voller Freude in dieser wunderschönen Natur. Und ehrlich gesagt, ich befinde das aus ganzem und vollem Herzen für gut.

Die letzten Tage in Norwegen

Nachdem ich während der letzten Tage vorwiegend in Hütten genächtigt habe, treffe ich nun in einem Hotel namens Hornsjø ein. Es hat schon bessere Zeiten gesehen und stammt aus den Jahren, in denen schnell und billig mit Beton gebaut wurde. Ich bin der einzige Gast in diesem Riesenkomplex, denn es ist Nebensaison und ich bin froh, dass überhaupt noch geöffnet ist. Meine Hoffnungen, hier Lebensmittel kaufen zu können, zerschlagen sich jedoch – was umso bitterer ist, da meine eigenen Vorräte komplett erschöpft sind. Zudem ist der nächstgelegene Ort mit Supermarkt gut zwanzig Kilometer weit entfernt und nur über die Privatstraße dieser Ferienanlage zu erreichen. Der Koch ist ein junger Rumäne ungarischer Abstammung – eine nach meinem Wissen geschichtlich sehr schwierige Kombination. Ihn scheint das nicht zu betreffen, denn er entpuppt sich als echter Schatz. Er gibt mir keine Karte, um das Essen auszuwählen, sondern er fragt mich, worauf ich Hunger habe, denn ich bin sein einziger Gast. „Bitte etwas aus deiner Heimat", ist meine Antwort. Ich soll es nicht bereuen: Ein sehr köstliches Mahl wird aufgetragen. Schon allein die Suppe, ähnlich einer Soljanka, ist ein Fest für den Gaumen.

Als ich fertig gegessen habe, setzt er sich zu mir und wir unterhalten uns. Natürlich frage ich währenddessen auch nach den Einkaufsmöglichkeiten. Wenige Minuten später sitzen wir bereits in seinem Auto und fahren in die Stadt. Bis auf das Imprägnierspray für meine Wanderstiefel kann ich alle notwendigen Besorgungen erledigen. Und das ist nicht wenig, denn vor mir liegt eine zehntägige Wanderung ohne eine einzige Möglichkeit, etwas Essbares zu bekommen. Denn ich komme an keinem Ort mehr vorbei und von den Hütten längs des Weges hat keine einen Proviantschrank.

So schwer, wie mein Rucksack am nächsten Morgen ist, war er auf dieser langen Wanderung noch nie und wird es auch nicht wieder sein. Das hat seinen Preis: Während ich so wandere, beginnt der Rucksack mal an dieser, mal an jener Stelle zu drücken. Nun hatte ich es mir generell angewöhnt, sofort zu versuchen, die Ursache zu finden (und diese selbstredend zu beseitigen), sobald ich einmal ein Schmerzempfinden verspüre. Eine kleine Falte im T-Shirt direkt unter dem Hüftgurt reicht schon aus, eine rote Stelle zu verursachen. Doch so etwas ist schnell beigelegt. Beim Rucksack empfiehlt es sich, die Einstellung zu ändern, indem ich zum Beispiel mehr Gewicht auf die Schultern verlagere, weg von der Hüfte, oder umgekehrt, je nach Bedarf. Aber was mir letztlich am meisten zu schaffen macht, ist schlicht die Tatsache, dass ich nur noch Haut, Knochen und Muskeln bin – das Fettpolster an der Hüfte fehlt einfach und kann mich somit nicht schützen. Da hilft also nur, das schwerste zuerst essen, denn so wird der Rucksack jeden Tag um ein halbes Kilogramm leichter. Dieser Unterschied macht sich wohltuend (und buchstäblich entlastend) bemerkbar.

Ich gehe entlang einer Route, genannt Trolloipen, auf der sich in regelmäßigen Abständen kleine und große Hütten befinden. Manche davon sind für den Ski-Langlauf im Winter ausgelegt und momentan nicht bewirtschaftet. So verhält es sich auch manchmal mit den Wegen. Die Markierungen für Wanderpfad und Loipe sind für mich manchmal nicht eindeutig zuzuordnen, denn es sind verschiedene Routen, was dazu führt, dass ich des Öfteren auf einer Loipe querfeldein gehe. Das kostet zusätzliche Kraft, denn Gräser und Büsche stehen hoch, was natürlich nicht stört, wenn man mit Skiern über den Schnee gleitet. Erschwerend kommt hinzu, dass es jetzt immer wieder mal stark regnet. In der guten Kleidung, die ich trage, ist das kein Problem. Aber meine Schuhe sind jeden Tag mit Wasser vollgesogen. Sie nehmen die Flüssigkeit gleich dreifach auf: erstens von den Tropfen, die direkt auf den Schuh fallen, zweitens über das Wasser, das sich an der Regenhose fängt und nach unten auf die Schuhe fließt, und drittens noch von all den Tropfen, die massenweise an den Gräsern und Heidelbeerbüschen hängen und durch die Vorwärtsbewegung an Hose und Stiefeln abgestreift werden.

Es ist besonders heftig, Stiefel und Strümpfe sind bereits mittags pitschnass. Glücklicherweise komme ich aber schon bald an einer sehr kleinen Hütte vorbei. Diese ist innen eiskalt und feucht. Bis ich das nasse Holz im Kanonenofen zum Brennen bekomme, dauert es eine ganze Weile und es gelingt auch nur mit Unterstützung meines Brennspiritus` als Brandbeschleuniger. Als es dann soweit ist, lege ich meine feuchten Socken zum Trocknen direkt auf den gusseisernen Ofen. Das hat die Wolle bestimmt nicht so gern, denn mit der Zeit wird der Ofen ziemlich heiß. Derweil hängen meine Stiefel kopfüber zum Leertropfen über dem Ofen. Was mich selbst betrifft: Ich wickele mich auf einer Pritsche in drei klamme Wolldecken ein, um nach dem Essen eine Runde zu schlafen. Als ich gerade wieder meine Sachen zusammenpacke und mich gehbereit mache, kommt eine vierköpfige Familie zur Tür herein. Sie sind angezogen wie für einen Stadtbummel, völlig durchnässt und von einer naheliegenden Straße hier hinauf gewandert. Sie sind natürlich hocherfreut, dass der Ofen schon glüht, denn sonst wäre ihnen allen eine handfeste Erkältung sicher gewesen. So können sie ihre nassen Sachen sofort über dem Ofen trocknen und sich, in Wolldecken gehüllt, um ihn herum setzen.

Für mich sollte an diesem regnerischen Nachmittag noch das englische Sprichwort zur Geltung kommen: „It never rains but it pours", denn außer dem gnadenlosen Niederschlag ausgesetzt zu sein, erwartet mich auch noch eine sehr unangenehme Konfrontation mit einer Kuhherde. Aber davon werde ich in einem gesonderten Kapitel über Kühe erzählen, denn über sie gibt es mehr als nur ein Erlebnis zu berichten.

Nach einem Pausentag im menschenleeren Langlaufzentrum Målia, bei dem sogar meine Stiefel wieder ganz trocken geworden sind, setze ich meine Wanderung auf einem Waldwirtschaftsweg durch tief hängende Wolken fort. Auf einem solchen Weg komme ich sehr schnell voran, ich muss sogar aufpassen, dass ich nicht zu schnell gehe. Was dagegen einzuwenden ist? Die zu großen Schritte! Denn das führt dazu, dass meine Zehen am linken Fuß einfach zu stark gebogen werden. Die Folge ist ein äußerst schmerzhafter Krampf, der mich dazu zwingt, stehen zu bleiben und den Fuß zu entspannen. Außerdem machen sich dann abends meine Fersen bemerkbar. Das Tempo wird ohnehin dadurch gefördert, dass es permanent leicht bergab geht. Und die Zivilisation scheint unausweichlich näher zu kommen, denn der ein oder andere Holzlaster kommt mir leer entgegen, um mich nach einer Stunde wieder voll beladen zu überholen. So geht es mehrere hundert Höhenmeter im Dunst der Wolken bergab. Als ich auf dreihundert Metern Höhe ankomme, trete ich nach unten aus der Wolkenschicht heraus und sehe eine Ebene, in der sogar die Sonne scheint. So darf ich von einer Mittagspause träumen, die trocken und warm ist.

Nach vier Stunden habe ich bereits einen Halbmarathon hinter mich gebracht und dabei drei Pausen zu je fünf Minuten eingelegt. Ich überquere eine breite Straße und finde auf der anderen Seite einen großen Schuppen, vor dem ein Stapel alter abgefahrener Reifen in der Sonne liegt. Eine perfekte Sitzgelegenheit – sogar an die Holzwand kann ich mich lehnen, damit der Rücken sich entspannen kann. Da schmeckt die Salami mit dem letzten Knäckebrot doppelt so gut! Bei genauerem Hinsehen erweckt einer der Reifen mein Interesse, denn er trägt den bekannten finnischen Markennamen Nokia. Zwar war mir bekannt, dass dieses Unternehmen früher Gummistiefel hergestellt hatte, bevor sie Mobiltelefone entwickelten, doch dass sie auch Reifen produzierten, ist mir hingegen neu. Aber das ist ja gar nicht so abwegig, zumindest was das Material angeht.

Nach der Mittagspause ist es nicht mehr weit bis zu meiner nächsten Hütte, Svartskogkoia. Auf dem kleinen Pfad durch den Fichtenwald hindurch liegt alle paar Meter ein Kothaufen, jeder zweite davon noch so frisch, dass sich die Fliegen darauf begeistert vergnügen. Aber diese Haufen sehen anders aus als sonst und stammen ganz eindeutig nicht von Schafen. Es muss wohl gleichzeitig ein Wildpfad sein, der augenscheinlich nur nachts gut besucht ist, denn ich bekomme kein Tier zu Gesicht. In diesem Märchenwald taucht dann eine wunderschöne kleine Hütte auf – mein Domizil für die kommende Nacht! Der Eingang zur überdach-

Svartskogkoja im Märchenwald

ten Veranda der Hütte ist mit Brettern zugestellt und auf einem Schild wird auch erklärt, was es damit auf sich hat: „Bitte die Veranda immer wieder mit den Brettern verschließen, auch nachts, sonst verwüsten jedes Mal die Wildschweine den Vorbau", steht da auf Norwegisch und Englisch geschrieben.

Nachdem ich den Holzofen angeheizt habe, setze ich mich auf die Terrasse, trinke meinen Tee und schreibe in mein Tagebuch. Auf die Hütte scheint die Sonne, das Moos leuchtet zwischen den Bäumen hellgrün im Licht, ein Rabe „singt" sein Lied. Es sollte mich nicht wundern, wenn mit Einsetzen der Dunkelheit, die sieben Zwerge von der Arbeit aus der Mine heimkommen, so märchenhaft ist es hier. Während ich draußen sitze und vor mich hin träume, stellt sich zum ersten Mal seit Wochen ungebetene Gesellschaft ein: Mücken, die nur eines wollen und sich dafür auch umgehend an die Arbeit machen. So kommt mein Insektenspray doch noch zum Einsatz – fast zweitausend Kilometer habe ich es bisher ungenutzt durch die norwegische Landschaft getragen.

So schön diese Hütte auch ist, sie ist zu niedrig für mich. Ich habe mir an der Eingangstür mehrfach den Kopf gestoßen und auch eine blutende Wunde davon getragen. Und das Stockbett ist so niedrig, dass ich beim Aufstehen mit dem Rücken gegen das darüber liegende Bett stoße. Einen Moment lang sehe ich

Sterne. Als ich meine fünf Sinne wieder beisammen habe, stelle ich mir die Frage: „Wie kann ich es hinbekommen – auch im übertragenen Sinne – bewusster mit den Dingen und den Limitierungen in meiner Umgebung umzugehen?" Es ist wichtig, dass ich sie erkenne und mein Handeln den äußeren Gegebenheiten entsprechend anpasse, denn ich bewege mich zu schnell. Das sieht dann so aus, dass ich einen Gedanken fasse und diesen dann sofort in eine Aktion umsetze, aber zu schnell. Ich schaue nicht einmal nach, wo vielleicht neben oder über mir ein Hindernis sein könnte. Ich nehme mir vor, dies abzustellen und künftig umsichtiger vorzugehen. Gleich in den nächsten Tagen, auf dem Weg nach Oslo, will ich das einüben. Weit kann es nicht mehr sein – ich höre bereits die Flugzeuge im Sink- und Steigflug.

Am nächsten Tag komme ich nach mehreren Abschnitten querfeldein sehr müde und hungrig auf der nächsten Hütte Tingstadkoia an. Das Wasserreservoir ist ein abgedecktes Loch, oben auf dem Deckel liegt eine tote kleine Ratte. Sehr vertrauenserweckend – da werde ich nicht umhin kommen, das Wasser heute abzukochen. Das ist ohnehin geschmacklich ratsam, denn es hat ein starkes Schwefelaroma, das sich aber – ebenso wie der faulige Geruch – beim Kochen zu verlieren scheint. Doch zu allererst entledige ich mich vor der Hütte sämtlicher Kleidungsstücke, um mich noch einmal gründlich von Kopf bis Fuß zu waschen. Als ich gerade dabei bin, mich abzutrocknen, dringen Stimmen an mein Ohr. Kaum habe ich mir rasch die frische Kluft übergeworfen, werde ich auch schon von einer Fünfergruppe begrüßt. Sie ist mit Farbtöpfen und Pinseln bewaffnet, die sie in ihren Rucksäcken verstaut haben, denn die äußere Renovierung der Hütte steht an. Als es dunkel wird, ist die Hütte von außen wieder glänzend schwarz und Fenster sowie Eingangstür strahlen leuchtend weiß. Nach getaner Arbeit nehmen sie noch eine Mahlzeit ein und lassen mir einen halben Kuchen übrig, eine Menge, die ich in meiner jetzigen Verfassung problemlos zum Nachtisch verputze. Etwas anderes freut mich jedoch noch viel mehr: Zum ersten und einzigen Mal in Norwegen bietet sich mir jetzt die Gelegenheit, den guten Geistern, die diese Hütten bauen und pflegen, herzlich DANKE zu sagen! Sie sind es, die meine herrliche Wanderung durch Norwegen erst möglich machen. Diese Nacht schlafe ich gut und tief, vielleicht betäubt von dem intensiven Farbgeruch?

Auf dem Holzweg

Meine nächste Hütte Fløtdamskoia ist noch nicht auf der Karte und dem GPS verzeichnet, nur die frühere – nicht mehr existente – Hütte ist darauf zu finden. Eine Norwegerin hat mir vor ein paar Tagen den ungefähren Standort in die Karte eingezeichnet. Als ich losgehe, bin ich guten Mutes, denn gleich neben der frisch gestrichenen Hütte steht ein ebenfalls sehr neuer Wegweiser zu meinem Ziel. Nach der Hälfte der Strecke finde ich wieder ein solches Schild, aber es weist in die Richtung, aus der komme! Also gehe ich zurück, denn vielleicht habe ich ja gerade erst ein Schild übersehen? Als ich nach einiger Zeit immer noch nichts entdeckt habe, gehe ich wieder ein Stück in meiner ursprünglichen Richtung weiter, denn das scheint mir nach meinem GPS das Richtige zu sein. Aber es bleibt dabei: Es zeigt sich nichts. So entscheide ich mich für einen Weg, der von der Richtung her stimmen müsste, und siehe da, nach kurzer Zeit erspähe ich einen kleinen Hinweis mit dem Namen der Route. Diesem Weg folge ich von nun an, allerdings gibt es nach wie vor keine Spur eines Hinweises auf die von mir gesuchte Hütte. Wenn mein GPS Recht behält, müsste etwa vier Kilometer von hier ein Weg nach links abzweigen.

Dort angekommen, stelle ich fest: Es gibt diesen Weg nicht, stattdessen geht es steil durch die Wildnis bergab. Ich mache erst einmal Mittagspause und erfreue mich an vielen wilden, reifen Himbeeren.

Der Vitaminschock lässt bei mir die Entscheidung reifen, dass ich wohl oder übel die vier Kilometer wieder zurücklaufen muss, denn sonst gehe ich definitiv in die falsche Richtung. Wieder angekommen am Ausgangspunkt kämpfe ich mich ungefähr zwei Kilometer einen Weg entlang, den seit Jahren niemand mehr gegangen ist und der dementsprechend zugewachsen ist – wenn es sich nicht um eine Langlaufloipe handelt. Aber wenn ich meinem GPS trauen darf, führt mich dieser Weg zu einem Wirtschaftsweg, von dem aus es angeblich zur Hütte weitergehen soll. Fragt sich nur, welcher Weg?

Als ich wenige Meter vor dem Wirtschaftsweg bin, höre ich einen LKW vorbeifahren. Ich spekuliere darauf, dass der Laster in Kürze zurückkommen wird, da er sich auf dem Weg in eine Sackgasse befindet, deren toter Punkt zwei Kilometer entfernt ist. So lege ich eine Pause ein, bis ich hören kann, wie er sich von weitem wieder nähert. Ich stelle mich mitten auf den Weg und halte ihn an, um ihn nach dem Weg zu fragen. Zwar weiß der Fahrer auch nicht, wo ich lang muss, und eine Detailkarte hat er nicht dabei, aber er ist so nett und nimmt mich ein Stück mit. Nach einem Kilometer sollen wir laut GPS an einen Weg kommen, der in die von mir gewünschte Richtung führt, doch an besagter Stelle steht kein einziges Schild. Gemäß der Karte gibt es nach einem weiteren Kilometer noch einen Weg durch den Wald. Dort bitte ich den Fahrer, mich aussteigen zu lassen, um nicht wieder zu weit von meiner Richtung abzukommen. Gerade als er mir den Rucksack herunterreicht, erblicke ich zehn Meter entfernt einige Schilder. Ich gehe hin, um sie mir aus der Nähe anzusehen, und reiße die Arme vor Freude und Erleichterung in die Höhe: Eines ist der Wegweiser zu meiner Hütte! Der Fahrer freut sich mit mir, winkt und brummt dann davon.

Zwanzig Minuten später ziehe ich in die kleine Hütte ein, die direkt an einem kleinen Wehr steht. Im Grunde ist die Bilanz nicht schlecht: Dies ist erst die zweite Hütte, die zu finden schwieriger war als geplant. Bei der anderen, weiter nördlich, hatte es sich um eine Hütte gehandelt, die kurz zuvor vom DNT verkauft worden war. Der neue Besitzer hatte die Schlösser ausgetauscht, weshalb ich nicht mehr hinein konnte. Alle anderen Hütten waren im GPS verzeichnet und befanden sich genau an der Stelle, wo sie auf dem Bildschirm zu sehen waren. Diese zweite so schwer auffindbare Hütte sollte mir noch aus einem anderen Grund in Erinnerung bleiben: Erneut schlage ich mir den Kopf an einer zu kleinen Tür blutig. Scheinbar habe ich meinen Vorsatz von Svartskogkoia, in meinen Abläufen künftig erhöhte Aufmerksamkeit walten zu lassen, noch nicht ausreichend verinnerlicht.

Mir fällt dazu die Geschichte des alten ehrwürdigen Mönches ein, der im Sterben liegt und von jüngeren Mönchen umringt ist. Um ein letztes Mal seiner Weisheit teilhaftig zu werden, fragen sie ihn: „Ehrwürdiger, was müssen wir tun, um zu Ihrer Erleuchtung und Gelassenheit zu gelangen?" Seine Antwort lautet: „Wenn ich liege, dann liege ich. Wenn ich sitze, dann sitze ich. Wenn ich stehe, dann stehe ich, wenn ich gehe, dann gehe ich." Diese Anweisung scheint ihnen zu simpel, voller Ungeduld haken sie nach: „Das machen wir doch schon! Verraten Sie uns Ihr Geheimnis der Erleuchtung!" Da sagt der alte Mönch: „Nein, das tut Ihr nicht. Wenn Ihr liegt, dann sitzt Ihr schon. Wenn Ihr sitzt, dann steht Ihr schon. Wenn Ihr steht, dann geht Ihr schon, und wenn Ihr geht, dann lauft Ihr schon."

Das ist vermutlich auch auf mich anwendbar: Als ehemaliger Manager habe ich wohl immer auch schon den Gedanken an das Nächste und das Übernächste im Kopf. Was dazu führt, dass ich den Türrahmen nicht mehr bewusst wahrnehme und mir die Schädeldecke einrenne!

Gammelsaga und Gammelhütte

Meine letzte DNT-Hütte heißt Gammelsaga und der Name löst bestimmte Assoziationen aus. Als ich ankomme, ist es ein Lehrstück für die Weisheit: „Jede Erwartung ist eine Falle." Ich stelle mir eine uralte Hütte vor, so ein Hexenhäuschen mit undichtem Dach. Wie komme ich zu diesem Bild? Die Altstadt von Stockholm heißt Gamla Stan. Und mit dem deutschen Wort „Sage" erklärt sich der Name, der mit der Übersetzung „Alte Erzählung" wohl treffend gewählt ist. Vor wenigen Jahren mag mein Bild noch mit der Realität übereingestimmt haben, aber jetzt? Die Hütte ist nagelneu, ein kleines Schmuckstück mit vier Betten! So kann man sich täuschen.

Zwei der Schlafplätze sind bereits besetzt sind. Ein nettes Pärchen mit zwei Hunden macht hier Urlaub. Es sieht aus, als hätten sie einen Supermarkt geplündert, so viele Tüten mit Lebensmitteln und Getränken stehen herum. Gegen Abend bereiten sie sich ein Hühnercurry in einer großen Pfanne zu und essen etwa die Hälfte auf, den Rest bekommen die Hunde, direkt aus der Pfanne. Als ich nachts einmal zur Außentoilette muss, haut mich eine starke Geruchswolke fast um. Also doch „Nomen est Omen", eine Gammelhütte? Die Antwort ist profaner: Die Hunde haben ihr Abendessen zu einer gefährlichen Gaswolke verdaut, die hartnäckig in der Hütte steht. Als ich von meiner Verrichtung wieder zurückkomme, hat zum Glück zwischenzeitlich jemand das Fenster geöffnet und die Luft ist wieder rein.

Meine insgesamt letzte Hütte in Norwegen ist eine Pilgerhütte. Verwöhnt durch den Standard und die Sauberkeit der DNT-Hütten, bin ich erschrocken über den Zustand dieser Unterkunft. Alte Unterhosen liegen verstreut im völlig verdreckten Raum. Aus der Küche sind selbst die Mäuse geflohen, so heruntergekommen ist sie. Dennoch bleibe ich, denn es regnet stark und in absehbarer Entfernung befindet sich keine andere Übernachtungsmöglichkeit. Wasser hole ich mir aus einem etwas entfernt gelegenen Bach. Brennholz muss ich mir erst zurecht sägen und spalten (bei einer DNT-Hütte liegt es fertig und trocken bereit; die stillschweigende Übereinkunft ist, es beim Verlassen der Hütte wieder aufzufüllen). Als ich es dann zum Brennen bringe, bleibt der meiste Rauch aus dem Ofen in der Hütte und zieht nicht durch den Schornstein ab. Aber die Fenster sehen so zerbrechlich aus, dass ich es nicht wage, eines davon zu öffnen. Nachdem ich einmal alles sauber gemacht habe, koche ich mir mein Abendessen, krieche in

meinen Schlafsack und gratuliere mir zu dem Entschluss, mich gegen die Pilger-
route von Trondheim nach Oslo entschieden und stattdessen eine Wanderroute
über die Berge gewählt zu haben.

Ein Traum wird wahr

Mit meiner Ankunft in Oslo habe ich ein großes Zwischenziel erreicht und dort
erfüllt sich auch ein Kindheitstraum auf mich: Aufgewachsen in Kiel, konnte ich
dort täglich die so genannte Oslofähre aus- und einlaufen sehen. Die schönen
Schiffe trugen damals so glanz- und klangvolle Namen wie „Kronprinz Harald"
und „Prinzessin Ranghild". Doch trotz ihrer Nähe blieben sie für mich unerreich-
bar und ich bin nie mit ihnen gefahren. Genau das werde ich heute nachholen!

Eine knappe Stunde vor dem Auslaufen bin ich am Verkaufsschalter und kaufe
mir ein Ticket, das auch eine Übernachtung in einer Kabine enthält. Schnell ver-
staue ich dort meinen Rucksack und sende noch eine SMS an meine Schwester,
um sie zu informieren, wann ich ankomme, denn ich möchte meine alte Mutter
mit meinem Besuch überraschen.

Als ich in das vordere Café auf Deck fünfzehn komme, von wo aus sich der beste
Ausblick auf den Hafen sowie auf die Schären bietet, ist es dort natürlich schon
gerammelt voll. Alle Tische, besonders an den großen Fenstern, sind besetzt. Aber
direkt an der erhöhten Bar, da ist noch ein Plätzchen frei. Ich bestelle zunächst ein
Glas Champagner, denn ich finde, ich habe etwas zu feiern. Der Barkeeper schaut
mich an, mustert mich von oben bis unten und sagt: „Sie meinen Prosecco." Ich
kann ihn ja verstehen. Mein Bart ist „fast drei Monate lang" und hat beinahe
jede Farbe zu bieten: rot, braun, grau und weiß. Nur schwarz fehlt, aber diese
Nuance liefern die Innenseiten meiner Hose, bis hoch zu den Knien, denn dort
klebt noch angetrockneter Schlamm des letzten Wandertages. So einigermaßen
gesellschaftsfähig werde ich erst nach dem Waschen der Kleidung, einer Dusche
und schließlich mit frischen Sachen. Aber selbst das wird nicht über das Erschei-
nungsbild eines ausgemergelten Eremiten hinwegtäuschen. Dennoch bestehe ich
auf Champagner, grinse in mich hinein, bekomme ihn dann tatsächlich! Nach
einem Weilchen leert sich die Bar. Ob das am Ende gar etwas mit dem struppigen
Gesellen am Tresen zu tun haben mag? Ich schaue und schaue. Es ist das reinste
Glücksgefühl, wie dieser große Dampfer durch die Welt der kleinen Inselchen
gleitet. Langsam regt sich ein leichter Hunger und ich bestelle mir ein Smörre-

bröd mit Krabben, auch dies eine Reminiszenz an meine früheste Jugend: Wenn meine Eltern mit uns Kindern mit der Fähre nach Dänemark gefahren sind, dann haben sie genau das bestellt und jedes Kind bekam ein halbe Scheibe. Ich fühle mich in meine Kindheit zurückversetzt und genieße nun ein GANZES Smörrebröd für mich alleine! Erst, als wir nach mehr als zwei Stunden das offene Meer erreicht haben, kann ich mich lösen und verlasse die Bar.

Wenn ich einmal in Kiel eingetroffen bin, werde ich mir eine Woche Pause bei meiner Mutter und meinen Geschwistern gönnen. Voller Dankbarkeit denke ich an den DNT und seine Mitglieder, die sich um die schönen Hütten kümmern und die dieses wunderschöne Land zum Wandern erschließen.

Für mich war und ist es ein Traum.

Aufbauprogramm

Nachdem ich die Fähre verlassen habe, gehe ich durch Kiel zum Seniorenheim, in dem meine Mutter wohnt. Als sie nach meinem Klingeln die Tür öffnet, schaut sie mich ungläubig an und fragt nach ein paar Sekunden, ob ich mein Bruder bin. Er trägt manchmal einen Bart, aber sehr gepflegt, nicht wie mein Rauschebart. Dann erst erkennt sie mich und freut sich unbändig.

In den kommenden Tagen koste ich das Familienleben voll aus und fresse meinen Verwandten die Haare vom Kopf. Das ist auch nicht verwunderlich, denn die Waage meiner Schwester zeigt gerade noch fünfundsiebzig Kilogramm an. Bei der Abreise wog ich dreiundachtzig Kilogramm. Nicht verwunderlich, dass ich, wenn mein Schwager abends eine Tafel Schokolade auf den Tisch legt, beinahe alles allein esse … Doch man zeigt sich nachsichtig mit mir, denn alle haben die letzten Monate mit mir gefiebert und wollen möglichst viel darüber hören, erfahren, was ich erlebt habe.

Einige meiner Ausrüstungsgegenstände brauchen Pflege oder müssen ausgetauscht werden. Dazu zählen insbesondere meine Wanderstiefel. Sie sind in den letzten Tagen der Wanderung durch den ständigen Wechsel von nass auf trocken schlichtweg eingelaufen. Das zeigt sich daran, dass der rechte Schuh beginnt, mir vorne zwei Zehen einzuquetschen. Zwei Lederbänder im Rahmen des Schuhes sind so kurz geworden, dass ich mit dem Finger fühlen kann, wie sie in den Zehenraum hineinragen. Der Schuster bekommt einen traurigen Blick, als ich ihn frage, ob er da was machen kann. Nein, dieses Paar Stiefel ist hin, obwohl der Schuh selbst und sein Profil noch sehr lange gehalten hätten. Zu Hause in den Schweizer Bergen steht mein Ersatzpaar, das aber nicht die gleiche Qualität hat. Meine Frau schickt es mir zu und kauft ein neues Paar, eines, wie das geschrumpfte, denn die Passform war optimal. Das werde ich in dann zwei Wochen bekommen, wenn wir uns zur Einschulung unseres Enkels nach einer dreimonatigen Trennung wiedersehen. Doch jetzt wartet erst einmal das „Abenteuer Deutschland" auf mich und das sieht ganz anders aus als meine bisherige Reise.

DEUTSCHLAND

Zu Beginn meiner Wanderung in Deutschland nehme ich als Erstes eine Fähre über die Kieler Förde. So ein Hafendampfer ist eine feine Sache. Das finden auch die vielen Touristen, die mit mir an Bord gegangen sind. Statt mit dem Bus zu fahren, gibt es hier den Luxus, auf dem Wasser von Ortsteil zu Ortsteil zu schippern. Ich will von der Nord- auf die Südseite und dann hinein in die von Landwirtschaft geprägte Propstei. Und sogleich beginnt etwas, was mir in ganz Deutschland immer wieder passiert: Die Menschen fragen mich neugierig, wo ich herkomme und wohin ich will. Heute ist es ein Landwirt, mit dem ich einen Plausch halte. „Wo genau willst Du denn heute hin?", erkundigt er sich. „An den Passader See", erteile ich ihm bereitwillig Auskunft, „einen wichtigen Besuch machen. Dort wohnt mein ehemaliges Kindermädchen." Und tatsächlich kennt er ihren Mann, denn sie sind Jagdgefährten. Bei der Ankunft in Kiel bin ich direkt zu meiner leiblichen Mutter gegangen, jetzt wandere ich zu meiner „zweiten Mutter", zur über achtzigjährigen Anneliese.

Neben meinen Eltern hat auch sie mich stark geprägt. Meine älteren Geschwister behaupten immer, ich wäre etwas anders als sie. Natürlich haben wir alle verschiedene Persönlichkeiten, aber da gibt es wohl noch etwas mehr, was ich mir nur damit erklären kann, dass ich (anders als sie) in den prägendsten Jahren meiner Kindheit eine weitere Bezugsperson hatte. Und sie war anders als meine Eltern. Beim Bewusstwerden über mich selbst, ist in mir über die Jahre der Gedanke gereift, dass ich mir deshalb einige Talente zusätzlich angeeignet habe, von jeder Person etwas. Dafür bin ich allen dreien sehr dankbar, denn diese Begabungen und Eigenschaften haben mich weit in diese(r) Welt gebracht. Trotz vieler Aufenthalte bei ihr in den Schulferien, war der Kontakt als Erwachsener irgend-

Wiedergefundene Heimat

wann eingeschlafen und ich hatte sie aus den Augen verloren. Erst im Alter von über vierzig Jahren habe ich sie wiedergefunden, bei einem Seminar zum Thema Abschied.

Die meisten der Teilnehmer versuchten hier den Tod einer engen Bezugsperson zu verarbeiten. Mich hatte nur das Programm angesprochen, zudem war es Zeit für meine jährliche Auszeit. Auf diesem Seminar hatte ich mehrere Bilder gemalt, auf allen war ein großes dunkles Kreuz zu sehen. Ich hatte anfangs keine Vorstellung, wofür es stand, bis ich dann in einer Meditation darauf gekommen bin: Ich kannte es vom Passader See. Auch heute wird es mir wieder begegnen, denn dieses große Holzkreuz steht am Weg zu meinem heutigen Ziel, direkt am Wasser. Und immer, wenn ich Anneliese besucht habe, bin ich kurz vor der Ankunft daran vorbei gekommen. Heute bleibe ich lange in Gedanken davor stehen. Es ist erstaunlich, dass manche Dinge in meinem Gedächtnis dermaßen von anderen Eindrücken überlagert und geradezu verschüttet werden konnten und nun aber wieder unvermittelt an die Oberfläche gespült werden. Ich freue mich, dass ich Anneliese damals, allein durch den unterbewussten Weg meiner Gedanken, wiedergefunden habe. Noch während des Seminares hatte ich ihr dann einen langen Brief geschrieben und sie einige Monate später besucht. Seitdem hatten wir in unregelmäßigen Abständen immer wieder Kontakt, meist nur per Brief, vor allem bedingt dadurch, dass ich meinen Wohnsitz meist ziemlich weit weg hatte. Entsprechend groß ist ihre Freude, mich heute wieder zu sehen. Wir verbringen zusammen einen herrlichen Abend in ihrem Haus, in dem ich schon als Kind mein Unwesen getrieben habe. Auch das Frühstück am nächsten Morgen will kaum enden. Doch schließlich heißt es auch hier wieder Abschied zu nehmen.

Hier ist das Wandern ganz anders. Es gibt Wege, die durch Felder und Wälder führen, welche bewirtschaftet werden. Es ist eine Kulturlandschaft, im Gegensatz zu der sich frei entwickelnden Natur in Norwegen. Des Öfteren komme ich an Gehöften vorbei und gehe durch kleine Dörfer. Die Umgebung wechselt häufiger, immer wieder gibt es etwas Neues, Anderes zu sehen. Die Zeit verfliegt wie im Nu und obwohl ich das Gefühl habe, doch vor kurzem erst losgewandert zu sein, bin ich schon bei Scharbeutz an der Ostsee angekommen. Die Schulferien sind vorbei, demnach ist hier Nebensaison. Trotzdem ist hier ist der Teufel los, der Strand und Cafés, Bars und Restaurants sind rappelvoll. Bei der Zimmervermittlung in Niendorf schaut mich die Dame etwas verzweifelt an, als ich nach einer Übernachtungsmöglichkeit frage. Aber sie setzt alle Hebel in Bewegung und findet schließlich doch etwas Nettes für mich.

Bevor ich ins Bett gehe, wasche ich meine Hose und stelle zum ersten Mal auf meiner Wanderung fest, dass sie selbst am nächsten Morgen noch nicht trocken ist. Das muss wohl an der hohen Luftfeuchtigkeit hier am Meer liegen. Da die Sonne aufgegangen ist, hänge ich sie auf die Leine, so wird sie sehr schnell trocken, während ich in kurzer Hose beim Frühstück sitze. Die kleine Restfeuchte verdampft schnell beim Wandern.

Heute gehe ich nach Lübeck und tauche wieder in meine Familie ein, denn hier lebt eines meiner Patenkinder. Auf dem Wege dorthin laufe ich oben auf der Steilküste und genieße den Blick hinab auf die Ostsee. Später komme ich durch den kleinen Ort Ovendorf, wo es auch einen Bäcker gibt. Diese Gelegenheit kann ich mir nicht entgehen lassen. Der Herr, der vor mir an der Reihe ist, kauft Brot und Kuchen und wir kommen ins Gespräch. Er erzählt, dass er schon in Schottland gewandert ist und lauscht einigen meiner Geschichten. Wie viele andere, bekommt auch er dabei leuchtende Augen. Es ist, als könnte er in einem Tagtraum einen Teil meiner Reise mitgehen. So scheint es vielen Menschen zu gehen, sie haben wohl einen ähnlichen Traum, in Freiheit zu Wandern. Zumindest während des Gespräches mit mir scheint sich dieser ein wenig zu erfüllen. Und ich nehme sie gerne mit auf meine Reise. Als ich meinen Kuchen bezahlen will, bekomme ich diesen von meinem Gesprächspartner geschenkt. Voller Genuss esse ich die Leckerei auf einer Bank vor der Dorfkirche.

Der weitere Weg in Richtung Elbe bei Lauenburg führt viel am Wasser entlang. Erst gehe ich entlang der Wagnitz, durch die Bäume vor der Sonne geschützt, dann folgt der Ratzeburger See und schließlich der Lübeck-Elbe Kanal. Hier in Deutschland gibt es einen Luxus der besonderen Art für den Wanderer: In regelmäßigen Abständen finde ich eine Bank, auf der ich meine Pausen einlegen kann. Komme ich in ein Dorf, brauche ich nur nach der Dorfmitte, der Bushaltestelle oder der Kirche Ausschau zu halten. Meist steht dort eine Bank an einer schönen Stelle.

Und so sitze ich jetzt entspannt, den Rücken angelehnt, am Kanal und schaue auf das Wasser. Mein durchgeschwitztes T-Shirt hängt neben mir zum Trocknen. Als es verrutscht und ich aufstehe, um es wieder richtig hinzuhängen, fällt mein Blick auf das Gebüsch hinter der Bank. Dort steigt aus dem moosbewachsenen Boden eine Rauchsäule auf, die ich bei meiner Ankunft nicht bemerkt hatte. Unter dem Moos glüht ein Schwelbrand. Ich nehme meine Wasserflasche aus dem Rucksack und steige die steile Böschung zum Kanal hinab. Ohne hinein zu fallen, fülle ich die Flasche mit Wasser und steige wieder hinauf. Als ich das Löschwasser auf die Glut gieße, schießt eine braun-gelbe Wolke aus Dampf und Staub empor, die Glut jedoch raucht unbeeindruckt weiter. Nachdem ich fünf Mal anderthalb Liter Wasser aus dem Kanal auf die Glut gegossen habe, sehe ich die Sinnlosigkeit meiner Versuche ein und rufe die Feuerwehr. Sie bittet mich an Ort und Stelle zu bleiben, denn der Brandherd wurde schon am Morgen von einem Bootsführer gemeldet, der auf dem Kanal vorbei fuhr. Aber die Feuerwehr konnte die Stelle nicht finden. Fünfzehn Minuten später rückt ein Trupp von Feuerwehrmännern an, um den mehrere Quadratmeter großen, unterirdischen Schwelbrand zu löschen. Er ist wohl durch eine Zigarette ausgelöst worden, deren Glut sich dann unter dem Moos durch den Untergrund gefressen hat.

Meine Anwesenheit ist nun überflüssig und ich setze meinen Weg am Kanal entlang fort.

Im Laufe des Tages ereignen sich noch zwei negative Dinge. Als ich fast mit meiner Mittagspause fertig bin, setzt sich ein Rentner mit Hund zu mir. Es braucht nur eine Viertelstunde und mein Kopf ist mit schlechten Gedanken gefüllt. Dieser Mann findet aber auch alles und jeden in Deutschland schlecht und beklagt sich vehement. Irgendwann habe ich keine Lust mehr, dagegen zu halten und verabschiede mich, denn meine Pause ist ohnehin längst zu Ende.

Am Nachmittag erreiche ich mein heutiges Tagesziel, das Städtchen Büchen. Vielleicht ist mein Geist noch von der Mittagspause „vergiftet", denn diese Stadt mag ich nicht. Überall ist braune Propaganda an die Wände gesprüht, jeder Laternenpfahl zeigt Aufkleber mit Nazi-Parolen, die Rudolf Hess verherrlichen, aber ich vermeide es, näher hinzusehen. Das geflügelte Wort von den „Narrenhänden" geht mir durch den Kopf. Je weiter ich in den Ort hinein gehe, umso beklemmender wird mein Gefühl. Hier will ich nicht verweilen! Aber nur hier gibt es laut Karte eine Unterkunft. Doch die Stadt speit mich schnell wieder aus. Die Pension ist geschlossen und das Hotel mit dem griechischen Restaurant hat zwar vier Zimmer, aber der Besitzer will partout keines davon an mich vermieten. Zum Glück ist der Kellner nett. Er findet zweieinhalb Kilometer weiter südlich eine Pension direkt am Kanal, die auch gerne Gäste aufnimmt. So ist meine Verweildauer in dieser Stadt nur kurz, was mir sehr entgegen kommt.

Am nächsten Tag komme ich zu einem neuen Abschnitt meiner Reise. Bei Lauenburg stehe ich an den Ufern der Elbe, deren Verlauf ich nun bis Dresden folgen möchte. Eine Unterbrechung werde ich zwischenzeitlich jedoch in Hitzacker einlegen, von wo aus ich den Zug Richtung Hamburg nehmen werde, um an der Einschulung meines ältesten Enkelkindes teil zu nehmen. Doch dazu später mehr.

Die Elbe

Entlang des Flusses verläuft ein gut genutzter Fahrradwanderweg von Cuxhaven bis zur Quelle in Tschechien. In der Altstadt von Lauenburg bekomme ich im Tourismusbüro ein wunderbares Heftchen, das sowohl den Weg, die Alternativen, die Entfernung von Ort zu Ort und alle Unterkünfte in der Nähe des Flusses beschreibt, zudem ist dieser Führer kostenlos.

Die ersten Meter auf der Südseite der Elbe gehe ich auf dem Radweg, aber der Blick auf das Ufer und das Wasser wird durch einen hohen Deich verstellt, was mir noch nicht so recht gefallen mag. So beginne ich, auf dem Deich zu gehen, was auch erlaubt ist. Von dieser erhöhten Position aus, kann ich über ein ausgedehntes Deichvorland schauen. Auf den Wiesen sehe ich in der Ferne viele Vögel, doch nach einiger Zeit reicht mir das auch nicht mehr. Mein Navi zeigt einen

Auf dem Elbdeich

kleinen Weg unten durch die Wiesen nahe am Ufer des Flusses, den ich wegen der Bäume und Büsche noch nicht sehen kann. Also nichts wie hin! Mein Wagemut wird reichlich belohnt, denn ich bin völlig allein und stapfe durch das bereits geschnittene Grasland auf einem Pfad, der durch eine Trecker Spur markiert ist. Ab und zu nähere ich mich den verschiedensten Vögeln: Störche, Reiher, Raubvögel und Gänse suchen hier nach Nahrung. Immer wieder bleibe ich stehen, um sie zu beobachten. Manchmal entdecken sie mich zuerst und fliegen dann auf, um ein paar Meter weiter wieder zu landen. Einige Male sehe ich das Wasser und stelle fest, dass dieser Fluss (und auch ich) viel Glück gehabt hat: Wahrscheinlich wegen des Eisernen Vorhanges ist er an vielen Stellen naturbelassen und bietet so eine Heimat für viele kleine und große Tiere. An einigen Stellen wurde der Deich sogar wieder weiter zurück ins Land verlegt, um dem Fluss wieder Platz zum Überfluten zu geben und damit alte Lebensräume für Flora und Fauna neu zu beleben. Auf einer solchen Fläche grast sogar eine Herde Wildpferde, eine ausgestorbene Tiergattung, die dank Züchtung wiederkehren kann.

Am ersten Abend an der Elbe habe ich gleich meine schönste Unterkunft für diesen Teil meiner Reise. Da diese etwas im Hinterland liegt, hatte ich mich zuvor vergewissert, ob deren Betreiber auch ein Zimmer frei haben. Mein Radwanderführer gibt mir Adresse, Telefonnummer und die genaue Entfernung der Übernachtungsmöglichkeit zum Fluss an, in diesem Fall sind das anderthalb Kilometer. Mit dem Rad ist das keine Hürde, aber wenn man den ganzen Tag zu Fuß unterwegs war, ist das doch eine ordentliche Strecke, speziell wenn man dann feststellt, diese vergebens gegangen zu sein und man zurück gehen muss, weil Ruhetag ist oder alle Zimmer besetzt sind. Um genau das zu vermeiden, hatte ich mich vorher abgesichert.

Als ich ankomme, bin ich überwältigt. Hinter einem rosa blühenden Rosengarten, der von einem kleinen Wall aus Findlingen eingefriedet ist, steht ein renoviertes Fachwerkhaus. Das große, blaue Scheunentor steht offen und die Öffnung ist als großes Fenster zum Wohn- und Esszimmer ausgestaltet. Die liebenswürdige Eigentümerin kommt gerade in Gummistiefeln von ihren Pferden und zeigt mir in dem reetgedeckten Haus in der oberen Etage mein Zimmer. Ich bin der einzige Gast und kann mir eines aussuchen. Mit den schrägen Wänden und den sichtbaren Balken ist eines schöner als das andere. Zum Abendessen macht mir die Eigentümerin eine Pizza und zaubert aus ihrem Garten einen sehr frischen und leckeren Salat.

Wunderschöne Unterkunft

Am übernächsten Tag gehe ich morgens an einem Hostel namens „Plan 1" los und will versuchen bis mittags nach Hitzacker zum Bahnhof zu kommen, um meine Enkel zu besuchen. Der erste Teil führt entlang einer Straße, denn am Fluss gibt es keinen Weg. Aber diese ist gesperrt, denn dort finden Asphaltierungsarbeiten statt. Ich sehe das positiv und gehe an den verdutzen Bauarbeitern vorbei durch die Baustelle hindurch. Als diese hinter mir liegt, habe ich die Straße viele Kilometer für mich alleine, denn wegen der Sperrung fährt hier natürlich kein Auto. Später komme ich wieder an die Elbe und die Beschreibung besagt, dass der Rad-Wanderweg hier „naturbelassen" ist.

Anfangs ist er schmal und einfach zu gehen. Dann aber folgen viele Abschnitte, wo schon vor ein oder zwei Jahren einige Bäume an der steilen Uferböschung gefällt wurden. Und die liegen auch jetzt noch so da, wie sie gefallen sind – quer über den Weg, mit allen Ästen und Zweigen noch am Stamm. An einigen Stellen haben die Wanderer einen Weg herum gefunden und einen Pfad ins Unterholz und Schilf des Ufers getreten. Im Sinne des Naturschutzes ist das sicherlich nicht. An anderen Stellen wiederum ist das nicht möglich, und ich muss mit meinem Rucksack durch die Äste der liegenden Bäume klettern. Das ist nicht nur sehr mühselig, sondern birgt obendrein noch seine ganz eigenen Gefahren, wie ich herausfinde. Immer wieder bleibe ich hängen oder rutsche mit dem Stiefel ab. Als ich endlich durch diesen Abschnitt hindurch bin, stelle ich fest, dass ich mehrere Wunden an den Schienbeinen davongetragen habe. Dieser Weg war schon zu gefährlich zu Fuß. Wie kann man einen solchen Dschungelparcours als Radwanderweg kennzeichnen? Da kommt kein Drahtesel durch, nicht mal dann, wenn man absteigt (was unumgänglich ist) und das Fahrrad auf der Schulter trägt. Die Beschilderung hätte schon vor einiger Zeit entfernt gehört! Trotz dieses Hindernislaufs gelingt es mir, rechtzeitig am Bahnhof in Hitzacker einzutreffen, wo ich mich in den Zug setze, der mich zu meinen Enkelkindern in der Nähe von Hamburg bringen wird.

Auf der Fahrt stelle ich, neben den Blessuren an meinem Schienbein, leider auch fest, wie sich auf der Haut meines rechten Oberschenkels ein gewisses Taubheitsgefühl entwickelt, das mich bis Dresden und auch noch zwei Monate danach nicht mehr verlassen wird. Ich habe mir wohl in der Leiste den Nervenstrang eingeklemmt – wahrscheinlich durch den Hüftgurt des Rucksackes verursacht, den ich zu fest zugezogen haben muss. Auch die einwöchige Pause bei der Familie und die Behandlung eines Osteopathen ändern nichts an diesem komischen Gefühl, das entsteht, wenn ich mit der Hand über den Oberschenkel streiche.

Die Weihnachtsmannschnauze

Als ich an meinem Zielbahnhof eintreffe, nehmen meine Lieben mich in Empfang – was für ein bewegendes Gefühl, als die zwei Racker auf dem Bahnsteig auf mich zu stürmen und mich in ihre Arme schließen! Meine Enkelin schaut mich an, mustert meinen Bart und sagt dann: „Du hast ja eine Weihnachtsmannschnauze."

Nach einigen gemütlichen Tagen ist mein Aufbauprogramm bei der Familie vorbei und ich fahre zurück nach Hitzacker, um meine Wanderung fortzusetzen.

Dort angekommen, setze ich meine Wanderung in neuen noch nicht eingelaufenen Schuhen nach Dömitz fort und genieße die Landschaft. Meine Gedanken gehen zurück zu meinen Lieben, denn es war richtig schön, wieder mit ihnen zusammen zu sein. Und erneut ertappe ich mich dabei, dass mir das erst jetzt auffällt, nachdem es vorbei ist. Kann ich das nicht merken, während es stattfindet? Oder geht so etwas gar nicht? Eine Bewertung kann natürlich erst im Nachhinein vorgenommen werden. Sicherlich, als Glücksempfinden ist es sofort da, zum Beispiel als ich mit meinen Enkelkindern im Tierpark war. Aber es muss mir doch gelingen, einen direkten Weg in mein Bewusstsein herzustellen. Mit diesen Gedanken wandere ich so vor mich hin und nehme natürlich dadurch meine Umgebung nicht so richtig wahr. Jedenfalls ziehe ich als Fazit, dass am Ende eines Tages die bewussten positiven Erlebnisse und Gefühle die negativen überwiegen sollten, denn dann war es ein guter Tag.

Ich komme an ein Wahrzeichen der deutschen Wiedervereinigung, die Brücke über die Elbe. Sie wurde im neunzehnten Jahrhundert erbaut und hat erheblich zum Handel und damit zum wirtschaftlichen Aufschwung der Regionen Dannenberg und Mecklenburg-Vorpommern beigetragen. Am 20.04.1945 wurde diese Lebensader zerstört und ist in den Jahren der deutschen Teilung natürlich nicht wieder aufgebaut worden. Aber 1992 wurde eine neue Brücke eingeweiht. Ich gehe voller Freude über sie, denn ich will so viel wie möglich meiner Wegstrecke in den neuen Bundesländern wandern. Als Kind bin ich häufig mit meinem Vater durch diese Regionen gefahren, um ins Erzgebirge zu kommen, wo seine Familie wohnte. Daher kannte ich das Aussehen und den Geruch der Städte und Dörfer zu DDR-Zeiten und bin gespannt, wie sie jetzt aussehen, viele Jahre nach der Wende.

Es gelingt mir hier sogar, meinen Vorsatz in die Tat umzusetzen und Glück bewusst zu erleben, denn die Elblandschaft zeigt sich von ihrer schönsten Seite und ich genieße es. Der mächtige Fluss strahlt Ruhe und Gelassenheit aus und bietet immer etwas Neues zum Anschauen. Die deutsche Teilung hat hier sogar etwas Gutes gehabt. Da der Fluss die Grenze war, hat keiner an seinem Lauf herumgedoktert und anders als bei anderen Flüssen hat hier keine Begradigung stattgefunden. Er ist in den Jahrzehnten zumindest in seinem Lauf in Ruhe gelassen worden.

Ich begegne einer älteren Bäuerin auf einem Fahrrad auf dem Weg in ihr Dorf. Als sie mich sieht, hält sie an und will ganz genau wissen, was ich mache. Sie erzählt mir, dass es auf dem Deich einen Grenzzaun gab und der Wald dahinter abgeholzt wurde, damit die Grenzposten freie Sicht hatten. Niemand sollte an den Fluss herankommen, damit keiner hindurch in den Westen schwimmen konnte. Des Nachts war dieser Abschnitt damals hell erleuchtet. Sie als Bewohnerin des grenznahen Dorfes wurde mit ihrer Familie besonders beäugt. Andere Bürger durften gar nicht hierher kommen. Damals wie heute fühlt sie sich beobachtet, bespitzelt. Sie ist sich sicher, dass erst noch weitere fünfundzwanzig Jahre vergehen müssen, bis auch die letzten Spitzel gestorben sind und sie selbst dann frei leben kann. Sie sagt, dass die gleichen „Herren" auch heute noch zu gewissen Mitteln greifen, um die Bevölkerung auf ihre Linie zu bringen. In ihrem speziellen Fall geht das wohl bis hin zur Sachbeschädigung an ihrem Auto, obwohl es in der Garage steht. Wohl auch wegen solcher Vorkommnisse, wird es mehrere Generationen brauchen, bis die Wiedervereinigung komplett abgeschlossen ist.

Big Brother is watching you!

Am gleichen Tag kehre ich nachmittags in eine kleine Gartenwirtschaft am Fluss ein, denn ich habe Durst auf etwas anderes als Wasser. So ein alkoholfreies Weizenbier kommt mir da gerade recht. Zu mir gesellt sich ein älterer Radfahrer, der sich ebenfalls als „Verrückter" entpuppt. Er war selbst zu Zeiten des Eisernen Vorhanges in der Welt herum gekommen, denn der Staat hatte ihn als Techniker in andere Länder geschickt. Und das hatte er für „kleine Ausflüge" genutzt. So hatte er den Dhaulagiri umrundet (das ist der siebthöchste Berg der Welt, zu dessen Gletscher ich einmal hinaufgestiegen bin) und war in den Anden gewandert. Nach der Wende war er einmal zu Fuß rund um die neuen Grenzen des vereinten Deutschlands herum gegangen. Das klingt wie ein guter Plan, den ich mir auch einmal vornehmen könnte. Dann hatte er den gut achthundert Kilometer langen Jakobsweg in neunzehn Tagen zurückgelegt, was einem durchschnittlichen Tagespensum von dreiundvierzig Kilometern entspricht. Tagesetappen von gut zwanzig Kilometern Länge waren ihm einfach zu kurz. So ist er dann immer zur übernächsten Herberge gegangen. Bei der Ankunft in Compostela wollten sie ihm zuerst nicht die Pilgerplakette aushändigen, weil sie ihm nicht geglaubt haben, dass das überhaupt möglich ist. Aber er konnte alle Stempel der Stationen als Beweis vorlegen. Und jetzt war er gerade vor fünf Tagen in Dresden mit dem Fahrrad losgefahren und wollte heute noch nach Dömitz. Seine körperliche und geistige Fitness möchte ich auch haben, wenn ich wie er achtzig Jahre alt bin.

Aller guten Dinge sind drei, denn kaum bin ich in Lenzen angekommen, gesellt sich ein einundachtzigjähriger Mann zu mir und erzählt mir lange von seinem Leben. Der gebürtige Hamburger war als junger Mann zur See gefahren und entsprechend viel herumgekommen. Er wohnt hier auf der niedersächsischen Seite der Elbe.

Während unseres Gesprächs bringt er seine Sorgen um Deutschland und die Welt zum Ausdruck, da es so mit dem Wachstum nicht weiter gehen könne und sich alles nur noch ums Geld drehe …

Ich komme dann zu einem etwas verspäteten Abendessen, da ich den Mann erst verabschiede, als er zu einem Vortrag des BUND über Fledermäuse losmuss.

Als ich vom Restaurant am Badow-See zurück zur Pension gehe, ist es bereits dunkel und die Bürgersteige im Ort sind hochgeklappt. Am linken großen Zeh tut mir der Nagel etwas weh. Ich habe ein Paar neue Nylonsocken angehabt, die wohl etwas zu eng waren. Das hat mir wieder die Zehen zusammengedrückt. Es fühlt sich an wie ein Déjà-vu.

Am nächsten Morgen ist es noch nicht weg und ich schütze den Bereich mit einem Blasenpflaster gegen den Druck und schlüpfe in meine Joggingschuhe, da die neuen Stiefel an mehreren Stelle Probleme bereiten. Zudem lege ich heute auch nur eine neunzehn Kilometer lange Etappe nach Cumlosen zurück. Bis nach Wittenberge, wo die nächste Pension wäre, sind es vierunddreißig Kilometer, was definitiv zu viel ist. Außerdem plane ich einen Tag Pause, um meinem Zeh Ruhe zu gönnen.

Als ich am darauf folgenden Morgen in Richtung Wittenberge losgehe, drehe ich bereits nach dreihundert Metern wieder um, denn der Zeh schmerzt nun richtig. Sollte ich mir etwa wieder eine Nagelbettentzündung eingehandelt haben? Ich bin nur noch wenige Tage von Dresden entfernt und habe jetzt keine Lust mehr auf mehrtägige Unterbrechungen oder Entzündungen. Der Gastwirt hilft mir, meinen Plan B zu verwirklichen. Er nimmt mich im Auto mit in den nächsten Ort, denn dort gibt es einen großen Fahrradverleih. Der hat auch öfter mal gebrauchte Räder zu verkaufen, und für einhundertfünfzig Euro erstehe ich ein solches samt Helm, Luftpumpe, Flickzeug und elastischen Spanngurten.

So packe ich meinen Rucksack auf den Gepäckträger und mein Zeh wird durch das Radeln nicht belastet, denn der Fuß setzt mit dem Ballen auf die Pedale auf, der Zeh „schwebt" frei davor. Ich komme in einen regelrechten Geschwindigkeitsrausch, der aber schnell durch einsetzenden Regen gebremst wird. Meine Regenkleidung ist fürs Wandern ausgelegt und nicht auf das Radfahren. Meine Joggingschuhe werden nass, obwohl ich darüber den Poncho wie ein Zelt aufgespannt habe. Und mein Rucksack liegt ungeschützt hinten im Regen statt unter dem Poncho. Deshalb muss ich mich bei starken Schauern unterstellen. Dennoch ist beim Eintreffen in Rühstädt alles nass. Und ich spüre meine Muskeln. So fit sie für das Wandern sind, so untrainiert sind sie fürs Radfahren. Aber mein Zeh ist ruhig geblieben und das war ja das Ziel.

Ich lerne in den nächsten Tagen, dass Radfahren ziemlich viel verändert. Ich fahre etwa sechzig Kilometer am Tag, was nicht allzu ehrgeizig ist, aber immer noch doppelt so viel wie zu Fuß. Ab Mittag tun mir mein Po und der Rücken weh, denn ich bin an den Sattel und die Sitzposition nicht gewöhnt. Es liegt zu viel Gewicht auf den Händen, die ich nach einem halben Tag unangenehm zu spüren beginne. Bis zum Nachmittag hat sich ein leichtes Kribbeln und Taubheitsgefühl im Mittel- und Ringfinger entwickelt, als wenn sie eingeschlafen wären. Durch das Gewicht werden meine Schultern nach oben gedrückt und sind verkrampft. Ich versuche die Haltung zu ändern, muss aber letztlich zu einer Werkstatt fahren, um den Lenker etwas höher stellen zu lassen. Aber auch dadurch wird der Druck auf mein Gesäß, das nur noch aus Haut und Knochen besteht, nicht weniger. Die dritte Umgewöhnung ist, dass ich am Tag nur noch bei den Pausen Leute kennenlerne, sonst nicht. Läuft man zu Fuß aneinander vorbei, kann man durch Angucken Aufmerksamkeit gewinnen und schon kann ein Gespräch losgehen. Ein Fahrrad „fliegt" zu schnell vorbei, es kommt nur zu wenig Augenkontakt. Das betrachte ich für mich als einen Verlust. Und zu guter Letzt vermisse ich es, in den Tag hineinzugehen und meine Gedanken und den Blick schweifen zu lassen. Dafür ist die Geschwindigkeit zu hoch, ich konzentriere mich lieber auf den Weg und den Verkehr. Mit etwas mehr Übung würde ich das vielleicht hinbekommen. Aber ich sehe, dass es auch anderen so geht, wie zum Beispiel dem Pärchen, das ich beim Abendessen treffe.

Sie fahren von Cuxhaven nach Dresden und legen dabei über einhundert Kilometer am Tag zurück. Das entspricht zumindest den Vorstellungen des Mannes, ihr hingegen tut alles weh, insbesondere die Achillessehne. Die beiden fahren sonst nie Fahrrad und dem Gespräch entnehme ich, dass er vorweg saust und sie hinterher hetzt.

Am nächsten Morgen hat sie sich dann entschlossen, ab Magdeburg mit dem Bus weiter zu fahren, um ihrer Sehne die nötige Ruhe zu gönnen.

Ich verbringe eine Nacht in der Weltrad-Manufaktur in Schönebeck und komme ohne besondere Ereignisse über Aken und die Lutherstadt Wittenberg nach Riesa. Hier fällt mir besonders auf, wie herausgeputzt das Städtchen inzwischen ist, im Gegensatz zu manch anderen Orten entlang meines Wegs, die immer noch aussehen wie zu DDR-Zeiten. Riesa sah früher auch so grau und trostlos aus, das weiß ich noch aus meiner Kindheit. Ich habe die Menschen gefragt, woran das liegt, dass man an manchen Orten blühende Landschaften antrifft und in anderen die schiere Tristesse. Die Antwort war einfach: Die Väter von blühenden Städten haben die finanziellen Mittel aus dem Westen gut genutzt und ihre Orte wieder aufgebaut, saniert und modernisiert, andere haben wohl genau das verschlafen.

Einen Tag vor Dresden ändert sich die Landschaft, in der bisher der Fluss in flachem Gelände glitzerte. Nun hat die Elbe steile Ufer und es zeigen sich einige Hügel. Vor mir liegt Dresden und einige seiner historischen Gebäude tauchen im

Dunst am Horizont auf. Je näher ich komme, desto klarer wird das Bild. Als ich etwas später in der Stadt angekommen bin, finde ich, dass die eingesetzten finanziellen Mittel hier äußerst sinnvoll genutzt worden sind. Die Restauration und der Wiederaufbau der Gebäude haben vielen Menschen Arbeit auf Baustellen und in Werkstätten gebracht. Heute kommen auch unglaublich viele Touristen hierher, was ebenfalls Arbeitsplätze sichert.

Und ich? Die erste Hälfte meiner langen Reise geht hier zu Ende. Es ist Anfang Oktober und ich will keinesfalls im einsetzenden Winter über die Alpen gehen. Das ist mir zu gefährlich und da ich alleine bin, wäre es in meinen Augen obendrein leichtsinnig. Stattdessen werde ich den Winter über pausieren und im Frühjahr wieder losziehen. So empfinde ich bei der Ankunft in Dresden weder Ankunftsfreude noch Trauer, dass es jetzt erst einmal zu Ende ist. Als ich vor der Frauenkirche stehe und über so manch kritische Situation auf meiner Reise nachdenke, empfinde ich eine tiefe Dankbarkeit dafür, dass ich gesund und munter hier angekommen bin. Der zweite Teil meiner Reise wird mich wieder in diese Stadt führen, nur dass ich dann aus Richtung Süden kommen werde. Jetzt werde ich erst einmal zu meinen Verwandten ins Erzgebirge fahren, von wo es dann heimgehen wird …

Dresden im Nebel

Zu dem kommt alles, der warten kann

Der Winter kommt und geht sehr schnell, jedenfalls fühlt es sich für mich so an. Ich habe ja eine zweite Chance erhalten, mich auf den Weg durch Südeuropa vorzubereiten. Wie ich schon in Griechenland gesehen habe, gibt es auf dem Festland so gut wie keine Wanderwege und demzufolge auch keine Karten. Abgesehen von seiner nördlichen Region, ist Albanien ein einziges schwarzes Loch, eine „terra incognita" geradezu. Beim angrenzenden Kroatien verhält es sich nicht viel besser. Auch im Internet finde ich keine brauchbaren Informationen, geschweige denn Kartenmaterial. Ich habe mich schon damit abgefunden, dass ich mich von Tag zu Tag werde durchfragen müssen, in der ständigen Ungewissheit, wo ich am Abend landen werde. Auch meine Suche nach einem Bergführer, der mich durch Albanien „lotst" (und mir so auch Schutz gewährt in diesem allseits verrufenen Land), bleibt insgesamt erfolglos, trotz einiger Kontakte, die es mir zu knüpfen gelingt.

Und wie schon so oft während der Reise, lerne ich, dass viele Dinge von alleine auf mich zu kommen. Ich muss nur Geduld haben und aufmerksam sein, wenn sich die Lösung zeigt. Nur nicht zu früh die Dinge – und mich! – festlegen. Auf meinen Wanderungen hatte ich oft einen Platz für die Mittagspause gesucht, an dem ich mich entspannt hinsetzen oder hinlegen konnte. Hatte ich für meine Pause zu früh einen nicht ganz optimalen Rastplatz gewählt, dann konnte ich mich geradezu darauf verlassen, kurz darauf an einem guten Platz vorbei zu kommen. Anfangs habe ich mich darüber immer wieder geärgert, aber später habe ich gelernt zu warten, bis ich an die richtige Sitzmöglichkeit kam, denn die kam fast immer.

Auch für Griechenland und Albanien kommt eine Lösung auf mich zu, die meine Route gravierend verändern soll. Wie letztes Jahr habe ich sechs Wochen vor der Abreise nach Thessaloniki mit dem intensiven Training von langen Wanderungen mit schwerem Rucksack begonnen. Zwei Wochen vor dem Abflug sehe ich vor mir im ortsnahen Wald einen Mann gehen. Aus seinem Gang schließe ich, dass er etwas sucht. Ich hole ihn ein und frage ihn, ob ich ihm helfen kann. Nein, er wolle nur sein bereits gesammeltes Feuerholz für den nächsten Winter aus dem Wald holen. Er deutet auf einen Haufen aus kleinen Stöcken am Wegesrand. An seiner Sprache bemerke ich, dass er kein Einheimischer ist. Und wie fast immer kommt die Gegenfrage, was ich denn hier im Wald mit dem großen Rucksack wolle. Ich erkläre ihm, dass ich trainiere und wo die Reise dann hingehen soll. Seine Augen blitzen auf, als er wie eine Zauberformel die Worte „Via Egnatia" spricht. Das sagt mir überhaupt nichts. Er hingegen kennt sie genau und erklärt mir, dass dies eine alte Römerstraße war, die Durrës in Albanien mit Konstantinopel (dem heutigen Istanbul also) verband. Mein neuer Bekannter kennt sich deshalb so gut aus, weil er in Ohrid in Mazedonien geboren und aufgewachsen ist, wo diese Heeresstraße einst eine große Raststation unterhielt. Er lebt schon seit fünfzehn Jahren im gleichen Ort wie ich, aber ich war ihm noch nie zuvor begegnet, zum Glück aber heute. Einige Wochen später habe ich ihm aus Ohrid eine Postkarte geschickt und mich herzlich bedankt, denn sein Tipp war Gold wert.

Nachdem meine Trainingseinheit einige Stunden später beendet ist, setze ich mich sofort an meinen Computer und durchsuche das Internet nach Informationen zur Via Egnatia. Und ich finde unter anderem eine in den Niederlanden ansässige „Via Egnatia Foundation" (www.viaegnatiafoundation.eu), die sich zum Ziel gesetzt hat, die Historie und das Wissen über die Straße und ihre bis heute spürbaren Auswirkungen zu bewahren und Reiselustige zu bewegen, Teile oder den gesamten Weg zu Fuß oder mit dem Auto zu erkunden. Den Weg von Thessaloniki bis nach Durrës haben sie bereits soweit erkundet, dass es darüber sogar ein Buch gibt, in dem eine komplette Wanderroute einschließlich präziser GPS-Daten mit vielen Tipps zu Unterkünften und Sehenswürdigkeiten beschrieben ist. Obendrein wird die Geschichte der Straße und der Länder, durch die sie führt, erklärt („Via Egnatia on Foot" von Marietta van Attekum und Holger de Bruin). Natürlich gibt es nur noch wenige Stellen, an denen der Wanderer auf dem Pflaster der alten Straße gehen kann, aber die beschriebene Wanderung führte mich durch das Herz und die Seele dieser Länder. Ein zweites Buch über den Streckenabschnitt von Thessaloniki nach Konstantinopel ist in Vorbereitung, also genau der Abschnitt, den ich bereits hinter mir habe. Ich habe das Buch noch am selben Tag bestellt, das Geld überwiesen und einige Tage später meine neue Route in der Hand gehalten.

Einige Tage vor meiner Abreise kommt ein großes Problem auf mich zu. Zur Erinnerung, ich war von Hamburg bis nach Dresden in neuen Wanderstiefeln unterwegs gewesen, die identisch mit denen waren, die mich durch Norwegen getragen hatten. Sie sind zwar schön eingelaufen, aber trotzdem spüre ich am Gelenk des rechten großen Zehs von Tag zu Tag einen steigenden Druck beim

Wandertraining. Dazu muss ich anmerken, dass ich dort einen sogenannten Hallux habe, eine Vergrößerung des Gelenkes durch eine Schiefstellung des Zehs. Dieses Gelenk ist über den Winter größer geworden und jetzt stehe ich kurz vor einer Knochenhautentzündung. Alles Klopfen beim Schuster, um diesen Bereich zu weiten, hilft nichts, der Schuh ist und bleibt an dieser einen Stelle zu klein. Zwei Tage vor der Abreise muss ich mir ein Paar neue Wanderstiefel kaufen, ein Exemplar, was vorne besonders breit ist für Leute, die solche Füße haben wie ich. Der Vorteil für den Hallux bringt auch einen Nachteil, denn ich habe nicht mehr einen so guten Gesamtsitz des Stiefels. Dieser war mit dem alten Paar besser. Aber dieser Ersatz sollte sich gut schlagen und bis vier Tage vor dem Ziel in Dresden durchhalten.

GRIECHENLAND

Unter Pilgern und Mönchen

Es geht wieder los! Erwartungsfroh stehe ich am Flughafen und freue mich darauf, meine Reise in Thessaloniki fortzusetzen. Für den Enthusiasmus habe ich zwei Gründe: Hier musste ich meine Reise letztes Jahr nach wenigen Wochen unterbrechen, um eine Nagelbettentzündung auszukurieren, jetzt kann ich sie fortsetzen. Obendrein habe ich in den Wintermonaten zu Hause eine große Vorfreude und Spannung aufgebaut. So viele Dinge hatte ich im Internet recherchiert, mögliche Routen, Hütten im Gebirge, GPS-Daten von anderen Wanderern und Poststellen, zu denen meine Frau mir Dinge schicken könnte. Aber die Spannung resultiert eher daraus, dass ich eben nicht weiß, wo es im Detail entlang geht und was mich sonst noch alles erwartet. Unbestreitbar steht fest, wie auch schon auf der ersten Hälfte der Reise: Es ist zwar gut, einen groben Plan zu haben, aber die Wirklichkeit sieht sowieso anders aus, was zu Änderungen führen wird. Eine detaillierte Planung mit Tagesetappen und Unterkünften für so eine lange Reise lohnt sich nicht, es ist eher verschwendete Zeit. Und das Unwissen erhöht definitiv den Grad der Vorfreude.

Zuerst will ich ohnehin nicht auf der Via Egnatia gehen, sondern bewege mich gen Süden – in die falsche Richtung, wenn es um die Erreichung dieses Zieles ginge. Tut es aber nicht: Ich möchte auf die Halbinsel Chalkidike, um auf den heiligen Berg Athos zu steigen. Er liegt zusammen mit sehr vielen Klöstern auf einem der sogenannten drei Finger. Hier bedarf es einer langen Vorplanung, um dieses autonome Gebiet betreten zu dürfen. Das Visum für maximal vier Tage habe ich schon Monate vorher beantragt, denn nur zehn Ausländer pro Tag dürfen, neben orthodoxen Pilgern, einreisen. Am Morgen in Ouranoupoli, dem letzten Städtchen vor der Halbinsel und Ausgangspunkt für alle Pilger, muss ich mir mein Visum im Pilgerbüro abholen. Dieses wird dann auf der Fähre kontrolliert. Sie ist die einzige Verbindung zu den Klöstern, einen Weg über Land gibt es nicht. Auf dem Schiff sind viele Griechen und Osteuropäer, die ebenfalls eine weite Reise hinter sich haben, um hier Ruhe und innere Einkehr zu finden. Noch ist jedoch der Geräuschpegel hoch, denn die Passagiere plappern in vielen verschiedenen Sprachen durcheinander. Sie alle begeistern sich für die Klöster, an denen wir anlegen oder vorbeifahren. Manche Bauwerke hängen wie angeklebt an den Hügeln oder scheinen verlassen zu sein. Allein diese Besichtigung von der See aus, ist eine Reise wert.

In Dafni steige ich mit den meisten anderen aus, um in einen großen Bus umzusteigen, der uns in den Hauptort Kayres bringen soll. Er ist bis auf den letzten Platz besetzt. Wir alle schmoren in der Sonne, die das Fahrzeug über die

Mit der Fähre ins Kloster

Fenster aufheizt wie einen Mikrowellenherd, zumindest solange, bis wir endlich losfahren. Als es dann soweit ist, geht es eine unbefestigte Straße hinauf, auf der wir von einem Schlagloch ins nächste und von Serpentine zu Serpentine fahren. Zum Glück ist das Ziel nicht weit, so mache ich kurze Zeit später mit meinem Rucksack die ersten Schritte durch den Ort.

Nach der Besichtigung einer kleinen Kirche habe ich den Ort auch schon hinter mir gelassen und bin allein. Mein GPS hilft mir hier kaum, denn eine detaillierte Karte habe ich nicht aus dem Internet herunterladen können. Als sehr hilfreich erweist sich hier die Karte mit den eingezeichneten Klöstern, die ich gestern Abend gekauft habe. Sie zeigt die Namen der heiligen Stätten in drei Schreibweisen: griechisch, kyrillisch und lateinisch (also unsere Schreibweise).

Und so geleiten mich kleine Holzschilder, die mal in dieser und mal in jener Schrift die Richtung zum Kloster Karakalou anzeigen. Während der drei Stunden Fußmarsch muss ich ab und zu meine neuen Stiefel anders schnüren, denn sie drücken nach wie vor, so steif und wenig eingelaufen, wie sie noch sind. Ich bemühe mich, alles andere hinter mir zu lassen. Vergangenes ist Geschichte und kann nicht mehr geändert werden. Die Zukunft kann ich nicht stärker planen, da es ja ohnehin oftmals anders kommt. Also zählt nur noch die Gegenwart, jeder Schritt, das Vogelgezwitscher, das Rauschen eines Baches und mein Gefühl von Freiheit. Aber ich bin noch einige Tage davon entfernt, wieder in meinen gewohnten Gehrhythmus zu kommen. Erst einmal ist alles scheinbar wieder neu.

Als ich im Kloster ankomme, ist gerade Gottesdienst. Danach begrüßt mich Bruder Antonius, ein Mönch, der aus Holland stammt und bestes Deutsch spricht. Hier kommen kaum Pilger her und ich werde sehr individuell behandelt. Er zeigt mir das Kloster und die Kirche in der Mitte des Innenhofes. Er erklärt mir dabei den orthodoxen Glauben und die Verehrung der Ikonen. Im Gottesdienst werden sie, vereinfacht gesagt, verwendet, um eine Verbindung zwischen dem Betrachter und der dargestellten Figur herzustellen, also indirekt eine Verbindung zu Gott zu schaffen. Ich habe großes Glück, denn der Geistliche nimmt sich sehr viel Zeit für mich.

Die Nacht ist etwas unruhig, denn trotz vierundzwanzig Grad Außentemperatur tagsüber, ist die Heizung in meinem kleinen Raum eingeschaltet und das Regelventil lässt sich leider nicht schließen.

So wache ich früh auf und kann gegen halb sieben mit den Mönchen frühstücken. Es gibt Knoblauchspaghetti und ein Glas Rotwein, denn für die heiligen

Männer (Frauen sind auf der Halbinsel nicht erlaubt) ist dies bereits das Mittagessen. Ihr Tag begann bereits um 3.30 Uhr mit einem Gottesdienst. Ich esse bei Gebet und Vortrag in einer einmalig friedlichen Atmosphäre.

Geist und Körper gestärkt, wandere ich weiter, den Ratschlägen des Mönches folgend, entlang einer fast unbenutzten Schotterstraße etwas oberhalb der Küste. Dann biegt laut Karte ein kleiner Weg, der im Bett eines trockenen Baches verläuft, zum Berg Athos ab. Aber nach kurzer Zeit werden die Äste immer niedriger und ich muss mich immer tiefer bücken, bis es schließlich nicht mehr weiter geht. Links von mir vernehme ich vom Hang aus Stimmen und kämpfe mich durchs Unterholz bis dorthin vor und finde den richtigen Pfad, wie mir die zwei Mönche bestätigen, die ich zuvor gehört hatte. Ein Stück vor mir sollen wohl zwei Australier unterwegs sein. Die beiden heiligen Männer empfehlen mir, sie einzuholen und gemeinsam zu laufen. Ich schließe zu ihnen auf, als sie eine Pause machen. Doch da wir in verschiedenen Geschwindigkeiten unterwegs sind, tauschen wir zwar Informationen aus, gehen aber individuell weiter – um uns dann doch an einer Fünf-Wege-Kreuzung wieder zu begegnen. Die Zeit für eine Entscheidung ist gekommen, denn hier geht es steil hoch zum Berg Athos, wo siebenhundertdreißig Höhenmeter weiter oben, auf tausendfünfhundert Metern, noch eine Schutzhütte sein soll. Einigen Zetteln, die an die Bäume geheftet sind, entnehme ich, dass die Unterkunft wegen Renovierungsarbeiten geschlossen ist. Aber was soll`s? Ich will heute sowieso nicht mehr dort hinauf, denn ich bin nach neunundzwanzig Kilometern ziemlich müde. Und die Rumänen, die gerade vom Berg herunterkommen, sehen so fix und fertig aus, dass ich aus ihrem Zustand und ihren Erzählungen schließe, dass es kein einfacher Weg ist. Mein kleines Büchlein sagt, dass sich auf der naheliegenden Alm eine Schlafgelegenheit befindet. Leider ist das nicht der Fall, denn egal wen oder wo ich auch frage, erhalte ich nur ein Achselzucken zur Antwort. So wandere ich dann mit Nikolas aus Australien und Romero aus Ecuador – beide haben ein Studium in Oxford beendet und dort eine Forschungstätigkeit aufgenommen – zum nächsten und nur gut zweieinhalb Kilometer entfernten Kloster Agia Anna. Wenn ich gewusst hätte, dass es fünfhundert Höhenmeter weiter unten am Meer liegt, dann hätte ich an Ort und Stelle mein Zelt aufgeschlagen und einfach wild campiert (auch wenn es verboten ist). Denn es bedeutet, dass wir diesen steilen und glitschigen Weg am nächsten Morgen wieder hinauf müssen.

Athos im Nebel

Am Zauberberg

Zurück an der Wegkreuzung auf knapp achthundert Metern über dem Meer, ist es schon kühler und es weht ein kräftiger Wind. Wir legen eine Pause ein, denn das hinter uns liegende Stück war nur der Vorgeschmack auf eine noch folgende sehr steile Strecke hinauf zur Schutzhütte (tausendfünfhundert Meter). Die Rumänen hatten nicht übertrieben: Permanent geht es steil bergauf. Kein Abschnitt, auf dem man einmal verschnaufen oder entspannt gehen könnte, außer wir halten an. Kurz bevor wir unser Zwischenziel erreichen, schlägt das sonnige Wetter um und eisige Wolken wirbeln um uns herum. Der Gipfel des Athos (zweitausenddreiunddreißig Meter) verschwindet im Nebel und als wir auf der Hütte ankommen, ist diese auch schon von Wolken umgeben. In mir macht sich ein bedrückendes Unwohlsein bemerkbar, was mich dazu bewegt, nicht weiterzugehen, sondern erst einmal auf der Hütte zu bleiben und mir ein paar Kalorien in Form von Nüssen und getrockneten Aprikosen zuzuführen. Meine Begleiter hingegen warten darauf, dass die Wolken wieder aufreißen und sie weiter gehen können. Für sie ist es ein Wechselbad der Gefühle. Mal bläst der Wind die Sonne wieder frei und ermöglicht den Blick auf das Meer. Dann sausen wieder kalte Wolkenzungen um uns herum und es wird ungemütlich und frisch. Ich ziehe mich warm an und lege mich zum Ausruhen auf eine Pritsche in der Hütte. Doch es dauert nicht lange, bis ich zu frösteln beginne, weshalb ich mich wieder zum Abstieg rüste, während Nikolas und Romero sich entscheiden, einen Versuch hinauf zum Gipfel zu wagen. Ich bewege mich sehr langsam wieder bergab, es erfordert meine gesamte Aufmerksamkeit und Konzentration, heil herunter zu kommen. Bei einer Pause lehne ich mich an meinen Rucksack an und schlafe fast ein. Ein paar Kügelchen „Arsenikum Album" helfen meinem Energiehaushalt wieder etwas auf die Sprünge (die ich aber tunlichst unterlasse), so bin ich am Mittag zurück im Kloster. Etwas später kann ich auch meine beiden Mitstreiter wieder gesund und munter im Kloster begrüßen. Von der Schutzhütte aus waren sie nur noch zweihundert Höhenmeter weiter bis auf tausendsiebenhundert Meter vorgedrungen. Dann konnten sie die Hand nicht mehr vor Augen sehen und waren umgekehrt, immer im Schnee stapfend!

Wie bereits gestern wimmelt das Kloster von Pilgern, die alle auf den Gipfel wollen. Und da das scheinbar immer so ist, hat das Kloster einen Gästetrakt. In das eigentliche Kloster können wir nicht hinein, was ich sehr schade finde. Aber bei diesem Rummel ist es nur zu verständlich, dass die Mönche uns zum eigenen Schutz nicht hineinlassen. Am Abend sinniere ich darüber nach, was denn heute mit mir los war, wieso war? Denn immer noch bin ich etwas wacklig auf den Beinen. Habe ich mich daheim etwa noch mit dem Magen-Darm-Virus, das einigen in meinem Umfeld zu schaffen machte, angesteckt oder bin ich den Berg einfach nur zu schnell hinaufgegangen? Dafür würde sprechen, dass ich im Rhythmus der Gruppe gegangen bin und nicht in meinem eigenen. Denn die beiden sind schneller gegangen als ich es normalerweise getan hätte – kein Wunder, sind sie doch satte fünfunddreißig Jahre jünger als ich.

Auch am nächsten Morgen ist mein Blutdruck immer noch im Keller und ich gehe langsam hinunter zum Meer. Auf der Rückfahrt mit der Fähre kann ich noch einmal die Klöster an der Küste bewundern, weil wir dieses Mal an jedem anhalten.

Romero regt noch an, dass ich einmal meine Tipps zum „richtigen" Binden von Wanderstiefeln aufschreibe. Nikolas hat einige Probleme mit Blasen an der Ferse. Zuerst gebe ich ihm den Tipp mit den Nylonstrümpfen, aber der ist für ihn bis zur Rückkehr in eine Ortschaft mit Supermarkt wertlos. Ich erfahre, dass er bei jedem Schritt in seinem Stiefel immer ein Stück mit der Ferse von der Einlegesohle abhebt. So geht es den meisten Leuten, da ein Schuh immer ein bisschen Luft hat. Das ist aber nach meiner Ansicht der Hauptgrund für die Blasenbildung an der Ferse. Die meisten Menschen binden ihre Stiefel klassisch von unten nach oben und ziehen das Schnürband dann oben zu und sichern das Ganze mittels eines einfachen „Knotens" (halber Schlag heißt der in der Seefahrt, bitte merken, denn diese Definition brauchen wir noch) und einer Schleife. Nach wenigen Schritten lockert sich der so gewonnene Halt etwas, bleibt dann aber so. Am festesten ist die Schnürung dann ganz oben am Schaft, aber genau dort wird sie eigentlich nicht gebraucht. Denn dadurch wird das Blut eher abgeschnürt und die nötige Bewegungsfreiheit bei jedem Schritt eingeschränkt, insbesondere, wenn es bergauf geht. Das Ziel des Schnürens ist für mich, dass der Stiefel im Bereich der Ferse genau passend sitzt. Denn dadurch wird verhindert, dass die Ferse im Schuh auf und ab wandert, und der Fuß demnach auch nicht ständig vor und zurück rutscht. Zudem wird das Fußgelenk gestützt.

Ich zeige ich Nikolas Folgendes: Zunächst ziehe ich mit den Schnüren den Bereich von den Zehen bis zum oberen Bereich des Spanns so fest, dass der Fuß ohne Druck, aber eng anliegend umschlossen wird. Meist haben die Stiefel in diesem Bereich Ösen, durch die der Senkel gut gleitet. Im sogenannten Klemm-haken wird dann diese vordere Schnürung fixiert. Bis hierhin denke ich, macht das fast jeder so. Statt jetzt über Kreuz den nächsten Haken anzusteuern, fixiere ich zum ersten Mal den Fersenbereich, indem ich einen doppelt geschlungenen halben Schlag mache, den ich in dem oberen Bereich des Spannes angenehm fest-ziehe.

Was ist nun mit einem doppelt geschlungenen halben Schlag gemeint? Wie bereits beschrieben, werden beim halben Schlag (oder einfachen Knoten) die beiden Enden des Schnürsenkels einmal umeinander geschlungen und dann angezogen, bevor die Schleife darüber gebunden wird. Stattdessen wird nun das eine Ende ein zweites Mal um das andere Ende des Senkels herumgewickelt, bevor es angezogen wird, also umeinander gedreht wie zwei Haarstränge beim Flech-ten eines Zopfes. Dadurch erhöht sich die Reibung und dieser doppelte halbe Schlag lockert sich nicht mehr. Achtung, das ist nicht zu verwechseln mit einem doppelten Knoten, wie es auch Nikolas verstanden hatte! Von dort führe ich die beiden Enden an ihren jeweiligen Seiten ganz nach oben am Schaft des Stiefels zum obersten Hakenpaar und fädele sie dann von oben nach unten in den Haken. Dann geht es immer über Kreuz abwärts, je nachdem, wie viele Hakenpaare der Stiefel noch hat und wie fest ich den Schaft an der Wade haben möchte. Nachdem ich das letzte Hakenpaar im Knöchelbereich eingehakt habe, mache ich wieder einen doppelten halben Schlag, damit die Ferse ein zweites Mal fixiert wird. Zum Abschluss noch die Schleife und fertig ist das Hexenwerk. Das klingt komplizierter als es in Wirklichkeit ist. Zu Übungszwecken mag man einfach seinen Wanderstiefel hervorholen und den einzelnen Schritten folgen. Ein paar Bilder zur Anleitung zum Schnüren findest Du auf meiner Website www.clemens-bleyl.de. Nachdem Nikolas es begriffen hatte, war er jedenfalls begeistert: Er konnte nun seine Ferse im Schuh sauber fixieren und hatte an der Wade die nötige Bewegungsfreiheit. Allerdings ist auch zu beachten, dass diese Methode in sich noch weiter variabel ist. Seitdem ich mich von der normalen Art gelöst habe, Schuhe zu binden, variiere ich mitunter die obige Beschreibung, je nach Bedarf. Wenn mich der Schuh irgendwo drückt, halte ich sofort an und ändere die Schnürung des Stiefels entsprechend. Dort, wo der Druck auftritt, lockere ich die Bindung etwas oder lasse auch einfach ein Hakenpaar ganz aus, oder ändere etwas an der Reihenfolge. Diese vielen Haken bieten zahlreiche Möglichkeiten.

Wieder in Ouranoupoli angekommen, gehe ich mit Nikolas und Romero noch Essen. Dann brechen die beiden in Richtung Olymp auf, den sie ebenfalls noch erklimmen wollen. Aber nach dem Erlebnis am Athos sind sie sich da jetzt nicht mehr so sicher. Während ich dies hier niederschreibe, denke ich an Euch zwei und drücke die Daumen, dass Ihr es geschafft habt, und vor allem: heil wieder unten angekommen seid!

Es war schön in der wunderbaren Natur auf dieser Halbinsel und ich fühle mich ruhig und gelassen. Die Mönche leben hier für ihre Religion und sind gleichzeitig warmherzige Gastgeber. Eigentlich bin ich als Besucher ein „Störenfried" gewesen, aber die Mönche gaben mir das Gefühl, sie freuten sich, dass ich da war. Besonders Bruder Antonius, der mir die Kirche, die Reliquien und die Ikonen erklärt hat. Er ist ein schönes Beispiel für eine gelungene „Karriere", denn es fordert eine große Entscheidung, seiner Berufung zu folgen, die einen erfüllt und glücklich sein lässt. Auch wenn man dafür etwas anderes aufgeben muss. Dieser Gedanke kam mir, als er mich im Gespräch fragte, was ich nach der Reise machen will: Ein Buch über Karriere schreiben! So habe auch ich im Kloster eine Inspiration erfahren.

Die weitere Wanderung werde ich versuchen so zu gestalten, wie auch der Beginn war: mit Ruhe und Gelassenheit. Das, was sein soll, möchte ich intensiv erleben und das was nicht sein soll, rechtzeitig erkennen und grundsätzlich nichts erzwingen. Via Egnatia – Ich komme!

Der zweite erste Schritt

In einem Vorort von Thessaloniki beginnt meine Wanderung direkt an einer Brücke über die Autobahn mit dem Namen Via Egnatia. Ich möchte ein Foto machen, das mich vor dem Schild zeigt, aber die ersten beiden Aufnahmen fallen für meinen Geschmack nicht zufriedenstellend aus. Aber die Kamera ist da anderer Meinung und streikt, weil ich wohl einige Knöpfe zu schnell hintereinander gedrückt habe. Das führt dazu, dass ich weder abdrücken noch das ausgefahrene Objektiv wieder schließen kann. Bei einem Computer würde man von einem Absturz sprechen oder andere, drastischere Sprachbilder bemühen – jedenfalls, was ich auch versuche, nichts geht mehr. Ich werte das als negatives Omen am Start meiner Reise. Nach einigen gescheiterten Versuchen der Wiederbelebung, stecke ich die Kamera enttäuscht in die Tasche. In der hinter mir liegenden Stadt hätte ich sicherlich einen Fotoladen gefunden, der mir hätte helfen können. Vor mir liegen in nächster Zeit nur kleine Orte, aber zurück will ich nicht, so gehe ich erst einmal los in dem Vertrauen, dass sich schon eine Lösung finden wird. Nachdem ich eine Schule und einen Schrottplatz sowie ein kleines Industriegebiet hinter mir gelassen habe, befinde ich mich in einer offenen, hügeligen Landschaft. Links von mir kann ich noch die Stadt sehen, mein Blick reicht sogar bis zum Meer. Und auch wenn ich ihn schon einmal gegangen bin: Der längste Weg beginnt mit dem ersten Schritt. Und hier, und auch NUR hier, denke ich an die enorme Strecke und Anstrengung, die vor mir liegt, mit allen Risiken und Gefahren, die mir wieder gehörigen Respekt einflößen. Dieser bleibt mir die ganze Reise lang erhalten und stellt für mich einen Schutz dar. Aber mit den ersten Schritten weicht die Anspannung, so wie das Lampenfieber eines Schauspielers verschwindet, wenn er die Bühne betritt, das Licht angeht, er die ersten Bewegungen macht und die eröffnenden Worte spricht. So wird mein mentaler Rucksack sehr schnell leichter und das hilft mir voranzukommen. Ein Gedanke jedoch verlässt mich an keinem Tag, denn meiner Mutter geht es nicht gut. In den nächsten Wochen bin ich manchen Abschnitt gegangen und habe versucht, ihr in Gedanken die schönen Bilder der Landschaft zu senden, durch die ich gewandert bin. Das hatte ich auch schon vom Berg Athos gemacht.

Die GPS-Daten auf meinem Navi über den Wanderweg Via Egnatia sind sehr präzise, deshalb gestaltet sich mein erster Tag entspannt und nicht sehr anstrengend. Das liegt auch daran, dass ich mir, anders als beim Start vor einem Jahr in Istanbul, für den ersten Tag nicht zu viel auf einmal vorgenommen und zugemu-

Thessaloniki – Schönheit oder Beton?

Via Egnatia - ich komme!

tet habe. Auch von anderer Stelle gibt es erfreuliche Entwicklungen zu vermelden: Es gelingt mir, meine Kamera wieder zu aktivieren! Ich nehme die Batterien einfach mehrmals heraus und stecke sie wieder hinein, schlage beim Einschalten mit der flachen Hand auf die Batterieklappe. Das mag nicht gerade die gepflegte (und vom Hersteller empfohlene) Art sein, mit einem empfindlichen optischen Gerät umzugehen, aber irgendetwas in der Mechanik hatte sich scheinbar verhakt und konnte auf diese unorthodoxe Weise gelöst werden. Bis zum Ende der Reise sollte sie mir weiter treue Dienste leisten, ohne weitere Anzeichen, sich gegen meinen Willen aufzulehnen. Wahrscheinlich wollte sie nicht wieder geschlagen werden.

Cave canem

Immer wieder wurde ich mit besorgtem Unterton gefragt: „Hast Du keine Angst vor Bären und Wölfen?" Mit zunehmender Gewissheit und Überzeugung könnte ich heute antworten: „Nein, aber immer mehr vor Hunden." Die Hunde, denen ich auf meiner Wanderung begegne, nehmen es mit ihrer Aufgabe sehr genau und erledigen sie äußerst gewissenhaft, wie ich aus eigener Erfahrung bezeugen kann. Die Türkei und Südeuropa sind gespickt mit dieser Spezies, in jeder Größe und Rasse. Von zwei Ausnahmen abgesehen, bin ich nicht ihr Freund geworden. Überall begegne ich ihnen. Am Vortag war ich an einem Schrottplatz vorbeigekommen, dessen Tor offen stand. Kaum ging ich daran vorbei, kamen zwei große und auch scharfe Hunde herausgeschossen. Um ihnen auszuweichen, wechselte ich auf die andere Straßenseite. Daraufhin wollten sie diese im Galopp nun auch überqueren. Zum Glück kam gerade ein Auto und hätte einen beinahe überfahren. Dermaßen geschockt, zogen sie sich wieder in ihren Hof zurück. Ich gewöhne mir an, ab sofort gleich auf die andere Straßenseite zu wechseln, wenn ich an einem Anwesen vorbeikomme.

Schwieriger wird es, wenn ich über Feldwege gehend ein Gehöft passiere. Meist ist außer den frei laufenden Hunden niemand zu Hause, der die „Bestien" zurück-rufen könnte. Manches Mal ist es eine ganze Bande, die Zähne fletschend her-ausgerannt kommt. Zwei Dinge helfen mir im Laufe der Zeit, damit umzugehen: Zuerst einmal gehe ich auf solche Gebäude möglichst leise und damit im Ideal-fall von „Zerberus" unbemerkt zu. Denn wenn das „Wachpersonal" mich zu früh bemerkt, dann kann ich meinen Weg nicht mehr wie vorgesehen fortsetzen – sie lassen mich schlichtweg nicht mehr näher an ihr zu verteidigendes Haus heran, vorbei schon gar nicht. Es sei denn, ich nehme das Risiko in Kauf, gebissen zu werden. Habe ich es einmal geschafft, unbemerkt bis zum Gebäude zu kommen, kommen sie natürlich auch heraus geflitzt. Aber da ich mich in diesem Moment ja bereits wieder von ihrem Hof weg bewege, laufen sie dann nur noch ein Weilchen bellend hinter mir her, bis sie sicher sind, ich verschwinde aus ihrem Territorium. Das zweite Mittel ist, dass ich selbst im flachen oder leicht hügeligen Gelände einen Wanderstab in der Hand habe. Ihn beziehungsweise beide Stöcke, nutze ich sonst eigentlich nur, wenn es bergauf oder bergab geht. Mit Stöcken kann ich den Angreifer auf Distanz halten, so bleibt der Hund zumindest anderthalb Meter von mir weg.

Kurz vor der albanischen Grenze nützt auch das nichts mehr. Ich komme nach einem Anstieg aus dem Wald heraus zur Grenzstation in Mazedonien, als ich zwei große Hirtenhunde auf der Wiese in der Sonne liegen sehe. Zu meiner Erleich-terung stehen sie auf, als sie mich bemerken und trollen sich in Richtung einer Schafherde, die ein paar hundert Meter entfernt ist. Mein Weg führt in einer Art Dreieck um diese Herde herum, so dass ich den Schafen nicht näher komme. Als ich das Dreieck zu Ende gegangen bin und mich bereits von der Herde entferne, kommen plötzlich fünf Hunde, einschließlich der zwei von vorhin, auf mich zu geprescht und kreisen mich wild bellend und Zähne fletschend ein. Der Schäfer hinten ruft sich die Lunge aus dem Hals, aber seine Hunde interessiert das nicht. Ich gucke mir dann den vermeintlichen Leithund aus und halte ihn nicht nur mit dem Stock auf Distanz, sondern ich hebe ihn einmal schwungvoll hoch, als wenn ich nach dem Tier schlagen wollte. Sofort weicht er aus, seine Kumpane folgen und ziehen sich zurück. So kann ich den Einsatz des Pfeffersprays sparen, das ich bereits in der anderen Hand halte. Von fünf Tieren umzingelt, konnte ich ja nicht alle gleichzeitig im Auge behalten und was hinter mir vor sich ging, entzog sich meinem Blickfeld. Doch auch in diesem Fall komme ich mit dem Schrecken davon.

Was hier nach ein paar vereinzelten Erlebnissen klingt, war in Südeuropa an der Tagesordnung: Genau schauen, wo Hunde sind oder sein könnten, und herausfinden, wie ich heil um sie herumkomme. Manchmal war mit den Hunden einfach der pure Schreck verbunden. Rückblick: Ich komme in Griechenland an einer Art Baumschule vorbei, die weit entfernt von größeren Orten mitten in der Walachei liegt, aber gut besucht ist. Mein Feldweg führt an einem großen Treibhaus vorbei, dahinter liegt ein kleines Wohnhaus. Als ich – immer noch auf dem Weg – daran vorbeigehe, schießen aus dem Nichts drei Hunde auf mich zu. Blitzschnell realisiere ich, dass alle drei eine lange Leine hinter sich herziehen. Aber wie lang ist diese und würde sie der Geschwindigkeit und dem Gewicht der Hunde standhalten? Dann sehe ich, dass die Leinen an einem Seil befestigt sind, welches zwischen den Gebäuden parallel zu meinem Weg in drei Meter Höhe gespannt ist. Ich weiche mit zwei, drei Schritten Abstand von dem Seil aus – und schon folgt die Vollbremsung, aber nicht bei mir, sondern bei den Hunden. Unmittelbar bevor sie auf den Weg kommen, spannt sich die Leine und reißt ihnen den Kopf nach hinten, ihre schweren Körper werden in meine Richtung geschleudert und durch das Seil wieder zurück gerissen. Ich überlege, ob sie sich etwas getan haben könnten, aber nein, ganz im Gegenteil, sie nehmen wütend neuen Anlauf in meine Richtung, das Ganze beginnt von vorn. Der gesamte Vorgang dauert nur drei Sekunden, doch die genügen, mir einen ordentlichen Schrecken einzujagen. Ich sehe zu, zügig vorbeizukommen, damit die Hunde aufhören, sich zu erdrosseln.

Es gibt auch viele herrenlose Hunde in Griechenland, die sich meist zu Rudeln zusammenrotten. Sie lassen sich in zwei Kategorien einteilen: Entweder ist es eine aggressive Bande, die um alles Fressbare kämpft und niemanden in ihrer Nähe duldet, oder es ist eine Ansammlung bemitleidenswerter, heruntergekommener Geschöpfe, die oft auch noch Behinderungen oder Verletzungen aufweisen. Auf jeden Fall ist Vorsicht geboten.

Ich habe aber auch zwei sehr gute Begegnungen mit Hunden, zuerst mit einem weißen Mischling mit Schlappohren, der am Wegesrand liegt und schläft. Als er mich bemerkt, heftet er sich sofort an meine Fersen. Ich hatte vorher in Büchern gelesen, dass dieses Mitgehen und „Sich-anschließen" öfter vorkommt. Es wurde geraten, diese Hunde so schnell wie möglich wieder los zu werden. Ich versuche ihn weg zu schicken, aber er ist durch nichts zu beeindrucken und folgt mir eine Weile. Dann fängt er an, mich im Sprint zu überholen und ein paar Meter weiter wieder auf mich zu warten und mich vorbei gehen zu lassen. Er und auch ich, wir haben beide unsere Freude daran. Als ich meine Mittagspause auf ein paar gerollten Heuballen mache, legt er sich in respektvollem Abstand zu einem Nikkerchen hin und wartet. Nach vier Kilometern komme ich in einen Ort und will schauen, ob ich etwas einkaufen kann. Am Ortseingang ist eine Tankstelle, vor der ein Schäferhund liegt. Kaum merkt er, dass sich ein anderer Hund nähert, rennt er wütend bellend auf meinen Kleinen zu. Und eines ist der Mischling: schnell! Er rast um die Ecke und verschwindet auf Nimmerwiedersehen. So gehe ich alleine weiter.

Mein Freund, der Mischling

Nun zu meiner zweiten Begleiterin, einer stattlichen sowie muskulösen Hündin: Ich bin gerade im Begriff, den Ort Arnissa zu verlassen, als sie sich noch zwischen den Häusern zu mir gesellt. Sie ist eine Mischung aus einem Jagdhund und einem Labrador. Bevor ich versuchen kann, sie zurück zu schicken, attackiert mich außerhalb des Ortes eine Horde von fünf wilden Hunden. Aber der Mut der Rotte verfliegt sofort, als die Hündin sie in die Flucht schlägt. Wie gesagt, sie ist ein kräftiges und sehr ansehnliches Tier. Es liegt ein langer, heißer Tag vor mir und sie begleitet mich bis zum meinem Ziel. Wenn ich Pause mache, legt sie sich neben mich, wenn ich „einen Baum aufsuche", um eine Ordnungswidrigkeit zu begehen, tut sie das Gleiche. Ich teile mein Essen mit ihr, denn hier hätte sie nichts gefunden, auch wenn sie bei jedem Rascheln im Gras oder im Gebüsch dem Geräusch hinterher schießt. Und sie verblüfft mich, indem sie genau aufs Wort pariert, als uns eine große Herde Kühe mit Hirten entgegenkommt. Sie fängt an zu bellen, woraufhin ich ihr den Befehl „Still!" erteile. Und siehe da, kein „Wuff" kommt mehr über ihre Lippen. Ich will vermeiden, dass die Kühe durch den Hund unruhig werden. Es sind zu viele Tiere, um einfach an ihnen vorbei zu gehen oder am Wegesrand zu warten. Daher schlage ich mich zwanzig Meter abseits vom Weg ins Gebüsch, meine Hündin läuft im „Bei-Fuß-Modus" direkt neben mir. Dort angelangt, sage ich „Platz", sofort legt sie sich hin und wartet geduldig, ohne einen Laut von sich zu geben, bis die Kühe vorbei sind. Als ich die Hündin dann auffordere, weiter zu gehen, gehorcht sie erneut. Das erscheint mir bemerkenswert. Denn alle Kommandos sind auf Deutsch – Wie kann sie diese verstehen? Ob in ihrem Stammbaum wohl ein Deutscher Schäferhund zu finden ist? Doch dieses Geheimnis gibt sie nicht preis. Nach diesem langen gemeinsamen Tag bleibt sie am nächsten Tag in meinem Zielort Agios Panteleimonas und ich gehe alleine weiter. Schade – an diese Hündin hätte ich mich gewöhnen können.

Damit niemand dieses Kapitel falsch einordnet, Hunde sind Teil meines Abenteuers, ob sie nett zu mir waren oder auch nicht. Wirkliche Gefahr ging nicht von ihnen aus, aber es hätte durchaus dazu kommen können. Es gab allerdings ganz andere Vorkommnisse, bei denen zum Beispiel Kühe oder Stürze eine Rolle spielten. Doch die wahren Gefahren des Lebens, wie zum Beispiel das Autofahren, werden von uns Menschen permanent ignoriert, sonst würden wir ja wahnsinnig werden vor Angst. Dafür kreieren wir in unserem „plappernden Geist" viel lieber Risiken, die in Summe wohl relativ klein sind. Zugegebenermaßen, erschrocken habe ich mich immer wieder vor den Hunden, doch mehr ist eigentlich nie passiert. Nur einmal, ausgerechnet in Österreich, wo die Hunde eigentlich friedlich sind. Dort biss mir ein kleines Exemplar, das völlig außer Rand und Band auf mich zugeschossen war, vorne in meinen Stock.

Die griechische Via Egnatia

Meine Strecke führt größtenteils über Feldwege, ganz selten kommt es vor, dass ich mal ein kurzes Stück auf einer Straße gehen muss. Die Route entfernt sich von der Küste und geht entlang kleinerer Orte durch hügeliges Gelände. Diese Orte sind durch die frühere Römerstraße entstanden. Sie wurde gebaut, um bei Bedarf schnell Soldaten in die östlichen Bereiche des Römischen Reiches bringen zu können. Das sah dann so aus, dass entlang der Heerstraße alle dreiundvierzig Kilometer eine Raststation errichtet wurde, aus der dann im Laufe der Zeit größere, bis heute existierende Städte hervorgingen. Auf halber Strecke dazwischen entstanden kleinere „Rastplätze", an denen man auch einen Pferdewechsel vornehmen konnte und aus welchen sich die kleineren Städte und Orte entwickelten, die sich heute dort befinden. Und ein willkommener Nebeneffekt der militärischen Logistik war natürlich, dass entlang der Straße die Wirtschaft in Gang kam, von der auch das Umland profitierte. Ich versuche nicht, dem Dreiundvierzig-Kilometer-Rhythmus der römischen Militär-Einheiten nachzueifern, muss dafür aber in Kauf nehmen, dass in den kleineren Orten selten eine Unterkunft zu finden ist. Mich erstaunt, dass in einem Land, in dem die wirtschaftliche Lage vieler Menschen schwierig ist, sich nicht wenigstens ein paar Leute durch die Vermietung eines Zimmers im Sinne von Bed & Breakfast etwas hinzu verdienen wollen. Manchmal ende ich irgendwo am Ortsrand in meinem kleinen Zelt; die umherstreunenden Hunde tun ihr Übriges, dass daraus nicht wirklich eine komfortable und ruhige Übernachtung wird.

In den ersten Tagen plagt mich tatsächlich wieder mein großer Zeh, der mich schon letztes Jahr zur Unterbrechung gezwungen hat. Im Bereich des seitlichen Überganges vom Nagel zur Haut ist er jeden Abend gerötet und tut weh. Ich versuche alle möglichen Tricks, um dies zu ändern, und schaue mir auch während des Tages den Fuß immer wieder an.

Was lange währt, wird endlich gut: Kurz bevor ich Griechenland verlasse, finde ich die Ursache und die richtige Lösung. Mein großer Zeh scheint sich bei jedem Schritt leicht unter den kleineren Nachbarzeh zu schieben. Beim Abrollen des

Fußes rutscht dieser kleinere Zeh wieder zurück neben seinen großen Nachbarn, und zwar genau über den Nagel-/Hautübergang, wo er die Haut nach unten drückt. Das wiederum führt zu einer Reizung des gesamten Bereichs und lässt ihn schmerzen. Ich nehme ein kleines Compeed-Blasenpflaster, halbiere es und klebe das dickere Teil auf den Nagel und das dünnere über die gereizte Stelle. Durch die glatte Oberfläche des Pflasters rutscht der kleinere Zeh ohne große Reibung über den großen, und schon wird nichts mehr durchgewalkt. Da dieses Pflaster sehr gut klebt, dauert es vier bis sieben Tage, bis ich es erneuern muss. Das Problem ist damit endgültig gelöst, ich muss nur immer wieder dieses spezielle Pflaster in den meist kleinen Orten auftreiben.

Am Abend komme ich in Gefyra an. Ich muss ein Weilchen herumlaufen und mich durchfragen, bis ich das Hotel am Ortsrand gefunden habe. Alle Frauen des Hauses, vier an der Zahl, aus ebenso vielen Generationen, sitzen vor dem Laptop und skypen mit einem der zugehörigen Ehemänner, den die Arbeitssuche wohl in die Ferne verschlagen hat. Sie bitten mich, einen Moment zu warten, was ich auf einem bequemen Sofa bei einem kühlen Orangensaft gerne mache. Es gibt ein ordentliches Zimmer, aber wie häufig kein Frühstück, aber das habe ich ohnehin griffbereit in meinem Rucksack. Nach dem Duschen und dem Waschen der Wäsche habe ich gewaltigen Hunger. Die Dame des Hauses beschreibt mir den Weg zurück in den Ort und zu dem einzigen Restaurant. So ziehe ich los, vorsichtig gehend, denn zu diesem Zeitpunkt ist mein Zeh-Problem noch nicht gelöst. Nach mehreren Versuchen, die mich meinem Ziel längst hätten näher bringen müssen, gestehe ich mir ein, dass ich etwas an der Wegbeschreibung falsch verstanden haben muss. Ich halte einen jungen Mann auf einem Motorroller an und frage ihn. Er scheint gerade von der Arbeit zu kommen, dem äußeren Anschein nach ist er ein Maler. So ganz kann ich auch seiner Beschreibung nicht folgen, der Blutzuckerspiegel ist wohl ganz im Keller. Als auch ihm das auffällt, bietet er mir an, ich solle mich hinten auf den Sozius setzen. Er bringt mich hin und eröffnet mir, dass das Restaurant erst um 19.00 Uhr, also in einer guten Stunde, öffnet. Ich setze mich in eine Bar in der Nähe und fülle schon mal den Flüssigkeitsspiegel wieder etwas auf. Kurz vor sieben gehe ich dann zum Restaurant, aber es ist noch geschlossen, niemand ist zu sehen. Ich setze mich auf die Veranda, die wegen der abendlichen April-Kühle mit einem Klarsichtzelt geschützt ist. Zum Glück habe ich mein E-Book dabei und kann mich mit Lesen beschäftigen, denn die Eintragungen in mein Tagebuch sind längst erledigt. Da die Abenddämmerung hereinbricht, sind einige kleinere Dorfhunde unterwegs und sammeln sich vor dem Haus gegenüber. Immer wieder laufen sie auf und ab entlang des Zaunes, der auf einer kleinen Steinmauer steht. Um besser sehen zu können, stellen sie sich auf die Hinterbeine und legen ihre Vorderpfoten auf die Mauer, so dass sie gerade durch den Metallzaun in den Garten hineingucken können. Mir erscheint es, als wollten sie um die Häuser ziehen, aber nicht ohne ihren guten Kumpel, der hier wohnt. Wann kommt er denn endlich raus? Einmal sehe ich im Garten kurz einen Vierbeiner, wahrscheinlich eher eine Hündin. Ich kneife gerade meine Augen zusammen, um dies in der immer tiefer werdenden Dunkelheit zu erkennen, da erscheint um 19.45 Uhr ein Pärchen, öffnet das Restaurant und beginnt mit den Vorbereitungen. Als um halb neun dann ein Salat vor mir steht, liege ich schon halb im Koma. Dann taucht auch der junge Mann wieder auf und umsorgt mich. Ich esse prima, aber zu einer Zeit, zu der ich sonst schon im Bett liege und schlafe. Aber so erledigt ich auch bin, ist daran nach meiner Rückkehr ins kleine Hotel nicht gleich zu denken, denn im Nebenzimmer findet ein Liebespaar geräuschintensiv Gefallen an den jeweiligen Reizen des anderen, was sich auch mit Ohrenstöpseln nicht aussperren lässt ...

Am nächsten Morgen auf dem Weg nach Chalkidona gehe ich zunächst einige Kilometer entlang einer Bahnstrecke, bis ich an einen Fluss komme, an dem viele Bienenkästen aufgestellt sind. Zu meiner Freude beginnt in den Büschen und Bäumen ein vielstimmiges Konzert vieler verschiedener Vogelarten, die hier um die Wette schmettern, um die Brutzeit einzuläuten. Mein Weg entlang des Wassers ist eine Trecker Spur, die durch reichlich Regen ausgewaschen ist. In den Vertiefungen des lehmigen Bodens haben sich große Pfützen gesammelt, um die ich herum balancieren muss. Bei jedem Schritt platscht es in einer Pfütze, denn im Gras sitzen lauter grüne Frösche, die bei meiner Annaherung, einer nach dem anderen, Zuflucht in den Pfützen suchen und in dem trüben Wasser nicht mehr zu sehen sind.

Um die Mittagszeit erreiche ich einen Damm, wo eine Kombination aus Tisch und Bank steht wie gemacht, um entspannt zu essen und sich danach für ein Nickerchen auf die Bank zu legen. Zu früh gefreut: Ich habe gerade ausgepackt, als auf der Dammkrone das erste Schaf erscheint. Ihm folgen eine große Herde, der Schäfer und – wie sollte es anders sein – gleich fünf Hunde. Ich bleibe ruhig sitzen, während die Schafe ihm Flussvorland, ungefähr fünfzig Meter von mir entfernt, weiden. Um die Hunde nicht anzulocken, warte ich noch etwas mit dem

Auspacken meiner Salami. Schließlich treibt der Schäfer seine Herde direkt an mir vorbei, der Leithund postiert sich vor mir, um mich zu inspizieren, geht dann aber mit der Herde weiter, ohne meine Anwesenheit weiter zu beanstanden. So kann ich dann doch noch diesen Platz zum Essen nutzen. Das ist alles andere als selbstverständlich: Einige Tage später passiert mir genau das gleiche, doch mit gänzlich anderem Ausgang: Als die Hunde mich entdecken, setzen sie sofort alles daran, mich zu vertreiben, ohne dass der Schäfer in irgendeiner Form eingeschritten wäre.

An der alten Römerstraße gibt es natürlich einige antike Stätten. Die erste ist der Ort Pella, früher Hauptstadt des Königreiches von Philipp dem Zweiten und Geburtsstätte seines Sohnes, Alexander des Großen. Die Ruinen des Städtchens sind wieder ausgegraben worden, denn der Ort war noch in der Antike bei einem Erdbeben komplett zerstört und von den Menschen aufgegeben worden. Die Ausgrabungsstätte ist für den Publikumsverkehr hergerichtet und ist trotz der einsamen Lage voller Besucher. Darunter auch Chinesen, die den Ort bereits entdeckt haben, wie ich sehen kann. Wenn wir heutzutage an die Hauptstadt eines Landes denken, dann stellen wir uns darunter etwas richtig Großes mit vielen Häusern und Menschen vor. Pella hingegen war von der Ausdehnung her ein Dorf, wenn man es mit heutigen Maßstäben misst. Unter den Trümmern haben Archäologen einige schöne Mosaike gefunden und ein Badehaus freigelegt. Ich kann mir sehr gut vorstellen, wie kommunikativ es da zugegangen sein muss. Die Badenden saßen im Kreis in einer tönernen, individuellen Wanne, die wie ein leicht zurückgeneigter Sessel geformt war. Der Durchmesser des Raumes betrug ungefähr sechs bis sieben Meter. Wenn die Badenden nicht zu laut geplantscht haben, dann konnten sie sich sicher mit dem Gegenüber unterhalten, mit dem Nachbarn rechts und links sowieso. Einige Teile der Anlage sind durch Dächer vor der Witterung geschützt und die Gesamtanlage ist von der EU mit fünf Millionen Euro gefördert worden. Ich nehme mir viel Zeit für die Besichtigung des gesamten Areals und wandele auf den Spuren der Antike. Dabei werde ich von dem herrlichen Duft der Kräuter eingehüllt, die rings herum auf den Wiesen wachsen. Das Aroma wird durch die warme Frühlingssonne noch intensiviert.

In Giannitsa lege ich einen Tag Pause ein. Zunächst suche ich nach einer Apotheke, um meine Vorräte des speziellen Blasenpflasters aufzufüllen. Aber obwohl die Stadt etwas größer ist, haben diese schon alle geschlossen, und so setze ich mich in der Fußgängerzone in ein Café. Nicht in irgendeins, sondern ich bin stets darauf bedacht, eines zu finden, wo ordentlich etwas los ist, damit ich Leute beobachten kann. Bei einem Tee (leider ohne etwas Kuchen, denn diese Kombination habe ich in Griechenland kaum gefunden), schaue ich mir das junge Publikum an. Die Menschen sind ziemlich herausgeputzt, zeigen sich gegenseitig den Inhalt ihrer Einkaufstüten und vergleichen, was sie so im Laufe des Tages erstanden haben. Ihr Konsumverhalten steht im krassen Gegensatz zu dem, was sich manch anderer (nicht) leisten kann. Ich denke dabei an den Besitzer der Imbissbude ein Haus weiter. Ihm sieht man an, dass er für seinen Lebensunterhalt kämpfen muss ...

Nach dem Abendessen komme ich an einem Wettbüro vorbei und bleibe stehen, denn auf dem großen Schirm läuft live das Samstagabendspiel der Fußball-Bundesliga. Der Besitzer des Ladens spricht mich in perfektem Deutsch an, er hatte früher in Düsseldorf ein Café. Unser Gespräch wird immer wieder abrupt unterbrochen, wenn einer der Anwesenden auf irgendein Sportereignis wetten will. Im Gegensatz zum Sport, habe ich vom Wetten gar keine Ahnung und lerne, dass es ein schnelles Geschäft ist, bei dem alles elektronisch abläuft. Quittungen mit Barcodes werden gedruckt und wieder eingelesen, um den Gewinn zu kalkulieren. Aber obwohl es jeden Tag viele Sportereignisse gibt, auf die man wetten könnte – wichtigster Tag ist grundsätzlich der Samstag, erklärt mir der Besitzer.

Als ich am Montagmorgen die Stadt wieder verlasse, finde ich in einem Sanitätsgeschäft das ersehnte Pflaster. Ich decke mich ordentlich ein. Das sollte jetzt reichen, bis ich Albanien durchquert habe.

Im Gespräch mit einem ausgewanderten Deutschen, der mit einer Griechin verheiratet ist, kommt eine Frage auf, die mir noch keiner zuvor gestellt hat: Was kostet diese Reise? Ich kann das jetzt im Nachhinein nur schätzen, denn ich habe darüber kein Buch geführt. Einschließlich meiner Ausrüstung und den diversen Flügen werden es für die gut zehnmonatige Wanderung rund dreißigtausend Euro gewesen sein. Das wäre sicherlich auch für die Hälfte möglich gewesen, wenn ich nur im Zelt übernachtet und alles selbst gekocht hätte. Aber in meinem Alter hätte das mein Rücken mit Schmerzen quittiert, womit mein Motto gestorben wäre: „Mach nur, was Dir gut tut." Der teuerste Abschnitt war Norwegen mit dreitausend Euro pro Monat. Als ich dort unterwegs war, war es aufgrund des Wechselkurses, wiederum Folge der Finanzkrise, ein sehr teures Land, auch wenn ich hier nur in Hütten übernachtet habe. Am günstigsten war Albanien, hier bin ich mit umgerechnet siebenhundertfünfzig Euro für drei Wochen ausgekommen.

Die kommenden Tage geht es immer wieder durch Obstplantagen, meist Kirschen und Pfirsiche. Während einige noch in voller Blüte stehen, kann ich an anderen Bäumen schon erste kleine Früchte erkennen. Alles steht in Reih und Glied und je nachdem wie alt die Bäume sind, werden sie entweder über kleine Kanäle aus U-förmigem Beton bewässert oder mit Schläuchen, die direkt an den Stamm gehen – dies ist bei den jüngeren Bäumen der Fall. Bei ganz frisch gepflanzten kleinen Bäumen sehe ich, wie die durstigen Kleinen vom vorbeifahrenden Tankwagen direkt gewässert werden. Und auch die Schädlingsvernichtungsmaschinerie läuft gerade auf vollen Touren. Mit großen Ventilatoren an kleinen Treckern werden übelriechende und sicherlich für den Bauern und mich nicht gerade gesunde Nebel in die Plantagen geblasen. Ich schaue oder höre immer, wo gerade einer im Einsatz ist und versuche, meinen Weg je nach Windrichtung so einzuschlagen, dass ich den Emissionen entgehe. Hier in den Plantagen, die sich bis hoch in den Norden ziehen, bin ich nie alleine, häufig höre ich Menschen, die arbeiten oder miteinander reden. Zu Gesicht bekomme ich sie jedoch nur ganz selten, denn sie befinden sich irgendwo zwischen den Bäumen.

An einem Tag komme ich an einem Trupp von Obstbauern vorbei. Sie bauen gerade für eine Neuanpflanzung eine Bewässerungsanlage. Alle Leitungen wurden bereits sichtbar entlang der kleinen Bäume verlegt. Aber der Hauptanschluss gestaltet sich schwierig. Sie wollen gerade ein Rohr in einen Krümmer einpassen und alles miteinander verkleben. Ich halte an, um einen Augenblick zuzusehen. Noch bevor wir überhaupt etwas gesprochen haben, schenken sie mir Gebäck, eine quadratische Teigtasche, gefüllt mit Schafskäse und Tomaten. Das mit dem Verkleben des Krümmers gestaltet sich schwierig. Ich erkenne auf einen Blick, dass nur eine undichte Verbindung dabei herauskommen kann, wenn sie so weitermachen. Und Wasser ist in dieser Region knapp, deshalb ist jeder Tropfen kostbar und darf nicht verschwendet werden. So gebe ich ihnen einen Tipp, wie es dicht wird – wodurch ich natürlich als Pumpenfachmann entlarvt bin.

Die Teigtasche esse ich später an einem kleinen Fluss sitzend. Immer wieder meine ich, neben mir im Gebüsch ein leises Rascheln zu hören. Damit ich nicht von einer Schlange überrascht werde, stehe ich auf und schaue nach. Es ist eine Schildkröte, die sich müht, über liegende Äste zu krabbeln. Das Rascheln entsteht durch das trockene Laub, was dazwischen liegt.

Ein Highlight – auch oder gerade, weil ich kaum geschlafen habe – ist eine Übernachtung im Zelt an einem Fluss. Als ich ankomme, sagt der Besitzer der Taverne mir, dass es in diesem Ort nirgends eine Unterkunftsmöglichkeit gebe, bietet mir aber an, auf seinem Gelände zu zelten. Die Taverne sieht noch so aus, als sei sie für den Winter eingemottet, aber es sind schon zwei Personen dabei, die großen Außenanlagen wieder zum Leben zu erwecken. Einer von ihnen ist Dimitris, ein Albaner aus Durrës, der Stadt, wo die Via Egnatia endet. Er spricht kaum Englisch, aber sein Kollege spricht es ein wenig. Dimitris gibt mir etwas zu trinken und bietet mir zum Abendessen eine frische Forelle an. Wir fischen sie zusammen aus dem großen Becken hinter dem Haus. Er würzt sie dann sehr lecker und brät sie, frischer geht's nicht, zartes, leckeres Filet, es ist ein Genuss. Im Laufe des Abends tauchen immer mehr Leute auf. Die einen reinigen die Bar unter den Bäumen, andere reparieren die Elektrik oder streichen den Fußboden mit Farbe an. Das sind die Vorbereitungen für die Feier zum 1. Mai, diese ziehen sich weit in den Abend hinein. Ich schlüpfe in mein kleines Zelt und versuche zu schlafen. Aber neben mir herrscht ein ständiges Kommen und Gehen, Autos rollen heran, die Türen schlagen und irgendwann fahren sie wieder weg. Um 1.00 Uhr schaue ich einmal aus dem Zelt – immer noch jemand zu Gange. Als er dann wegfährt, hätte ich eigentlich schlafen können, müde wie ich inzwischen bin. Aber mein Körper und mein Geist sind scheinbar auf Wachmodus eingestellt. Neben dem Rauschen des Flusses registriere ich jedes Geräusch und versuche, einzuordnen, welches Tier jetzt gerade vorbeikommt oder ob sich das Gebell der Hunde nähert. Mir fehlt in dieser Nacht einfach das notwendige Sicherheitsgefühl und ich bekomme kaum ein Auge zu. Außerdem tut mir Dimitris leid. Er hatte mich gefragt, ob ich ein Geschenk für seine Kinder mit nach Durrës nehmen würde? Ich hatte geantwortet, das käme auf die Größe und das Gewicht an. Als sich herausstellte, dass es die Maße eines Reisekoffers besaß, habe ich ablehnen müssen. Wie auch sollte ich dieses Paket über die Berge durch Mazedonien und Albanien tragen? Ich habe ihm angeboten, dass ich etwas Kleines mitnehmen würde oder einen Brief. Aber damit hatte ich scheinbar einen wunden Punkt getroffen, denn das Gespräch bewegte sich sofort vom Thema Geschenk weg. Ich hätte ihm gerne geholfen, denn ich weiß, wie schwer es ist, weit weg von Heimat und Familie den Lebensunterhalt in der Fremde zu verdienen.

Ich bin nur noch drei Tage von der Grenze zu Mazedonien entfernt, da bemerke ich abends, dass ich einen kleinen Riss oben an meiner Hose habe. Den vernähe ich fachmännisch sofort, damit er nicht größer wird. Einen Tag später entdecke ich zehn Zentimeter weiter wieder einen kleinen Riss. Da ich mich nicht erinnern kann, an diesem Tag durch Büsche gegangen zu sein, schaue ich mir die Hose genauer an. Der Stoff ist nach gut und gerne dreitausend Kilometern nur noch ein Hauch im Wind und so dünn, dass ich eine neue Hose brauche. Nach dem Blick auf die Karte, entschließe ich mich, die Via Egnatia zu verlassen und als letzte Station in Griechenland die Stadt Florina anzulaufen. Dort sollte es zumindest eine kleine Chance geben, eine gute Treckinghose zu bekommen.

In der Stadt angekommen, suche ich ein Hotel. Das erste ist ausgebucht, das zweite ebenfalls. Dort frage ich an der Rezeption, ob es noch eine Möglichkeit gebe. Ja, einen Kilometer weiter existiere noch ein Hotel. Ein Anruf ergibt, sie haben genau noch ein Zimmer frei. Ich buche es sofort! Etwas müde und humpelnd schleiche ich in die beschriebene Richtung. Doch nach einer Weile scheint es mir, dass ich bereits weit mehr als den angegebenen Kilometer gegangen bin. Ich bleibe stehen und schaue mich um. Eine Frau winkt. Ich frage mich, ob ich gemeint bin und überlege, dass das vielleicht das Hotel sein könnte, so gehe ich also zu ihr hin. Sie bittet mich auf die Terrasse zu ihrer Familie, die beim Grillen und Trinken beieinander sitzt. Es stellt sich heraus, dass sie mich vorbei humpeln gesehen haben und den müden Wandersmann einladen wollten, mit ihnen zu essen und zu trinken. Zwei herrliche Stunden verbringe ich in ihrem Kreis bei gegrilltem Fleisch, frischem Salat, Bier, Schnaps und Eiscreme. Die Frau ist Bauingenieurin und spricht sehr gutes Englisch. Auch mit ihrem Mann habe ich sofort ein Gesprächsthema. Er weiß genau, wo ich herkomme. Kiel, das ist die Welthauptstadt des Handballs. Er selbst hatte im Tor gespielt und war ein solcher Fan, dass er zum Champions-League- Finale nach Köln gefahren war. Schnell ruft er noch einmal im Hotel an, um zu sagen, dass ich später komme, aber die Reservierung gilt. Wären die Menschen überall so nett und gastfreundlich, wie diese Familie, es würde endlich Frieden auf dieser Welt einziehen.

Später am Abend in einem Café versuche ich, Informationen zu bekommen, ob und wo ich eine Chance hätte, eine neue Hose zu kaufen. Der junge Besitzer, ein Tscheche, gibt mir einige Tipps, wo ich am nächsten Tag fragen könnte.

Am Morgen komme ich auf dem Weg zu den Geschäften wieder an dem Café vorbei und da ich noch etwas früh dran bin, trinke ich einen Gebirgstee bei ihm, den er selbst aus einigen Kräutern mischte. Aber er hat gerade Ärger, denn die Polizei steht vor der Tür. Ich beobachte das Ganze. Seine Lizenz ist, wie auch für alle anderen Cafés drum herum, auf fünfunddreißig Stühle im Außenbereich beschränkt. Sie zählen genau nach, aber keiner ist zu viel. Dann bemerken sie, dass er einige Blumentöpfe zur Verschönerung zwischen die Tische gestellt hat. Da diese nicht auf seiner Lizenz vermerkt sind, soll er jetzt entweder vierhundert Euro Strafe bezahlen (mit offizieller Quittung) oder zweihundert Euro (ohne Beleg). Als wollte sie dem geltenden Gesetz Nachdruck verleihen, ist die Polizei eigens mit einem Bus, einem PKW und einem Motorrad angerückt. Die anderen Cafés, die ganz offensichtlich, auch ohne zu zählen, weit mehr als die erlaubten fünfunddreißig Stühle draußen stehen haben, werden nicht von den vielen Polizisten behelligt. Nachdem sie zähneknirschend einen Beleg ausgestellt und die vierhundert Euro kassiert haben, fahren sie weg, ohne auf die anderen Cafés einen Blick zu werfen. Ein Schelm, wer Böses dabei denkt. Der Tscheche ist nicht bereit, ihr Spielchen mitzuspielen. Er ist es bereits gewohnt und gibt die Belege immer seinem Anwalt, um bei der Stadt Einspruch einzulegen.

Nach dem Schauspiel suche ich einen Fahrradladen auf. Er soll Gerüchten zufolge einen Ständer voll mit Trekkinghosen haben. Dieser Hinweis stellt sich als zutreffend heraus. Zu meiner positiven Überraschung haben sie viele Fabrikate und verschiedene Größen, so dass ich mir eine passende heraussuchen kann. Sie hat sogar ein Designfeature, das mir erlaubt, den Gürtel wegzulassen. Außer dem Knopf zum Schließen der Hose, weist sie auch noch zwei Bänder auf, mit denen ich die Hose passgenau zuziehen kann. Damit rutscht sie auch ohne Gürtel nicht mehr, selbst wenn sich mein Bauchumfang infolge fehlender Kalorien weiter verkleinert.

So begebe ich mich in bester Stimmung zum Grenzort Niki, um nach Mazedonien einzureisen. MAZEDONIEN? So einfach ist es denn doch wieder nicht. Die Griechen sehen diesen Landesnamen als Affront, denn es gibt ein gleichnamiges Gebiet in Griechenland. Daher sprechen sie nur von Skopje und stempeln auch keine mazedonischen Pässe. Deren Inhaber müssen ein Beiblatt aus weißem Papier mit sich führen, das dann stattdessen gestempelt wird. All der Aufwand wegen eines Namens! Das ist eine gute Überleitung zu ein paar Beobachtungen und Kommentaren genereller Natur zu Griechenland.

Es besteht ein großer Unterschied zwischen den kleinen Städtchen auf dem Land und den Städten. Die kleinen Orte erwecken bei mir den Eindruck, als lägen sie im Sterben. Viele Geschäfte haben wohl für immer geschlossen, Industrie gibt es kaum. Die Orte sind zwar gepflegt, aber der Hauch von Trostlosigkeit ist für mich spürbar. Wie anders verhält es sich im Vergleich dazu in den Städten an der Küste: Alles scheint normal, das Leben geht seinen Gang. Kleine und größere

Geschäfte haben geöffnet und Kunden gehen ein und aus. Man geht ins Café und trifft sich am Abend im Restaurant. Hier merke ich nicht, dass das Land in einer tiefen Krise steckt. Gut versteckt, verdrängt ... oder existiert sie hier, weit weg von Athen, am Ende gar nicht?

Auf meinem Weg von Thessaloniki nach Mazedonien zeigt sich noch etwas anderes: Gehe ich in einen Ort hinein, dann führt der Weg meist durch ein Gewerbegebiet. Der gleiche Anblick bietet sich auf dem Weg aus der Stadt hinaus. Immer stehen dort alte und neue Gebäude, teils mit Firmennamen versehen. Doch mehr als neunzig Prozent der Gebäude sind verlassen und stehen leer. Niemand arbeitet darin, keine Autos stehen davor, nichts, nur Gras bahnt sich seinen Weg zwischen den Betonplatten hindurch. Es gab sie einmal, die industrielle Basis des Landes, davon zeugen die Gebäude, aber sie ist größtenteils kaputt. Die Löhne der staatlichen Bediensteten und Beamten sind solange – unter anderem als Folge der Klientelpolitik – angehoben worden, bis die Industrie sich dieses Lohnniveau im internationalen Wettbewerb nicht mehr leisten konnte und aufgeben musste. Zurück blieben Geistergewerbegebiete und anstatt der Wirtschaft wachsen nun Gras, Büsche und kleine Bäume und haben wieder das Regiment übernommen.

Zu der griechischen Krise erinnere ich mich auch noch an das Gespräch mit einem Hotelier. Er hat das Finanzproblem wie folgt zusammengefasst: „Erst haben die Banken Griechenland so viel Geld geliehen, wie sie es keinem Schuldner sonst geben würden, weil er es sowieso nicht zurückzahlen kann. Wegen des hohen Risikos sind die Zinsen für die Banken super. Dann kommen die EU-Staaten und nehmen den Banken das Risiko ab. Die freuen sich über die hohe Rendite bei null Risiko. Und nun sitzen die Staaten mit dem Schlamassel da. Warum? Wie kann man nur so blöd sein?" Er glaubt, dass die Banken die Politiker steuern und nicht umgekehrt. Und dies war die Meinung eines erfolgreichen griechischen Unternehmers. Da es diese noch gibt, besteht bei mir die Hoffnung, dass die Hellenen tatsächlich eine Chance haben, wieder aus dem Tal der Tränen heraus zu kommen.

Als ich mich etwas von der Küstenregion entferne, kann ich selbst erleben, wie hart die Krise viele Menschen trifft. Es ist Monatsende und ich komme an mehreren Bankautomaten vorbei. Davor stehen viele Menschen, insbesondere Ältere. Von Zeit zu Zeit geht einer an die Maschine und versucht Geld abzuheben, aber es kommt (noch) keines heraus. Er schaut sich zu den anderen Wartenden um und schüttelt mit dem Kopf. Und so warten sie gemeinsam weiter, bis das ersehnte Geld endlich auf dem Konto ist.

Übrigens habe ich mich immer als Deutscher zu erkennen gegeben und ich bin immer freundlich und hilfsbereit behandelt worden. Ja, so war es. Das kann ich, bei aller hässlichen Medienhysterie und Schuld deutscher Politiker an der Misere, dennoch so festhalten. Es muss halt immer jemand Schuld haben.

MAZEDONIEN

Der Rucksack

Mazedonien empfängt mich mit unglaublich vielen Griechen. Es ist Samstag und sie alle fahren zum Einkaufen, Tanken und Autowaschen über die Grenze nach Bitola, denn hier ist es für sie viel billiger als zu Hause. Auch meine Übernachtung und das Essen kosten die Hälfte. Insgesamt scheint das Leben hier anders zu sein, denn alles ist quicklebendig, die Menschen wuseln durcheinander und irgendwie ist die Stimmung fröhlicher, kurz gesagt, es fühlt sich anders an.

Meine Erkundung beginnt mit einem Besuch der antiken Stätte Heracleia Lyncestis. Die Ausgrabung befindet sich etwas außerhalb der Stadt und da es später Nachmittag ist, bin ich fast alleine. Nur zwei Chinesen aus Shanghai schauen sich ebenfalls die Ruinen und das Amphitheater an. Mich erstaunt die Relation des kleinen Ortes im Vergleich zu dem großen Theater. Es müssen noch eine Menge Menschen aus der Umgebung des Städtchens gekommen sein, damit die Ränge auch gefüllt waren, wenn die Vorstellung begann. Das kleine Museum ist offiziell leider schon geschlossen, aber eine der Seitentüren steht offen und ich kann mir die ausgestellten Fundstücke in Ruhe ansehen.

Der Weg zurück, hinein nach Bitola, ist eine Prachtstraße, die nur für Fußgänger reserviert ist. Zwischen den schattenspendenden großen Bäumen stehen in regelmäßigen Abständen kleine Podeste. Auf jedem ist in ungefähr anderthalb Metern Höhe die Büste eines jungen Mannes positioniert. Darunter ist eine Tafel mit einem Namen und dem Geburts- sowie Sterbejahr angebracht. All diese Männer sind nur achtzehn bis maximal dreißig Jahre alt geworden, der Tod hatte sie alle in den Jahren 1941 bis 1946 dahingerafft. Hier war im Namen des Krieges und der Unabhängigkeit eine ganze Generation hoffnungsvoller junger Menschen ausgelöscht oder schwer beschädigt worden. Sie waren und sind Helden für die folgenden Generationen, so soll es wohl wirken. Mir erscheint es als eine Mahnung daran, dass der Frieden, den ich in meinem ganzen Leben erleben durfte, sehr zerbrechlich ist und es eine ständige Wachsamkeit braucht, um ihn zu erhalten. Nur dann ist das teure Opfer dieser jungen Männer nicht vergebens gewesen. Ich laufe noch eine ganze Weile durch die Stadt, denn sie hat viele alte Moscheen, Kirchen und Hamam (Badehäuser) zu bieten. Am Ende lande ich auf dem Bezisten, einem überdachten Marktplatz, der von schmalen Gassen mit kleinen Geschäften umgeben ist. Darin kann ich mich lange herumtreiben, denn es bereitet mir großes Vergnügen, in die Läden zu schauen, das bunte Leben zu sehen und daran teilzunehmen. Dennoch widerstehe ich der durchaus lockenden Versuchung und kaufe lediglich zwei Äpfel, denn Souvenirs müsste ich ja noch ein paar tausend Kilometer über die Berge nach Hause schleppen.

Am nächsten Morgen will ich vor der Abreise noch schnell ein Brot kaufen und folge den Richtungshinweisen, die mein Gastgeber im B&B mir gegeben hat. Aber ich finde den Supermarkt nicht. Ein ausgemergelter „Obdachloser" bemerkt meine Ratlosigkeit, spricht mich in perfektem Englisch an und fragt, was ich suche. „No problem!", erwidert er und bringt mich hin, denn es ist nur zweihundertfünfzig Meter entfernt. Vor dem Supermarkt bittet er mich, ob ich ihm eine Milch mitbringen könnte. Ich kaufe für uns beide ein, denn er möchte nicht mit hineinkommen. Als ich den Laden verlasse, schenke ich ihm eine Einkaufstüte voll mit Milch und Brot, bedanke mich noch einmal, und verabschiede mich von ihm.

Wieder in der Pension angekommen, wird mir beim Packen des Rucksacks klar, warum ich gestern darin eine kleine Pfütze hatte. Ich habe direkt an meinem Rücken einen Wassertank aus flexiblem Plastik, aus dem ich während des Laufens über einen Schlauch trinken kann. Dieser Plastiksack hat ein kleines Leck und ist damit wertlos. Einen gleichwertigen Ersatz zu beschaffen, ist in dieser Gegend nicht möglich, da die Region für Wanderer noch nicht erschlossen ist und es deshalb auch keine entsprechenden Geschäfte gibt. Den Tank notdürftig mit einem Fahrradflicken abzudichten, erscheint mir im Wortsinne nicht „wasserdicht", also keinesfalls sicher genug. Fortan muss ich ab jetzt den Rucksack jedes Mal abnehmen, um an die Flasche zu kommen, die im Seitenfach steckt. Das ist ärgerlich und ich habe das Gefühl, dass jetzt nicht ich es bin, der mürbe wird, sondern das Material.

Mit gepacktem Rucksack und mit der neuen Hose verlasse ich die Stadt und gehe den Berg hinauf, von dem aus sich mir immer wieder ein weiter Blick über die Stadt bietet. Auch wenn – wie schon erwähnt – das Leben diesseits der

Grenze unbeschwerter zu sein scheint, so sind die wenigen Menschen, denen ich hier begegne, doch reservierter als in Griechenland und ich merke, dass ich eine Sprachgrenze überschritten habe. Statt des griechischen „Kalimera" (Guten Morgen) höre ich hier das slawische „Dobry Den" (Guten Tag). In verschiedener Form, wie zum Beispiel „Dober Dan", begleitet es mich bis nach Tschechien (außer in Österreich), es wird nur ständig etwas anders ausgesprochen.

Noch etwas Typisches begegnet mir gleich am ersten Tag. Zwei Stunden von Bitola entfernt komme ich an eine Wallfahrtskirche in den Bergen. Viele Familien sind hier hinaufgekommen, manche zu Fuß, die meisten mit dem Auto – aber alle veranstalten hier ein großes Picknick. Der Vorplatz der Kirche ist mit fest installierten Bänken und einer Stelle mit frischem Wasser vorbereitet. Diese Kombination werde ich in den nächsten Tagen öfter sehen. Den angebotenen Schnaps schlage ich aus, denn dann komme ich heute nur noch nach Nirgendwo, aber nicht zu meinem Ziel Dihovo. Dort werde ich von einem Förderer der Via Egnatia erwartet, der auf dem Hof seiner Mutter eigens einen Raum ausgebaut hat, damit Wanderer eine Übernachtung finden können. Er ist ein drahtiger, schlanker Typ und hat früher in der ersten dänischen Liga Fußball in Vejle gespielt.

Am nächsten Tag spüre ich beim Wandern hinten links im Rücken einen Druckpunkt. Als ich während des Gehens hin fasse, ertastet meine Hand im Lendenwirbelbereich eine Beule im Rucksack. Ich kann mir nicht erklären, wo die herkommt. Zwar gelingt es mir, sie wieder in den Rucksack hineinzudrücken, aber einige Zeit später fühle ich sie wieder. Vielleicht war sie schon früher da, denn ich erinnere mich, dass ich schon in Norwegen an dieser Stelle nach dem Schmelzen aller Fettpolster eine Druckstelle hatte. Oder streckt jetzt nach der Hose und dem Wassertank auch noch der Rucksack die Waffen?

Tags darauf gehe ich auf dem Wege nach Ohrid durch die Berge und spüre erneut eine Beule, nur diesmal aber auf der rechten Seite. Auch diese lässt sich durch Hineindrücken wieder glätten, wie ich während der Mittagspause auf einer Lichtung in tausendsechshundert Metern Höhe feststelle. Ich liege im Gras auf meiner Jacke und mein Kopf ruht geschützt vor der inzwischen heißen Sonne unter einem Busch. Ich blicke auf schneebedeckte Berge und sehe ganz unten den See Ohrid. Immer, bevor ich solch ein Lager aufschlage, nehme ich meinen Wanderstock und befolge eine alte chinesische Strategie: Ich schlage auf das Gras, damit die Schlangen herauskommen. Das mache ich rund um meinen Lagerplatz, bevor ich mich hinlege und auch ab und zu, während ich so vor mich hindöse oder esse. Nur zur Klarstellung: Im Chinesischen ist dies eine Art Fabel und erklärt bildhaft, wie eine Kriegslist oder Verhandlungsstrategie funktioniert. Aber bei mir handelt es sich um echte Schlangen. Hier, insbesondere um den See Ohrid, ist die Hornviper beheimatet, die ihren Namen einem kleinen Horn auf ihrer Nase verdankt. Sie ist nur ungefähr zwanzig Zentimeter lang, aber die giftigste Schlange in Europa. Erst später lerne ich von einer kroatischen Bergführerin, dass diese Schlange auch auf Büschen und Bäumen lebt, um Vögel zu jagen. Den für meine Rast hier oben ausgesuchten Busch hatte ich nicht abgeklopft ...

Während der Pause überlege ich mir, dass ich meinen gesamten Rucksack auspacken und untersuchen werde, sobald ich in Ohrid angekommen bin. Vielleicht kann ich die „Beulenpest" ja kurieren, indem ich anders packe. Heute stören mich die Beulen nicht wirklich, denn der Weg von Resen nach Ohrid ist eine wunderbare Hügellandschaft, die das Auge erfreut und in welcher der frühlingshafte Duft der Pflanzen mich erfüllt. Das ändert aber nichts daran, dass die dreißig Kilometer lange Tour anstrengend ist, denn es geht immer wieder steil auf und ab, und manchmal verliert sich der Pfad im Nichts. Es ist nicht mehr zu erkennen, wo früher mal jemand langgegangen ist, und an einigen Stellen sind schlichtweg Büsche und kleine Bäume darauf gewachsen. Manchmal muss ich mir auch, um den Weg zu erhalten, eine Bahn durch das Unterholz brechen. Das wird es für spätere Wanderer einfacher machen durchzukommen und den Weg überhaupt zu finden. Ich habe noch Glück, dass das Frühjahr gerade erst begonnen hat, sonst wären die Brombeeren schon hochgewachsen und so das Vorwärtskommen noch beschwerlicher. Im Herbst muss das ein echter Kampf sein! Hätte ich lediglich die Wegbeschreibung des Buches zur Hand, wäre es auf diesem zwei Kilometer langen Abschnitt sehr leicht, sich zu verirren, zumal ich in der umgekehrten Richtung gehe, als im Buch beschrieben. Aber der GPS-Track auf meinem Navi ist so genau, dass ich immer weiß, wo ich bin und wo mein Weg weitergeht, auch wenn es keinen sichtbaren Pfad mehr gibt.

Diagnose: Leistenbruch

So komme ich bei dreißig Grad im Schatten nach Ohrid, wo ich nach einem sehr steilen Abstieg erst einmal zwei kalte Limonaden in einem kleinen Markt in mich hinein schütte. Das kühlt, der bittere Geschmack erfrischt, die Flüssigkeit kann ich ohnehin brauchen und der Zucker gibt mir neue Kraft. In diesem Ferienort direkt am See ist noch keine Saison und so werde ich schnell von einer Frau gefunden, die ein kleines Apartment zu vermieten hat. Zahlende Gäste sind jetzt noch Mangelware. Nachdem ich mich und meine Wäsche gewaschen habe, packe ich meinen Rucksack aus. Als alles leer ist, fühle ich in die Dunkelheit seiner Tiefen hinein und unterziehe ihn einer Inspektion. Wie zu einem X geformt, sind zwei Stäbe in längliche Taschen eingenäht, um alles zu stabilisieren und das Gewicht auf die Hüfte zu verlagern. Fühle ich an diesen Taschen entlang, dann finde ich unten, wo die Beule ist, ein Loch im Stoff, was da sicherlich nicht hingehört. Ich ziehe die beiden Aluminiumstäbe nach oben heraus – sie sind beide an der gleichen Stelle gebrochen. Die Bruchkante ist messerscharf und hat den Stoff der länglichen Tasche durchschnitten und sich durch meine Karten, mein Tagebuch und den Wassertank gebohrt. Meine Laune fällt auf einen Tiefpunkt, denn hier gibt es sicherlich keinen Outdoorshop. Aber ich beginne sofort, nach Reparaturmöglichkeiten zu suchen, denn so eine Leiste kann man ja auch aus Holz, Kunststoff oder anderen Metallen herstellen.

Ich ziehe los und frage mich durch. Doch es wäre zu schön gewesen, um wahr zu sein: Es gibt im Ort weder Tischler noch Holzhändler, auch keinen Metallbetrieb und auch niemanden, der mit Plastikstangen handelt – alles Fehlanzeige. Vielleicht kann der Hersteller mir helfen? Ich gehe in ein Internetcafé und telefoniere mit meiner Frau. Sie nimmt Kontakt zu dem Outdoorladen auf, wo ich den Rucksack gekauft habe. Aber heute Abend werde ich keine Antwort mehr bekommen, denn in der fernen Heimat ist Feierabend. Ich fühle mich sowohl müde als auch leer und beschließe, erst einmal etwas für mein leibliches Wohl zu tun, und gehe Essen.

Auf einem Platz mit einem Springbrunnen sind mehrere Restaurants, aber alle Tische draußen sind besetzt. Da mir sowieso nach menschlicher Gesellschaft ist, frage ich ein holländisches Pärchen, ob ich mich dazu setzen darf. Ohne Umschweife laden sie mich ein, Platz zu nehmen. Sie sind heute Morgen mit einem Direktflug hierhergekommen, um eine Woche Urlaub am See zu machen, ein echtes Schnäppchen, wie sie mit leuchtenden Augen berichten. Obwohl ich sonst gerne alleine wandere, freue ich mich über die nette Gesellschaft und wir plaudern den ganzen Abend.

Am nächsten Tag hat meine Frau eine gute und eine schlechte Nachricht für mich. Zuerst die schlechte: Der nächste Laden, der Produkte wie Rucksäcke hat, ist einhundertachtzig Kilometer weit weg von hier und führt diese Streben ganz sicher nicht in seinem Sortiment, denn die gehen eigentlich nie kaputt. Die Gute ist ein Tipp des Herstellers: Wenn ich meinen Rucksack stramm vollstopfe und ihn oben fest zubinde, dann entsteht eine gewisse Festigkeit des Ganzen, weshalb es die Streben nicht unbedingt braucht. Der Rucksack könnte lediglich etwas hängen und die Schultern etwas mehr belasten. Die Entscheidung ist klar: Da der Rucksack ohnehin voll ist, kann ich ihn durch cleveres Packen sicherlich stabilisieren, und trenne mich von den Streben. Ich nehme nur die kurzen Bruchstücke mit, denn ich möchte später vom Hersteller die Ursache wissen, weshalb eigentlich „unkaputtbare" Stäbe dennoch brechen können.

Bevor ich wieder aufbreche, besichtige ich trotz allen Hin und Hers noch die Altstadt und bekomme in der Klement-Kirche eine besondere Führung, denn die zuständige Dame hat ihre Doktorarbeit über die Malereien dieses Gotteshauses geschrieben.

Den Rest des Tages gehe ich am Ufer des Sees entlang nach Struga. Ich sehe von meinem Pfad aus die buchstäblich einzigartigen Forellen – eine Art, die ausschließlich in diesem See vorkommt. Sie schwimmen munter im Wasser, natürlich immer an den Stellen, wo keine Angler sitzen. Diese Überlebensstrategie brauchen sie auch, denn dieser Fisch war lange Zeit so begehrt, dass er fast ausgerottet wurde. Zum Glück haben Politiker der Überfischung dann Einhalt geboten und die Bestände konnten sich erholen.

Als ich in den Ort hineingehe, liegen zwischen mir und dem See grüne Wiesen mit schattenspendenden Bäumen. Eine große Familie hat mehrere Decken ausgebreitet, ich winke ihnen zum Gruß zu. Sie winken mich zu sich heran und laden mich zum Picknick ein: Gegrilltes, frischer Salat und etwas zu trinken. Ich versuche abzulehnen, ich habe gerade vor einer Stunde Brot und Salami gegessen. Aber ein „Nein" als Antwort wird nicht akzeptiert. So sitze ich in ihrer Mitte, um wenigstens etwas mit ihnen zu trinken. Aber kaum habe ich einen Schluck genommen, habe ich schon in der anderen Hand einen Ćevapčići und vor mir steht eine Schale mit Salat. Ich als Wanderer scheine irgendwie ein Fürsorgegefühl in den Menschen zu wecken sowie den Impuls, mich zu verköstigen, denn alle stecken mir irgendetwas zu essen zu. Einer von ihnen mit dem Namen Niki spricht deutsch und erzählt mir, dass er einige Jahre in Deutschland gelebt hat. Als der Balkankrieg ausbrach, sollte er zur Armee eingezogen werden. „Ich soll auf meine Brüder schießen? Nein, das wollte ich nicht." So bekam er Asyl in Deutschland. Er hat die Sprache gelernt, gearbeitet, und als der Krieg vorbei war, ist er wieder nach Hause nach Mazedonien gegangen. Sein Sohn und sein Neffe sind in der neuen Heimat geblieben. Er ist Deutschland sehr dankbar dafür, dass das Land und seine Menschen ihn aufgenommen und beschützt haben.

Mich bewegt diese Geschichte noch Wochen und Monate danach, sogar bis heute, denn vier Wochen, nachdem ich durch dieses Land gegangen bin, kamen zehntausende und mehr Flüchtlinge über Griechenland hierher nach Mazedonien. Ich habe in Kroatien die Bilder der Menschen im Fernsehen gesehen, wie sie in provisorischen Unterkünften hausten und dann in Richtung Ungarn weiterzogen. Es war der Beginn einer Völkerwanderung, in der Menschen wegen Krieg, Tod, Zerstörung und Hunger einen sicheren Ort suchten, wo sie überleben könnten. Viele von ihnen sind diesen langen Weg zu Fuß gegangen. Ich weiß, welche kör- perliche Herausforderung das ist und habe auch erfahren, welche mentale Stärke ich für meine Reise brauche. Aber das ist alles nichts gegen die Anstrengung von

Zu Gast bei Nikis Familie

Körper und Geist dieser Flüchtlinge, die nicht wissen, wie es morgen wird, wo es ein schützendes Dach und etwas zu essen gibt. Dauernd begleitet sie die Unsicherheit: „Wo komme ich heute hin, werde ich durchgelassen und gut behandelt? Finde ich irgendwo Frieden und freundliche Aufnahme? Werden meine Kinder zur Schule gehen können, damit wenigstens ihr Leben eine Perspektive für die Zukunft hat?" Welche unglaublichen Strapazen haben diese Menschen aus den Kriegsgebieten auf sich genommen, um das Leben wieder zu finden, ein Leben, das wir als ganz normal empfinden und welches für diese Menschen alles andere als selbstverständlich ist. Jede Beschreibung ist zu schwach, um auszudrücken, was für eine ungeheure Energie diese Menschen aufwenden müssen, um an ihr Ziel zu kommen. Sie brauchen unsere Hilfe. Unser Leben der westlichen Welt steht in solch krassem Gegensatz dazu. Wir versuchen für das Alter vorzusorgen, indem wir eine Wohnung kaufen oder eine Extrarente ansparen, wir gehen ins Fitnessstudio, um gesund zu bleiben oder zu werden, wir suchen die Liebe fürs Leben auf Plattformen im Internet und posten Fotos von uns, damit andere sehen können, wie toll wir sind. Wir machen viele Dinge, die richtig und gut sind, aber wir sind, von Ausnahmen abgesehen, so weit weg vom Kampf um die nackte Existenz, dass wir uns in diese Flüchtlinge und ihre zerplatzten Träume kaum noch hineinversetzen können. Können sie auf unsere Hilfe zählen? Ich hoffe sehr.

Von Struga ist es nur noch eine Tageswanderung bis zur albanischen Grenze. Ich bin sehr gespannt auf das Land, über das so viele schlechte Vorstellungen existieren. Werden sie sich bewahrheiten oder finde ich eine andere Realität vor? Den Tag über geht es den Berg hinauf zur Grenzstation. Und ein alter Bekannter begleitet mich, er ist ein echter Europäer. Ich habe ihn in fast jedem Land gehört mit seinem markanten Ruf. Selbst nördlich des Polarkreises war er zu hören – mein Freund, der Kuckuck. Auch wenn ich ihn höre, ich sehe ihn nicht, kein einziges Mal während der gesamten Reise. Zwar kann er heute nicht weit sein, denn sein Ruf erschallt ganz nahe neben mir auf einem Baum. Ich gehe ganz langsam und vorsichtig näher – wie gerne möchte ich ihn einmal sehen. Aber als ich fast unter dem Baum bin, fliegt er davon, um ein Stückchen weiter wieder seinen Paarungsruf auszustoßen. Ich habe mich immer gefragt, ob es das Männchen oder das Weibchen ist, das ruft, oder beide? Zu Hause habe ich nachgeschlagen, es ist nur das Männchen.

So komme ich nachmittags am Schlagbaum an. Dort rollen ständig Taxis heran, aus denen viele Menschen aussteigen, die dann mit ihrem Gepäck zu Fuß über die Grenze gehen und auf der anderen Seite wieder mit einem anderen Auto weiterfahren. Die Grenzstation ist eine richtige Festung, ähnlich der Grenzübergänge am Eisernen Vorhang. Auf dem Berg steht ein Turm, seinerzeit mit der Absicht errichtet, einen herannahenden Feind rechtzeitig sehen zu können. Aber die Zeiten haben sich geändert. Ich reiche dem Zöllner meinen Pass, in dem sogleich ein Stempel landet – und das war's auch schon.

An der Grenzstation Qäfe Thanë gibt es ein Hotel, wo ich nach einem Zimmer frage. Die überraschende Antwort lautet nein, es gebe keine Zimmer. Ich stelle mich ein wenig unbeholfen an, schaue etwas ratlos aus der Wäsche und lasse den müden, erschöpften, von weit, weit her angereisten Wanderer heraushängen. Wie von Zauberhand findet sich plötzlich doch ein Zimmer.

Im Café und Restaurant herrscht ein lebhaftes Kommen und Gehen, denn am Abend findet eine größere Familienfeier statt. Jeder kennt hier jeden.

Am kommenden Morgen findet meine Reise eine abrupte Unterbrechung. Meiner alten Mutter geht es schon seit einigen Monaten gar nicht gut. Als ich aufwache, sehe ich eine SMS von meiner Frau, die mir die Tränen in die Augen treibt, denn aus der Nachricht geht hervor, dass ihre Kräfte jetzt sehr schnell schwinden. Ich sitze traurig auf meinem Bett und versuche einen klaren Gedanken zu fassen. Meine Wanderung fortzusetzen, bin ich jetzt nicht in der geeigneten Gemütsverfassung. Ich entschließe mich, so schnell wie möglich nach Kiel zu reisen.

Ich gehe zurück über die Grenze und nehme mir ein Taxi nach Struga. Dort hilft mir ein kleines Reisebüro und findet für mich einen Direktflug von Thessaloniki nach Hamburg, gleich am nächsten Morgen.

Um 3.00 Uhr in der Frühe geht es los, das Taxi braucht dreieinhalb Stunden bis zum Flughafen. Aber wir können nicht losfahren, da der Taxifahrer gerade bemerkt hat, dass sein Pass nicht im Handschuhfach liegt. Er hat ihn in einem Bus liegen gelassen, der im Moment in Albanien steht. Er ruft seinen Sohn an, der fährt schnell hin, um das Dokument zu beschaffen. Wir warten und meine eingeplante Pufferzeit von einer Stunde schmilzt wie Butter in der Sonne. Endlich erscheint der Sohn und wir sausen in Richtung griechischer Grenze. Dort angelangt, tut sich ein weiteres Hindernis auf: Mein Fahrer weiß aus leidvoller Erfahrung, dass er in Griechenland kein Taxi fahren darf. Deshalb hatte er schon vor der Abfahrt aus Struga das Schild auf dem Dach abgeschraubt, damit uns keine unbequemen Fragen gestellt würden, denn mit dem Schild hätte man uns keinen Meter weiterfahren lassen. Wir vereinbaren, dass wir uns aus der Schweiz kennen, wo er früher mal in Valbella gearbeitet hat. Er bringt also einen Freund zum Flughafen. Der Grenzbeamte ist schläfrig und hat keine Lust, uns wirklich zu kontrollieren. So erreiche ich, aller Widrigkeiten zum Trotz, pünktlich den Flughafen.

Noch am gleichen Nachmittag sitze ich bei meiner Mutter am Bett. Sie erkennt mich und lächelt ganz zart, als ich sie anspreche. Wir Geschwister begleiten sie auf ihrem Weg in den Frieden. Ich empfinde ein tiefes Gefühl der Dankbarkeit, diesen bewegenden Moment miterleben zu dürfen, so traurig er auch ist.

ALBANIEN

Das ärmste Land Europas

Ich fliege zurück nach Albanien, um meine Reise fortzusetzen. Diesmal habe ich einen Termin und ein Ziel, denn ich habe einen Flug von Rijeka in Kroatien nach Hamburg und zurück gebucht, um zur Seebestattung meiner Mutter wieder in Kiel zu sein. Auf meinem Flug nach Tirana begegnet mir wieder das Thema Flüchtlinge, aber in völlig anderer Weise. Als die Passagiere mit dem Bus vom Terminal zum Flugzeug gebracht werden, dürfen wir, dort angekommen, lange nicht aussteigen. Um das Flugzeug stehen ungefähr fünfzehn Polizisten, die sich in Fahrzeugen rund um den Flieger postiert haben. Dann kommt ein kleiner Bus, aus dem eine Familie mit zwei Kindern aussteigt. Sie wird direkt von den Uniformierten in das Flugzeug geleitet. Als die weiteren Passagiere einsteigen können, sitzt die Familie in der letzten Reihe und die Ausgänge sind bewacht. In Tirana angekommen, steht dort bereits die lokale Polizei, um die Familie in Empfang zu nehmen. So aufwendig ist Abschiebung.

In Tirana suche und finde ich den Busbahnhof und kann zurück zu dem Punkt fahren, wo ich meine Reise unterbrochen habe, denke ich. Leider ist mein Bus nämlich gerade weg. Also schlendere ich mit meinem Rucksack etwas in der Gegend herum, sehr wohl darauf bedacht, wie gefährlich dieses Land sein soll. Die Gebäude sind meist heruntergewirtschaftet, denn sie wurden entweder nicht renoviert oder einfach sehr billig gebaut. Die Straßen und Plätze dazwischen haben Löcher und ich muss selbst in Wanderstiefeln aufpassen, dass ich nicht umknicke. Staub fliegt in der warmen Luft umher. Die Menschen wuseln herum und kaufen bei kleinen Händlern Erfrischungen. Ich werde von ein paar jungen Leuten auf Englisch angesprochen, die vor einem Kleinbus warten. Sie wollen wissen, wohin ich will, denn sie suchen noch einen Passagier, damit der Bus voll und so die Kosten pro Person so niedrig wie möglich sind. Sie wollen genau in meine Richtung, nur noch etwas weiter. Für fünfhundert Lekë, das sind rund vier Euro, fahre ich fast von Westen ganz nach Osten durch das Land. Die jungen Leute sind alle so um die sechzehn Jahre alt und wollen übers Wochenende nach Hause, was sie alle vier Wochen machen. Sie gehen in Tirana zur Schule und konfrontieren mich mit der einen Frage, die mir in Albanien immer und immer wieder von jungen Leuten gestellt wird: Was muss ich tun, um in Deutschland studieren zu können oder dort Arbeit zu finden? Die Schüler im Bus frage ich, was sie studieren wollen, denn davon sollten sie das Land ihrer Wünsche abhängig machen. Zwei junge Frauen haben sich für Logopädie und Biotechnologie entschieden. Ich kann ihnen klar machen, dass, egal für welches Land (Großbritannien, Frankreich oder Deutschland), sie sich entscheiden, sie müssen es jetzt tun. Bis zum Schulabschluss haben sie noch zwei Jahre. Wenn sie sich innerhalb der nächsten zwei Wochen für das Land entscheiden, dann bleiben ihnen noch zwei Jahre Zeit, intensiv die fremde Sprache zu lernen. Fangen sie damit erst an, wenn das Studium bevorsteht, dann werden sie wegen der fehlenden Sprache keinen Studienplatz bekommen. Anderen Fragern sage ich immer, dass sie neben der Sprache eine abgeschlossene Berufsausbildung vorweisen müssen. Sie haben die Vorstellung, dass es wie vor sechzig Jahren auch jetzt noch genügend Jobs für Ungelernte in Deutschland gibt und sie aufs Geratewohl anfangen könnten. Nur wenigsten ist klar, dass es die betreffenden Industrien und so auch die Jobs kaum noch gibt. Dieser Sektor ist schon lange nach Asien oder Südamerika abgewandert. Für einige ist es hart zu erfahren, dass Deutschland nur gut ausgebildete Leute brauchen kann.

Im Laufe der Reise lerne ich noch, wie unterschiedlich das Bildungsniveau zu Deutschland ist. Ich unterhalte mich mit einem jungen Mann, der als Barkeeper im Café seiner Eltern arbeitet. Er studiert Mathematik und wenn er keine Getränke zu servieren hat, lernt er aus einem Buch. Ich darf einen Blick hineinwerfen und stelle fest, dass das, was er an der Uni lernt, ein deutscher Schüler bereits beherrschen muss, um sein Abitur zu bekommen. Aber er ist sehr wissbegierig, wie fast alle jungen Leute hier, und lässt sich von mir ein paar Lektionen in der englischen Sprache geben. Eine ganze Generation junger Leute hat nur ein

Ziel: dieses arme Land zu verlassen, um anderswo eine Chance zu bekommen, die sie hier nicht haben. Will man das verhindern, muss hier Industrie angesiedelt werden, um Arbeitsplätze zu schaffen. Ich habe einige Zahlen des Lohnniveaus in Albanien gesehen – sie können mit China konkurrieren, so niedrig sind sie. Die Zahlen aus China sind mir vertraut, da ich einige Jahre dort gewohnt und gearbeitet habe.

Dank der Gespräche mit den Studentinnen vergeht die Busfahrt wie im Flug. Ich frage die beiden jungen Frauen noch, ob es besondere Verhaltenstipps gibt, um sich sicher im Land zu bewegen. Sie haben tatsächlich einen: Wenn ich irgendwo etwas kaufe, dann soll ich aufpassen, dass nie mehr Geld sichtbar ist, als für den Einkauf gebraucht wird.

Da die Route der Via Egnatia auf meinem Navigationsgerät genau eingezeichnet ist, kann ich dem Busfahrer auf den Meter genau sagen, an welcher Stelle er mich absetzen soll. Und das ist an einer Brücke kurz vor Prrenjas.

Sofort bin ich mittendrin im albanischen Leben, denn an der Brücke befindet sich ein kleiner Marktplatz. Dort stehen Stände aus Holz, die auf Leiterwagen montiert sind, und es wird vom Lebensmittel über die Plastikwanne bis zu Kleidung alles feilgeboten. Die meisten Wagen sind von Pferden oder Eseln hierher gezogen worden. Die wenigen kleinen Laster bilden eine Ausnahme und sind alle wesentlich älter als die Zugtiere, geschätzte vierzig bis fünfzig Jahre alt. Die Menschen schauen mich überrascht an, ganz so, als fragten sie sich, was ich denn hier will und ob ich mich verlaufen hätte. Aber hier spricht niemand Englisch oder Deutsch, so gehe ich zu ihrer aller Überraschung über die Brücke und in die Wildnis hinein. Mein Weg ist nicht mehr weit, denn ich will zu einem Bauernhaus, in dem es eine Übernachtungsmöglichkeit geben soll.

Als ich dort ankomme, werde ich begrüßt wie ein Freund, der nach Hause zurückgekehrt ist. Ich setze meinen Rucksack ab, ziehe meine lehmverschmierten Stiefel aus und werde auf das Sofa auf der Veranda bugsiert. Die Verständigung verläuft mit Händen und Füßen und schon steht ein heißer Tee vor mir. Eine Tochter kann ein paar Brocken Englisch und so versuche ich, langsam alle Fragen zu beantworten, die sie haben. Der Großvater interessiert sich sehr für das Focus-Magazin, das noch vom Flug in meinem Rucksack steckt. Auch ohne Text, scheint er anhand der Bilder und Grafiken zu verstehen, wovon der Artikel handelt. Ich werde mit allem bewirtet, was die kleine Farm selbst erzeugt, einschließlich eines Schnapses zum Abendessen. Die Frau des Hauses ist sehr stolz auf ihre schmack-

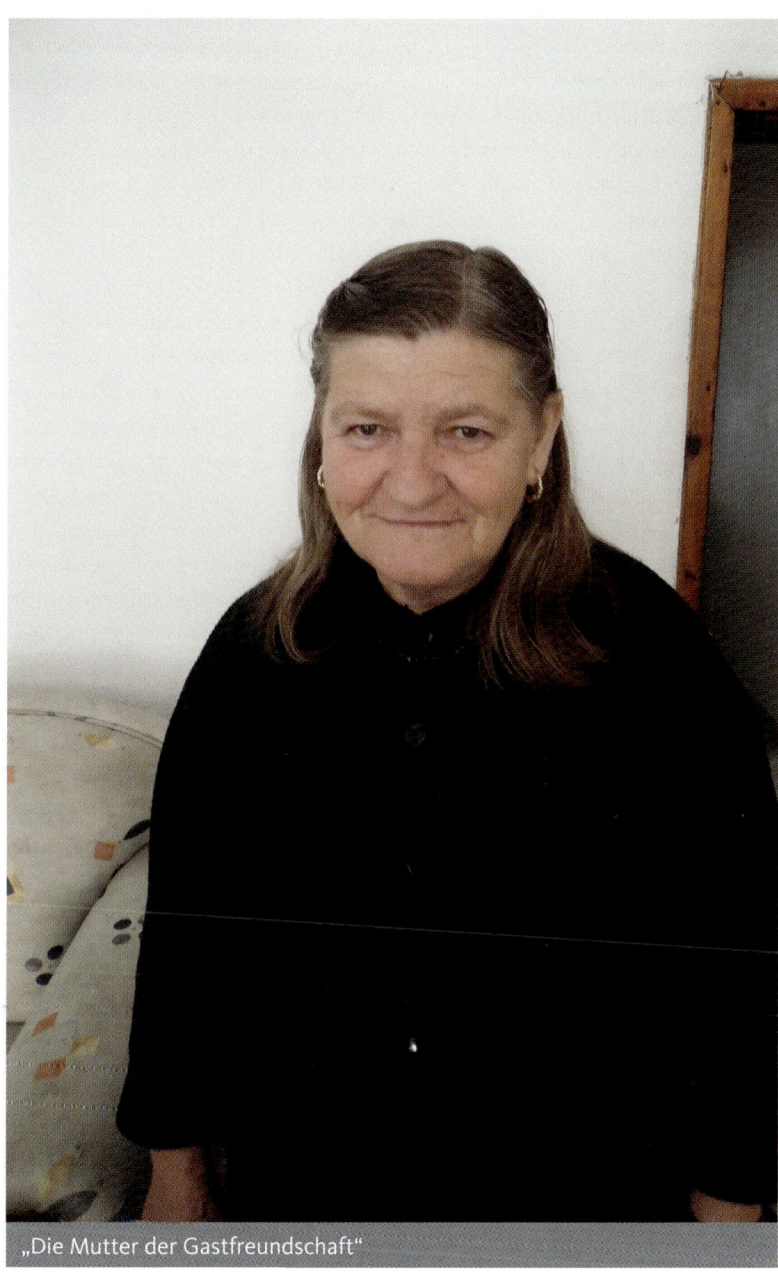

„Die Mutter der Gastfreundschaft"

haften Bioprodukte. Ich schlafe im Wohnzimmer auf einer Klappcouch und bin mir nicht sicher, ob nicht vielleicht die Großeltern, die an die achtzig Jahre alt sind, ihr Bett für mich geräumt haben, denn sie schlafen in der Küche. Diese Familie kann ich nur ins Herz schließen, so freundlich und nett ist sie.

Am Morgen, nach einem reichhaltigen Frühstück mit eigenen Milch- und Käseprodukten, fühlt es sich so an, als würde ich mich von Freunden verabschieden.

Die Landschaft ist herrlich und die Römerstraße wohl nach militärischer Strategie angelegt. Links von mir steigt der Berg mit markanten, steilen Felsvorsprüngen an und rechts geht es hinab in ein Flusstal. So konnten die marschierenden Soldaten nur von unten angegriffen werden, wo sie den Feind sehr früh gesehen hätten. Dieser hätte sich nur mit viel Anstrengung den Berg hinauf arbeiten können.

Mein Blick ruht in der weiten Landschaft. Auf den Bergen auf der anderen Flussseite liegen sogar noch ein paar weiße Schneefelder. Ich gehe langsamer als sonst, denn mich plagen leichte Darmkrämpfe, vielleicht eine Folge von nicht ganz steriler Milch heute Morgen.

Es liegt was in der Luft

Auf meinem Weg begegnen mir zwei Düfte. Von wenigen Häusern abgesehen, habe ich keine Berührung mit menschlicher Zivilisation und gehe allein durch die hügelige Landschaft. Ich wundere mich, dass ich einen leichten Geruch in der Nase habe, der irgendwie nicht zur Natur passt. Es riecht nach einem alten feuchten Abwaschlappen, der schon lange in die Wäsche gehört. Ich prüfe, von welcher Richtung der Wind weht, der diese pikante olfaktorische Note transportieren könnte. Er kommt von hinten, stelle ich fest. Fünfzig Meter hinter mir steht ein Mann. Er verströmt dieses „attraktive" Aroma. Aber kaum habe ich ihn erblickt, ist er auch schon wieder verschwunden – und mit ihm seine Ausdünstung. Ich bin etwas verwundert und erstaunt, wo er plötzlich in dieser Einsamkeit hergekommen ist. Beim Weitergehen schaue ich mich noch mehrmals um, um sicher zu sein, dass er nicht mehr in meiner Nähe ist. Einen Kilometer später riecht es dann nach Hund oder Katze. Als ich mich orientiere, um die Ursache hierfür zu finden, sehe ich einige Buchsbäume. Sie sind es, die diesen Duft verströmen. Zum Glück, denke ich erleichtert ...

Woher kommt das Wort Penne?

Heute Abend steht eine besondere Übernachtung an. In Dardhe soll eine Schule den Wanderern Unterkunft gewähren. Als ich ankomme, sind noch viele Schüler im Gebäude. Sofort werde ich von ihnen umringt. Einige von ihnen beherrschen etwas Englisch. Nachdem ich ihren Wissensdurst gestillt habe, frage ich, wo ich den Direktor finde. Er ist nicht da, doch es finden sich zwei Lehrerinnen. Aber die können kein Englisch, weshalb ein Schüler übersetzen muss. Ja, meine Information ist zutreffend, ich darf hier schlafen, der Hausmeister wird mich nach Schulschluss hineinlassen. Solange Schüler im Gebäude sind, dürfen jedoch keine Fremden anwesend sein. Also werde ich zu einem Café neben der Schule gebracht, dessen Eigentümer gleichzeitig der Schulhausmeister ist. Auch er ist nicht da, aber sein Sohn. Die Welt ist klein, es ist der oben beschriebene Mathematikstudent. Er zeigt sich äußerst hilfsbereit und von ihm erhalte ich nach Schulschluss auch die Schlüssel für das Gebäude. Ich suche mir eines der Klassenzimmer aus, denn hier haben die Schüler vor Schulschluss sauber gemacht, und breite meine Sachen auf dem Fußboden aus.

Am nächsten Morgen kommt der Hausmeister und sucht mich, aber er braucht etwas länger, mich zu finden, weil er mich nicht in einem der Klassenzimmer vermutet hat. Eine Unterhaltung ist nicht möglich, denn er spricht kein Wort Englisch. Auf einem der winzigen Stühle sitzend (auf dem er kaum Platz findet), beobachtet er alles, was ich beim Einpacken meines Rucksackes so mache. Er weicht mir nicht mehr von der Seite, schaut genau zu, wie ich meine Füße einöle, mir die Socken und dann die Stiefel anziehe. Ich vermute, wenn ich dahin gehen würde, wo selbst der Kaiser zu Fuß und alleine hingeht, würde er mich auch noch eskortieren. Da ich einen heißen Tee möchte und meinen Kocher schon eingepackt habe, gehe ich hinüber ins Café. Unausweichlich setzt auch hier der „Magnetismus" ein, er folgt mir brav. Nach näherer Überlegung komme ich zu dem Ergebnis, er fürchtet um seinen Schulschlüssel und dass ich vergessen könnte, ihm diesen zurückzugeben. Deshalb schreibe ich ihm die Uhrzeit auf einen Zettel, zu der ich mit Frühstücken und Einpacken fertig sein werde und mache ihm klar, dass ich dann kommen und ihm den Schlüssel geben werde. Das scheint ihn zu beruhigen. Dennoch verlangt er, bevor er sich einer anderen Tätigkeit zuwendet, noch umgerechnet zehn Euro von mir, die Gebühr, die der Direktor der Schule für die Übernachtung festgesetzt hat. Da es sich um „zweckgebundene Mittel" handelt, also das Geld für die Schule gedacht ist, hoffe ich, dass der Betrag letztlich auch dort gelandet ist. Dann wäre dagegen nichts einzuwenden, aber restlos sicher bin ich mir nicht. Der genannte Preis ist normalerweise der gängige Tarif für eine normale Hotelübernachtung mit Bett und Dusche und gilt eigentlich nicht für Fußböden ohne Waschgelegenheit. Wie auch immer, es war einmal etwas anderes und eine neue Erfahrung für mich, in einer Schule zu übernachten.

Safety First

Unterwegs werde ich dann heute und auch die Tage danach mit der Geschichte der letzten siebzig Jahre des Landes konfrontiert. Diese Berge sind schön, unter anderem, weil die Sicht sehr weit reicht. Und warum ist das so? Es gibt keine Bäume. Aber ich kann sehen, dass es früher welche gab, denn ich entdecke noch manchen mächtigen Stumpf, der grau verwittert als Zeuge dasteht. Immer wieder sehe ich kleine Bunker, die die Form der Kappe eines Pilzes haben. In dem Betonunterschlupf mit seinen drei Metern Durchmesser ist in Richtung Tal ein Längsschlitz eingelassen. Hier haben früher ein bis zwei Soldaten gehaust und durch den Sehschlitz das Tal beobachtet. Der kommunistische Diktator Enver Hoxha wollte „sein" Land Albanien vor einem Überfall durch fremde, subversive Mächte schützen. Und damit die Soldaten gut sehen konnten, wurden alle Bäume in den Bergen gefällt, damit nichts im Wege stand. Für mich sieht das aus, als wenn der Mann unter Verfolgungswahn gelitten hat, denn diese Bunker gibt es überall. Wer sollte ein Interesse gehabt haben, dieses schon damals extrem arme Land zu überfallen, wofür? Die Folgen sind überall zu sehen. Die vollkommene Abholzung hat die Hänge der ungeschützten Erosion ausgeliefert, wodurch viele Hänge abgerutscht und noch heute nicht bewachsen sind, nur Geröll, roter Sand und Erde, soweit das Auge reicht. Ich habe an einem Tag einen starken Regenguss erlebt – als Folge davon färbten sich sofort alle Bäche und Flüsse rot. Sie schwemmten das Erdreich davon. Es wird wohl Jahrhunderte dauern, bis diese Wunden in der Natur vernarbt sind und Pflanzen, Büsche und Bäume die Hänge wieder festhalten. Was kein feindliches Invasorenheer geschafft hat, vermochte die wirtschaftliche Not der Bevölkerung zu bewirken, nämlich die Zerstörung mancher der kleinen Bunker. Um die bauliche Stabilität der Festungsanlagen zu gewährleisten, war außer Beton natürlich auch Stahl zu deren Bewehrung benutzt worden.

Dieser hat heute seinen Wert und es hat sich wohl gelohnt, die Steinschicht in harter Arbeit aufzubrechen und das Metall herauszuholen. Übrig blieben Betonbrocken, die nun als kleine Trümmerhaufen in der Gegend herumliegen.

Der Tag, an dem ich nach Elbasan komme, beginnt, wie bereits in den letzten Tagen, schon morgens mit Hitze. Diese wird mich die nächsten Monate auch nicht mehr verlassen, dreißig Grad und mehr im Schatten, werden meine treuen Weggefährten von Albanien bis nach Österreich hinein bleiben. (Später, als ich bereits in Kroatien unterwegs bin, sollte ich bemerken, dass es für meinen Körper noch viel anstrengender ist, in dieser Hitze zu wandern als bei den normalen Temperaturen von zwanzig bis fünfundzwanzig Grad. Daher entscheide ich, dazu überzugehen, dort bewusst weniger Kilometer pro Tag zurückzulegen, denn sonst bin ich am Ende zu ausgelaugt. Statt fünfundzwanzig bis dreißig Kilometer sind es dann eher so um die zwanzig Kilometer.)

Ich achte darauf, mich morgens regelmäßig mit Cremes mit einem Lichtschutzfaktor von dreißig einzureiben. Mittags muss ich die schützende Schicht erneuern, denn der reichlich fließende Schweiß spült sie hinweg. Mein Hut mit breiter Krempe und ein kleines Halstuch schützen meinen Kopf und den Nacken. Trotzdem fühlt es sich an wie in einem Toaster. Bis zu einem gewissen – im Wortsinne

Auf Abholzung folgt Erosion

– Grad kann ich mich daran gewöhnen, aber am frühen Nachmittag ist dann einfach die Grenze der Belastbarkeit erreicht. Aus diesem Grund versuche ich, wann immer es geht, die frühen Morgenstunden mit den etwas kühleren Temperaturen von um die fünfundzwanzig Grad zu nutzen.

Hallo Frau Nachbarin

Heute ist nach längerer Zeit mal wieder eine Kuh im Spiel, aber anders als beim letzten Tête-à-Tête dieser Art auf den Trolloipen, handelt es sich diesmal um ein sehr friedliches Exemplar. Das ist keineswegs selbstverständlich, wie wir noch sehen werden. Unsere Begegnung ereignet sich um die Mittagszeit oben in den Bergen, wo ich eine Wiese mit ein paar großen Bäumen finde, die der Abholzung entgangen sind. Ich liege gemütlich in deren Schatten, nur meine Füße lasse ich hinausragen, damit meine Socken in der heiß brennenden Sonne trocknen können. Als ich gerade im Begriff bin langsam ins Reich der Träume wegzugleiten, werde ich von einem Geräusch geweckt. Einen Baum weiter steht eine Kuh und genießt wiederkäuend die Kühle des Schattens. Wie hätte man früher im Einzugsgebiet des „real existierenden Sozialismus" gesagt: Wir erfreuen uns einer friedlichen Koexistenz! Die Kuh ist durch nichts aus der Ruhe zu bringen, auch nicht, als ich nach meiner Mittagspause wieder einpacke, aufstehe, und an ihr, in respektvollem Abstand, vorbei wandere.

Ganz in Weiß

Dann geht es steil bergab, sehr steil und unten in der Ebene angekommen, gehe ich durch die ersten schmutzigen Vororte der Stadt. Dort begegnet mir ein weißer Mann, er hat weiße Haare, trägt ein weißes Hemd und Hose, auch die Schuhe und der Schlips sind weiß. Er schiebt sein weißes Fahrrad den Berg hinauf, bleibt bei mir stehen, wir kommen ins Gespräch, denn er spricht Englisch. Er war zu Zeiten der kommunistischen Regierung Ingenieur. Mit der Freiheit konnte er endlich das tun, was er schon immer wollte, Pastor sein. Religion war unter Enver Hoxha streng verboten. Schon für ein laut gesungenes Kirchenlied konnte man ins Umerziehungslager gesteckt werden und mancher ist von dort nie mehr zurückgekehrt, und das obwohl es doch eine Lappalie ist. Der weiße Mann nimmt mich per Gespräch direkt mit auf den Weg des Heiligen Geistes und gibt mir Anschau-ungsunterricht: Ich brauche nichts mehr zu tun, für mein Seelenheil ist durch die Aussendung des Heiligen Geistes bereits trefflich gesorgt – ich bin in Sicherheit. Er ist so von seiner Bestimmung beseelt, dass ich kaum etwas sagen kann. Weil ich im Laufe meines Berufslebens vielen verschiedenen Menschen begegnet bin, glaube ich, eine ausreichende Menschenkenntnis erworben zu haben, um sagen zu können: Er ist ein guter Mensch mit viel Feuer und Leidenschaft.

Da ich unterwegs viel geschwitzt habe, setze ich mich, in einem Vorort von Elbasan angekommen, erst einmal in ein Café und trinke etwas Erfrischendes. Das ist immer eine gute Gelegenheit, mich nach den Unterkunftsmöglichkeiten in der Stadt zu erkundigen. Der Besitzer gibt mir eine Empfehlung. Und die liegt mitten im Ort in einem Park, der mit Bänken und Tischen versehen ist.

Dort versammeln sich am Abend sehr viele Menschen, meist Familien mit Kin-dern, und trinken einen Kaffee oder etwas Kühles. Es herrscht ein buntes und munteres Treiben, der Park ist gut besucht. Auch wenn das Leben hier nicht ein-fach ist, die Menschen scheinen es zu genießen.

Am nächsten Morgen muss ich ein längeres Stück an einer Straße aus der Stadt herausgehen. Zu meinem Erstaunen befindet sich dort eine Mercedes-Werkstatt neben der nächsten. Dieses hohe Aufkommen wundert mich und sofort beginne ich, eine kleine Statistik zu führen, die ich in den kommenden Tagen, immer wenn ich an einer Straße bin, fortsetze. Ich zähle die vorbeifahrenden Autos und ermittle, wie viele davon der Marke Mercedes angehören. Verblüfft stelle ich fest, dass dies wahrscheinlich das Land mit dem höchsten Marktanteil weltweit ist, denn knapp fünfzig Prozent der PKWs weisen den markanten Stern auf. Ich habe das immer wieder getestet, solange ich mich in Albanien bewegt habe, aber das Ergebnis blieb unverändert: Jedes zweite Auto entstammte der schwäbischen Karosserieschmiede. Das scheint auf den ersten Blick in krassem Gegensatz und Widerspruch zu der Tatsache zu stehen, dass ich im ärmsten Land Europas unterwegs bin. Aber ich glaube bald, mir das erklären zu können: Es sind haupt-sächlich Fahrzeuge der C- und E Klasse, die vor zehn bis dreißig Jahren gebaut wurden. Oft sehe ich auch den alten 190er und es handelt sich bei den Fahrzeu-gen immer um Dieselautos. Diese werden in anderen Ländern für kleines Geld verkauft, wenn sie sieben bis zehn Jahre alt sind. So sind sie für die neuen Besit-zer erschwinglich. Die neuen Fahrer erfreuen sich dann noch hunderttausende Kilometer länger an diesen Fahrzeugen und die Lebensdauer steigt vermutlich um das Doppelte, wenn nicht sogar das Dreifache. Hinzu kommt, dass die Fahrzeuge relativ einfach zu reparieren sind. Das muss der Grund dafür sein, dass die alles andere als wohlhabenden Menschen hier, komfortable, große Autos fahren. Wenn manch früherer Besitzer wüsste, wie lange sein „alter" Daimler hier noch weiterlebt, er würde ihn wahrscheinlich selbst behalten, denn zu noch preiswerteren Bedingungen ein gutes Auto zu fahren, ist kaum möglich.

Nach fünf Kilometern verlasse ich die Straße und wandere in der Ebene durch die Felder und später auf einem Feldweg wieder in die Hügel hinein. Dort beschreibt die Strecke auf meinem GPS einen kleinen Haken links ab vom Weg, hinein in die Büsche. Es gibt Anzeichen, dass schon einmal jemand da hinein gegangen sein muss, wie die Spuren von leicht niedergetretenem Gras und abgebrochenen kleinen Zweigen zeigen. Ein älterer Mann kommt vorbei und sieht mich grübeln, wo es für mich weiter gehen könnte. Er spricht kein Englisch, macht mir aber unmissverständlich deutlich, dass ich weiter dem Feldweg folgen solle, ohne zu wissen, wo ich überhaupt hin will. Zu seinem Erstaunen schlage ich mich dann aber dennoch in beziehungsweise durch die Büsche. Ich habe keinen Anlass, meine Entscheidung zu bereuen, denn nach zwanzig Metern komme ich tatsächlich an einem kleinen Weg heraus, der wohl sehr selten benutzt wird. Das ist tatsächlich meine Richtung, was schön ist, weil ich mich in unverfälschter und reiner Natur befinde. Als die Zeit für meine Pause gekommen ist, lege ich mich einfach auf den Weg, mit dem Kopf im Schatten der Büsche – jedoch nicht, bevor ich mit dem Messer noch einige stachelige Pflanzen entfernt habe, denn deren starke Dornen stechen gewaltig durch meine untergelegte Windjacke. Wie immer ziehe ich mein durchgeschwitztes T-Shirt aus und hänge es in die Sonne. Doch diesmal ziehe ich kein trockenes an, sondern strecke mich oberkörperfrei aus, um auch mich etwas zu trocknen. Aber schlafen kann ich nicht, das liegt wohl an der aufkeimenden Erinnerung an die plötzlich aufgetauchte Kuh gestern Mittag – auch wenn wir nicht aneinandergeraten waren, aber man weiß ja nie ...

Später komme ich wieder an einigen umzäunten Gärten vorbei und nutze einen Baum, um mir in seinem Schatten etwas Kühlung zu verschaffen. Auch wische ich mir den Schweiß von der Stirn. Als ich weitergehe, spüre ich plötzlich einen heftigen Schmerz im Oberschenkel, der auch nicht weggehen will, im Gegenteil, die Intensität nimmt stetig zu. Als ich mir die Hose herunterreiße, sehe ich einen Stachel in meiner Haut stecken, den ich sofort entferne. Von der dazugehörigen Biene ist keine Spur. Ich versuche das Gift mit den Fingernägeln herauszudrükken, denn ich bin nicht so gelenkig, dass ich mit dem Mund an die Innenseite des

Oberschenkels herankomme, um es auszusaugen. Danach kommt Spucke auf die Stichwund', die Hose wird wieder hochgezogen, und der Weg fortgesetzt. Um den Schmerz zu verdrängen, lache ich bei dem Gedanken daran, dass mich vielleicht jemand beobachtet hat, wie ich mir plötzlich die Hose heruntergerissen habe. Außerdem wird meine Aufmerksamkeit davon in Anspruch genommen, die Wolken in den Bergen hinter mir zu beobachten, die immer schwärzer werden. Auch ein Donnergrollen ist bereits zu hören und ich kann erkennen, dass aus den Wolken Regen fällt. Aber sie sind noch weit genug von mir entfernt, so dass ich ohne Regen an meinem Zielort Broshkë ankomme.

Laut meines Reiseführers gibt es hier wohl eine Familie, die Wanderer beherbergt. Es ist außerdem genau beschrieben, welches Haus es ist und wie der Name der Familie lautet. Als ich dort eintreffe, finde ich zwar eine Frau, die Brotteig knetet, aber sie macht mir gleich klar, dass die besagte Familie nicht da ist und auch sie gleich weggeht. Die Verständigung ist so schlecht, dass es mir nicht gelingt, heraus zu finden, ob die Eigentümer später noch erscheinen werden. Und die schwarzen Wolken rücken näher, erster Wind kommt auf und wirbelt den Staub durch die Gegend. Im Haus daneben versteht zumindest die Tochter namens Katarina etwas Englisch, aber auch sie kann nicht sagen, ob mit der Herbergsfamilie noch zu rechnen ist. Aber sie erklärt mir, dass sich gut einen Kilometer entfernt an der Hauptstraße, eine Tankstelle befindet, die gleichzeitig ein Hotel ist. Um dorthin zu gelangen, muss ich ein Stück zurückgehen und die Brücke über den Fluss nehmen. Keine Minute zu früh: Ich erreiche die Tankstelle, als die ersten dicken Tropfen fallen. Zuerst will ein junger Mann von mir dreißig Euro für die Übernachtung ohne Frühstück. Am Ende einige ich mich mit dem Besitzer der Tankstelle auf elf Euro, einen marktüblichen Preis. Ein paar hundert Meter weiter gibt es auch noch ein Restaurant mit Wintergarten am Fluss. Der Kellner reicht mir die Karte, besteht aber darauf, dass ich „Misht", Kartoffeln und Salat bestelle. Eine größere Auswahl ist wohl nicht mehr verfügbar. Misht also. Das ist Kochfleisch vom Schwein – ein Essen, auf das eine Assoziation mit einem bestimmten deutschen Wort zutrifft ... Im Idealfall ist es am ehesten vergleichbar mit einer Art Suppenfleisch, von dem beim Kochen der Geschmack in die Suppe übergeht. Doch ein solcher Genuss bleibt mir vorenthalten, stattdessen wird mir das zähe am Knochen verbliebene Fleisch serviert. Aber es gibt das Gute im Schlechten: Der Salat ist spitze!

Meine Füße sind platt und meine Fersen schmerzen. Der Blick auf das GPS zeigt, ich bin mit durchschnittlich 5,7 Kilometern pro Stunde zu schnell gegangen, ich habe definitiv zu große Schritte gemacht. Das belastet die Fersen beim Aufsetzen und die Zehen werden beim Abrollen stärker gebogen. Ich bin sowieso etwas schlapp und muss mich gar nicht disziplinieren, langsamer zu gehen. Außerdem mache ich eine ganz neue Erfahrung.

Mein Weg geht direkt auf den Gleisen entlang. Diese werden auch von den Einheimischen – unter anderem viele Schüler – benutzt, um in das nächste Dorf zu kommen. Dort an der Schule steht ein kleiner Kiosk, der sich schon vorher angekündigt hatte, denn mir schwebten öfter mal leere Chipstüten im heißen Wind entgegen. Kaum sitze ich unter dem Sonnenschirm und trinke einen Saft, gemischt mit Sprudelwasser, kommen einige Schüler aus dem Schulgebäude. Der Kioskbesitzer lebt zwar von all diesen Kindern, aber er ist sichtlich verärgert über ihr Verhalten. Sie haben sich Kreidestaub aus dem Klassenzimmer mitgebracht und bewerfen sich damit. Einige haben weiße Gesichter oder weiße Kleidung oder ihre Haare sind voller Kreide. Aber der Spuk der Gespenster ist schnell vorbei, denn die Kreide ist alle. Auch hier haben die Kinder die gleichen Flausen im Kopf, wie ich sie vor Jahrzehnten hatte. Der Kioskbesitzer sieht diese Streiche wahrscheinlich zu oft und hat vergessen, was er alles in dem Alter ausgeheckt hat. Sein Laden ist gut bestückt, denn ich habe auch ein Brot und einen Apfel bekommen.

Nach meiner Pause gehe ich in sengender Hitze weiter auf den Gleisen. Der Zug fährt nur zweimal am Tag und wenn einer sich nähert, trete ich einfach beiseite. Dafür ist genug Zeit, denn es ist eine antike Lokomotive auf ziemlich wakkeligen Schienen. Sie fährt maximal dreißig Kilometer pro Stunde, deshalb ist ihr Erscheinen eher ein Ereignis als eine Gefahr. Für einen deutschen Ingenieur wie mich, ist selbst diese Geschwindigkeit fragwürdig, wenn ich mir den Zustand des Gleisbettes anschaue: verrottete oder fehlende Schwellen und lose oder fehlende Schrauben und Muttern.

Am Abend in Peqin treffe ich den ersten und einzigen Albaner, der deutsch spricht. Artur hat viereinhalb Jahre in Hamburg in einem Restaurant und auf dem Bau gearbeitet. Mit dem gesparten Geld und dem erworbenen Wissen hat er, nach seiner Rückkehr, in Albanien ein gutes Geschäft aufgebaut. Er ist sehr hilfsbereit und erklärt mir vieles. Er erzählt, dass der Direktor für Tourismus neulich im Fernsehen in einem Interview gesagt hat, dass er die Via Egnatia entwickeln möchte, um mehr Touristen nach Albanien zu locken. Ich habe mir vorgenommen, ihm nach meiner Rückkehr einige Empfehlungen zu schreiben, zum Beispiel die Markierung des Weges betreffend. Vielleicht könnte es auch einen Gepäcktransport für Wanderer geben, genauso wie eine Liste mit Unterkunftsmöglichkeiten inklusive Adressen. Ja, auch die Beseitigung des Mülls könnte besser laufen. Für dieses Land, genauso wie für Mazedonien, gilt: Es gibt ein Müllproblem. Es ist sehr ähnlich dem, wie es in Deutschland vor sechzig bis siebzig Jahren vorhanden war. Ging etwas kaputt oder wurde nicht mehr gebraucht, dann wurde es in den Wald oder irgendwo weiter weg gebracht und einfach in die Natur oder auf wilde Müllkippen geschüttet. Und so verrottete und verrostete vieles da draußen. Hier ist das immer noch so, auch wenn sie manches Programm gestartet haben, um vor allen Dingen nicht verrottendes Plastik wieder einzusammeln. Damit die Roma, die hier eine Minderheit ausmachen, eine zusätzliche Einkommensquelle haben, bekommen sie für jede abgegebene PET-Flasche etwas Geld. Und so sammeln sie diesen Müll wieder ein. Aber das reicht nicht, denn Plastiktüten, Joghurtbecher und vieles mehr bleiben auf diesen wilden Müllkippen liegen. Trotzdem ist es reizvoll hier – die Region hätte mehr Wanderer verdient, die das Abenteuer suchen. Da ich aber der einzige Wanderer bin, „genieße" ich eine exklusive Spezialbehandlung: Abends im Bett werde ich von den Mücken zerlegt. Ich bekomme ziemlich große Quaddeln rund um jeden Stich. Durch den bereits erwähnten Bienenstich, der immer noch als großer roter Fleck auf meinem Oberschenkel glüht, scheine ich empfindlicher auf Insektenstiche geworden zu sein.

Es ist jetzt so heiß, dass ich mindestens fünf Liter Flüssigkeit am Tag zu mir nehme. Davon treten bis zu vier Liter wieder als Schweiß zu Tage, der Rest durch die Blase. Wenn es irgendwo einen kleinen Schatten gibt, nutze ich ihn sofort für eine Pause. Nur dann nehme ich meinen großen Hut ab. Ich staune, dass die Männer, die in mittelalterlicher Art auf den Feldern arbeiten, allesamt keine Kopfbedeckung tragen, während die Frauen es tun. Wenn ich sehe, wie sie in Handarbeit die Felder bestellen, dann ist meine Wanderung eine leichte Körperertüchtigung dagegen. Als Beispiel sei der Mann erwähnt, der mit einer Sense ein ganzes Feld mit Heu schneidet, und all das in vorgebeugter und asymmetrischer Körperhaltung, den lieben langen Tag lang. Ich bekomme schon Rückenschmerzen, wenn ich das Bild nur beschreibe. Ich winke wie immer allen zu und sie winken fröhlich lächelnd zurück. Was mögen sie über einen Wanderer wie mich denken?

Lang ist´s her

Mein Via Egnatia neigt sich dem Ende zu, denn ich gehe heute auf Durrës zu. Schon aus den Bergen sehe ich immer wieder das Mittelmeer, die Dichte der Häuser nimmt zu. Es gibt hier ein Phänomen, das ich im ganzen Land beobachtet habe: Es stehen überall viele angefangene Hausbauten. Das Erdgeschoss ist gemauert, die Decke ist in Beton geschüttet, die Betonpfeiler des ersten Stockes ragen bereits in den Himmel, oben schauen die Armierungseisen heraus – fertig ist die Laube beziehungsweise eben nicht. Es ist zu sehen, dass schon länger nicht daran gearbeitet wurde. Ich habe irgendwo gelesen, dass nach der kommunistischen Ära, mit dem Tod von Enver Hoxha, im Lande die Anarchie ausgebrochen ist. Und gar mancher hat versucht, sich auf Kosten der Gemeinschaft zu bereichern, zum Beispiel durch Besitznahme von Grundstücken und dem Bau von Häusern. Nach den Haus-Skeletten zu urteilen, war das wohl eine wilde Zeit. Gleichzeitig ergeben sie für mich ein Bild, welches für das ganze Land stehen kann, denn auch dieses ist, im übertragenen Sinne, eine große „Baustelle". Wie und wo soll weiter gebaut werden? Wer hat einen guten Plan dafür? Wo kommt das Geld her, um ihn weiter zu entwickeln, wer übernimmt dabei welche Aufgabe? In diesem Land hat der Aufbau noch nicht oder bestenfalls ganz zart begonnen.

Dafür mag ein anderes Bild des heutigen Tages dienen: An einer Wegekreuzung treffe ich zwei junge Männer, einer sitzt auf einem Esel, der andere geht zu Fuß nebenher. Sie grüßen und gehen in gleicher Richtung vor mir her. Ich stoppe unter einem großen Baum zur Mittagspause. Nach einer dreiviertel Stunde kommen sie zurück. Der eine sitzt noch auf dem Esel und der andere auf einem Moped, das der Esel mittels eines Seils zieht. Sie machen mir klar, dass es kein Benzin mehr hat. Der Esel steht für das Gestern, die jungen Leute und das Moped für die Zukunft. Nur fehlt dem Land der Treibstoff (sprich die Finanzmittel), um diese Zukunft zu erreichen. Ohne Hilfe von außen wird das nicht gehen, denn auf sich selbst gestellt, wird es für das Land allgemein und die junge Generation im Speziellen zu lange dauern. Die jungen Menschen werde ihre Zukunft woanders suchen.

In Durrës suche ich das empfohlene Hotel Volga, das an der Uferpromenade stehen soll. Ich finde es dann auch, beziehungsweise das, was davon übrig ist. Es ist schon lange geschlossen, die Bäume wachsen aus den Fenstern, es ist wegen der Einsturzgefahr weiträumig abgesperrt. Aber hier gibt es genügend andere Angebote. Und die Preise für ein Zimmer schnellen von den bisher gewohnten ungefähr zehn Euro auf fünfzig Euro hoch. Bei Bezahlung mit der Kreditkarte

Warten auf bessere Zeiten

Die alte Industrie verrottet

wären gar sechzig Euro fällig. Dennoch, hier kann ich es mir erst einmal einen Tag lang gut gehen lassen.

Das nächstgelegene Restaurant an der Promenade ist italienisch geprägt. Ein Eindruck, der noch davon verstärkt wird, dass viele der Gäste Italiener sind. Sie kommen mit der Fähre, wie einst auch die Römer, per Schiff hierher, um auf der Via Egnatia weiter nach Osten zu gehen. Hier begann die alte Römerstraße. Sie war mir auf über vierhundertfünfundsiebzig Kilometern Länge ein guter Leitfaden, so wie das Buch mit den GPS-Daten ein zuverlässiger Reiseführer war. Von nun an beginnt ein anderes, ein wirkliches Abenteuer, denn für den Abschnitt bis zur Grenze Sloweniens, gibt es zum Thema Wandern kein Infomaterial, so gut wie gar nichts ...

Später in Rijeka sollte ich Stefan begegnen. Er war mit Freunden zusammen in der Schweiz losgewandert und wollte ab Senji in Kroatien alleine weiter bis nach Griechenland. Auch er hat bei der Vorbereitung gedacht, dass er irgendetwas übersehen haben könnte. Denn auch er hatte nichts gefunden, was sich zur Planung einer Wanderung, entlang der kroatischen Küste und weiter durch Albanien und Mazedonien, verwerten ließ. Er war froh über den Tipp, die Via Egnatia zu gehen und hat sich noch das Buch besorgen lassen, während er sich durch Kroatien arbeitete. Ich hatte zwar im Vorfeld einen geplanten Weg namens Via Dinarica gefunden, aber außer drei groben Linien auf einer Karte war noch nichts dokumentiert, damit war es nicht verwendbar. Deshalb ist jetzt jeder Tag ein Gang ins Ungewisse. Die Tagesroute werde ich nur durch Befragen der Einheimischen finden, unterstützt durch mein GPS. Wo ich am Abend mein müdes Haupt betten werde, weiß ich am Morgen meist auch noch nicht. Deshalb muss der Rucksack immer mit genügend Lebensmitteln gefüllt sein und ich muss jeden Morgen voller Vertrauen und Selbstbewusstsein losziehen, damit die mentale Kraft auf gutem Niveau ist.

Shenyang, Shëngjin – Hauptsache Italien

Die albanische Küste erinnert mich an Italien. Es ist zwar noch Vorsaison, aber an den Wochenenden fahren schon einige Sonnenhungrige ans Meer. Der Name des Badeorts Shëngjin hört sich chinesisch an, aber nach Auskunft der Einheimischen ist er nach dem Heiligen (Sankt) Jin benannt, in unserem Sprachraum wäre es St Johann. Und die Chinesen, die in der kommunistischen Ära hier waren, sind schon lange wieder weg.

Am Strand stehen die Liegen der Hotels diszipliniert in Reih und Glied, fast militärisch. So wird – wie auch in Italien – die Nutzung optimiert. Im ganzen Ort wird noch für die kommende Saison gebuddelt und gebaggert.

Ich gehe die Promenade auf und ab, um zu sehen, wo ich bleiben möchte. Aber ich brauche nicht suchen, denn nach kurzer Zeit werde ich auf Deutsch angesprochen und bekomme sofort eine Empfehlung. Auch der Preis von zwanzig Euro ist im Vergleich zu Durrës viel niedriger.

Als ich im Café vor dem Gästehaus sitze, gibt es plötzlich einen riesigen Knall, der alle zusammenzucken lässt. Etwas auf der Baustelle scheint explodiert zu sein und eine große Staubwolke steigt auf. Die Entwarnung lässt nicht lange auf sich warten – es war nur der Reifen eines LKW, der in der heißen Sonne geplatzt ist. Am Abend gehe ich zu einem Hotel, auf dessen Terrasse auf einer großen Leinwand das Fußball Champions-League Finale zwischen Atletico und Real Madrid übertragen wird.

Time to say goodbye

Als ich am Morgen meinen Rucksack packe, stelle ich fest, dass mein E-Book-Reader fehlt. Ich gehe hinunter in den Frühstücksraum und will den Kellner fragen, ob ich ihn gestern Nachmittag da liegen gelassen habe. Aber er hält ihn mir schon entgegen, als ich den Raum betrete. Und das ist eine bezeichnende Szene für den Eindruck, den ich von diesem Land gewonnen habe. Als ich noch in der Planungsphase meiner Reise steckte, kannte ich nur das Vorurteil, dass dieses Land gefährlich ist. Und damit stand ich nicht allein: Viele hatten mir abgeraten, durch das „Land der Skipetaren" zu wandern. Meine Frau hatte mich verständlicherweise gebeten, von Griechenland aus, Albanien mit der Fähre zu umschiffen. Doch eine solche Fährverbindung existiert nicht. Ich hatte vergeblich versucht, einen Bergführer zu finden, der mich sicher durch das Land bringt. Und jetzt, da ich am anderen Ende des Landes und an der Grenze angekommen bin, bleibt mir nur eine sehr einfache Feststellung: Zu keiner Zeit habe ich mich unsicher oder gar bedroht gefühlt, die Menschen waren liebenswürdig, hilfsbereit und gastfreundlich! Hierfür habe ich eine etwas simple Erklärung, vielleicht zu simpel: Dieses Land ist arm, sehr arm. Die bösen Jungs, die wir hier alle vermuten, sind längst alle in Westeuropa. Denn hier gibt es nichts zu stehlen, also sind sie abgewandert dorthin, wo die Weidegründe üppiger und das Gras grüner ist. Ich durfte dieses Land erleben, wie es jetzt noch ist. In einigen Jahren wird es anders sein, denn die junge Generation drängt das Land in die Zukunft, die hoffentlich für sie alle eine Perspektive bietet. Ich drücke Euch die Daumen, dass es klappt.

Wo bitte geht es lang?

Mein Abschied von Albanien ist ein besonderer und findet in Shkodra statt. Das ist eine Stadt, die eher an Südtirol erinnert, womit sie hier wirklich aus dem Rahmen fällt. Ich schlendere durch die Stadt mit ihren hübschen und meist auch sehr gepflegten Häusern. Schöne Cafés und Restaurants machen einen sehr einladenden Eindruck. Als ich aus den kleinen Straßen auf eine größere einbiege, höre ich Musik und Gesang. Er kommt aus einer Kirche auf der anderen Straßenseite, ich finde schnell den Eingang. Nach all den reich verzierten orthodoxen Kirchen bin ich überrascht. Die Kirche ist schlicht und alles konzentriert sich auf das Bild und das kleine Bauwerk hinter dem Altar. Es sieht aus wie eine winzige Kapelle mit seitlichen Türmchen. Alles ist in Weiß gehalten, nur das Bild in der Mitte mit den Gesichtern von Maria und Jesus, leuchtet in bunten Farben und ist von einem Taubenblau eingerahmt. Die Kirche ist brechend voll, selbst hinten stehen viele Menschen und ich geselle mich dazu. Ich bleibe bis zum Ende des Gottesdienstes, auch wenn ich nichts von der Predigt verstehe. Es ist die Atmosphäre dieses Gotteshauses, die mich hier verweilen lässt. Es war für mich ein Ort der Besinnung und inneren Einkehr.

Später kaufe ich mir auf dem Markt Kirschen und einen Pfirsich. So lecker schmeckten sie in meiner Kindheit, weich, saftig und süß.

Eigentlich sollte jetzt Montenegro folgen. Ich hatte im Internet einige Dateien gefunden, die eigentlich GPS-Daten für Wanderwege sein sollten. Wie sich herausstellte, waren diese aber für Radfahrer gedacht, denn sie bildeten die großen Straßen ab. Auf meinen Karten fanden sich, außer den normalen Straßen, keinerlei Wege entlang der Küste, so habe ich schweren Herzens die (wenn auch nur kurze) Strecke durch Montenegro mit dem Bus zurückgelegt. Auf der Hauptstraße zu gehen, ist nur etwas für Lebensmüde.

Immerhin: In Kroatien gibt es dann wieder kleinere Wege, so werde ich meine Wanderung dort fortsetzen.

KROATIEN

Die Perle der Adria

Vor über vierzig Jahren hatte ich Dubrovnik bereits mit dem Motorrad bereist, auf einer BMW R 26. Es hat sich seitdem sehr viel geändert …

Zuerst sichere ich mir bei einem älteren Ehepaar ein nettes Zimmer. Danach begebe ich mich natürlich sofort wieder in die Altstadt, in der sich selbst nicht viel geändert hat. Aber die Menschenmassen, die sich durch die Gassen drängen, an Attraktionen vorbei, sind schon gewaltig. Und dabei ist erst Vorsaison. Wie mag das erst aussehen, wenn hier Hauptsaison ist? Ich mag es mir gar nicht ausmalen und erkunde stattdessen die kleinen, abgelegenen Gassen, die ich fast für mich alleine habe. Sie vermitteln mir einen Eindruck, wie sich das Leben früher zwischen den Mauern der, ehemals Ragusa genannten, Stadt abgespielt hat. Hier im Schatten mit einem leichten Wind lässt es sich aushalten.

Dubrovnik von oben

Am nächsten Morgen gönne ich mir einen Tag am Strand etwas außerhalb der Stadt. Auch hier hat der Tourismus alles fest im Griff, alles ist mit Gebühren belegt. Selbst wenn ich nach dem Baden kurz das Salzwasser abduschen will, brauche ich einen Euro für einen kleinen Automaten, der für zwei Minuten den Lauf des Duschwassers freigibt. Hier an der Capacabana Beach (so steht es angeschrieben) wird jeder Schirm und jede Liege vermietet und auf großen Schildern wird genau erläutert, was gestattet ist und was nicht. Zum Beispiel: „Früchte essen erlaubt, Picknick verboten!" Wie in fast ganz Kroatien gibt es hier keinen Sandstrand, sondern hauptsächlich Fels, große Kieselsteine oder künstliche Betonflächen – aber die Küste selbst ist phänomenal! Am besten macht man hier wohl Urlaub auf einem Schiff, was auch die hohe Anzahl von großen, sehr teuren Yachten erklärt, die ich immer wieder an der Küste bis hinauf nach Rijeka sehe.

A friend in need is a friend indeed

Am Abend treffe ich noch ein Paar aus Bad Hersfeld. Die Eheleute haben es, genau wie eben beschrieben, gemacht und sind per Kreuzfahrtschiff hier. Der

Mann ist früher auch viel gewandert und erzählt mir von seiner längsten und bewegendsten Wanderung. Einer seiner Freunde war an Krebs erkrankt und wollte sich noch einen Wunsch erfüllen, denn die Krankheit war nicht mehr heilbar. Sein Traum war, von der Wasserkuppe in der Rhön bis nach Rom über die Alpen zu wandern und den Petersdom zu sehen. Aber er traute sich das nicht mehr alleine zu, denn die Krankheit hatte ihn schon sehr geschwächt. So bat er seinen Freund, meinen Gesprächspartner, ob er ihn begleiten würde. Sie haben es zusammen geschafft! Diese Geschichte erinnerte mich sehr an den Ausgangspunkt meiner Idee für die Europawanderung.

Der Tag danach bringt einige Fragezeichen mit sich, was den Weg angeht. Erst geht es steil von der Küste auf den Berg hoch, wo die Straße oben in einem kleinen Ort endet. Wie es dann weitergehen soll, ist unklar. Ich habe zwei GPS-Karten, eine OSM (Open Street Map) und eine Wanderkarte für die Adria. Auf der einen geht ein kleiner Pfad über sechs Kilometer in den Bergen durch bis zum nächsten Ort. Auf der anderen fehlt ein Stück von circa siebenhundert Metern für den Anschluss an den nächsten Wirtschaftsweg. Noch in Dubrovnik schaue ich im Touristenbüro vorbei und frage, ob sie Näheres wissen. Auf ihren Karten geht der Weg durch, aber der freundliche Berater schaut auch noch über Google Earth nach, ob der Weg tatsächlich da ist. Ist er, aber er scheint in einem Wald zu enden. Wobei anzumerken ist, dass man bei einem Satellitenfoto einen kleinen Weg nicht mehr sehen kann, wenn er unter Bäumen verläuft. So wird ab jetzt meine tägliche Planung aussehen, nur dass ich kein Touristenbüro und kein Google Earth mehr zur Verfügung haben werde. Das Risiko liegt darin, dass ich wieder umkehren muss, wenn es nicht mehr weiter geht.

Entsprechend wird gleich dieser Tag dann auch wirklich abenteuerlich. In dem Bergdorf, wo ich noch von einem Studentenehepaar zu einer köstlichen Zitronenlimonade eingeladen werde, finde ich tatsächlich den von dort weiterführenden Weg. Von diesem gehen immer wieder kleine Pfade ab und nur mit meiner GPS-Karte gelingt es mir, jeweils den richtigen zu nehmen, wenngleich auch manchmal erst, nachdem ich ein Stück auf einem falschen Weg unterwegs war.

Mit fortschreitendem Tag verliert sich die Wegführung zunehmend und ab und zu stehe ich vor einem Zaun oder einem undurchdringlichen Gebüsch. In dem Fall bahne ich mir dann einen Weg herum oder klettere darüber. Die Bezeichnung „Weg" verdient diese Route schon lange nicht mehr.

Irgendwann habe ich die auf der Karte fehlenden siebenhundert Meter geschafft und komme sogar an einer kleinen Hütte vorbei, die aber nicht mehr bewohnt ist. Den verbliebenen alten Treckerspuren kann ich prima folgen, auch wenn der letzte wohl vor Jahren hier vorbei gekommen ist.

Man soll den Tag nicht vor dem Abend loben

Dann habe ich den Wald hinter mir gelassen und staune: Der Weg ist richtig in den Hang hineingearbeitet und mit Steinen befestigt! Links von mir geht es steil hinunter, aber der Ort Ljubač, mein Zwischenziel, liegt auf gleicher Höhe ungefähr achthundert Meter vor mir. Als ich weiter gehe, finde ich eine zerfallene Holzkiste, in der viele Bohrkerne aus Stein liegen, sauber sortiert und dann doch liegen gelassen. Kurz dahinter ... endet unvermittelt mein Weg, obwohl er auf allen Karten verzeichnet ist! Was tun, sprach Zeus. Ich könnte versuchen am Hang auf gleicher Höhe weiter zu gehen, aber die Strecke vor mir ist zugewachsen, sehr steil und damit zu gefährlich. Also muss ich fünfhundert Meter vor dem Ort diesen Weg abbrechen und steil ins Tal hinabsteigen und mich durch dornige Büsche durchschlagen und über spitze Karstfelsen kämpfen.

Für die fünfhundert Meter brauche ich eine geschlagene Stunde und bin ziemlich verkratzt an den Armen, als ich unten ankomme und wieder einen Weg habe. Doch damit bin ich für heute aus dem Gröbsten heraus (glaube ich). Jetzt muss ich die Höhendifferenz nur noch wieder hinauf und habe den unklaren Teil des Tages geschafft. Der Rest ist einfach, denn der Weg auf der Karte existiert wie eingezeichnet.

So gelange ich in den ersten Höhenort, überall stehen Schilder, die den Weg zu so genannten Agrotourismo weisen, landwirtschaftlichen Betrieben, die auf Touristenbewirtung eingestellt sind. Aber auf allen sind nur Messer und Gabel zu sehen, also klingele ich an einem und frage nach. Nein, hier oben gibt es keine Gästezimmer, und zwar gar keine. Für eine Unterkunft muss ich wieder nach unten in den Ort Orašac in unmittelbarer Küstennähe. Damit stehen mir nun, nachdem ich das Ziel bereits vor Augen glaubte, vier zusätzliche Kilometer bevor. Noch dazu bei vierunddreißig Grad Außentemperatur, steil talwärts – aber was bleibt mir anderes übrig ...?

So geht es dann fast jeden Tag: Morgens hinauf in die Berge und parallel zur Küste auf der Höhe wandern, abends wieder hinunter an die Küste, wo ich Kost und Logis finde.

Die Geißel der Menschheit

Heute erreiche ich ein Gästehaus, dessen Besitzer elf Jahre lang in Deutschland gearbeitet hat und sich mit dem Ersparten dieses Haus gebaut hat. Der Balkankrieg hat ihn als Schwerbehinderten zurückgelassen, seine Verbitterung dringt durch jedes Wort unserer Unterhaltung. Alles, was nicht niet- und nagelfest war, wurde beschlagnahmt oder gestohlen. Er selbst landete in Kriegsgefangenschaft in Montenegro, wo er täglich zusammengeschlagen wurde. Der Hass auf die Nachbarn wird nicht mehr weggehen und es wird mehrere Generationen brauchen, bis sich das Zusammenleben wieder normalisiert haben wird. Der Krieg kennt nur Verlierer. Die Erzählungen des Mannes sind wie ein Manifest gegen den Krieg. Immer sind es einige Wenige, welche die Auseinandersetzung suchen, weil sie sich davon Vorteile oder Macht versprechen.

Ich habe dazu schon lange meine eigene Theorie: Neunundneunzig Prozent aller Menschen wollen in Frieden leben, als Kinder spielen und später einen Beruf lernen, der bestenfalls Spaß macht. Dazu eine bezahlte Arbeit, die es erlaubt, eine Familie zu gründen und die Kinder in Frieden groß werden zu lassen. Als Krönung kommen später die Enkel dazu, da gehen die Aufgaben sicher nicht aus, auch wenn die Pensionierung kommt. Nur das restliche eine Prozent will Macht, möglichst viel davon, auf jeden Fall aber mehr. Und nicht erst seit dem Erlkönig gilt seit jeher: „Und bist du nicht willig, so brauch' ich Gewalt." Wahrscheinlich ist es sogar noch weniger als das genannte eine Prozent, aber wir, die neunundneunzig Prozent, einschließlich vieler guter Politiker auf der ganzen Welt, schaffen es leider nicht, wie die Geschichte immer wieder zeigt, diese kleine Minderheit in Schach zu halten und ihnen klar zu machen, dass wir, die normalen (!) Menschen, Frieden wollen. Mitunter mag es sich auch so verhalten, dass es uns nicht gelingt, ihren geschickt verbreiteten Lockungen, zu widerstehen. Doch was steht am Ende jedes Mal? Der Krieg hat immer alle Beteiligten nachhaltig geschädigt, auch die Sieger. Ja, gibt es überhaupt Sieger?

Die Spur des Korsen

Mein Gastgeber hat einen guten Tipp für mich: Es gibt einen alten Weg, den Napoleon Bonaparte hat anlegen lassen, als die Franzosen ihren Machtbereich bis hierhin ausgedehnt hatten. Ich finde eine Tafel, die diesen Teil der Geschichte erklärt. Der Baumeister des Weges hat ihn oben in den Bergen angelegt, damit seine Soldaten nicht von Schiffen aus beschossen werden können. Er hat dabei die Reichweite früherer Kanonen und Gewehre berücksichtigt.

Ich habe diesen Weg meist für mich alleine. Mal ist er geteert, mal mit Steinen ausgelegt, mal gehe ich auf blanker Erde. Er ist auch nicht mehr überall vorhanden, aber die Teile, die noch zu begehen sind, bieten einen spektakulären Ausblick auf das Meer, die Küste und die davor gelagerten Inseln, zwischen denen ein feiner Dunst liegt, der alles noch schöner erscheinen lässt. Und den Blick kann ich auch uneingeschränkt genießen, denn der Weg ist so gut, dass ich nicht nach unten schauen muss, um meine Schritte zu prüfen.

Weiter gen Nordwesten wird die kroatische Küste durch einen kleinen Korridor unterbrochen, der zu Bosnien-Herzegowina gehört. Auf der Karte hatte ich gesehen, dass es oben in den Bergen eine kleine Straße mit zwei Grenzübergängen gibt. Da wollte ich entlang, aber ich hatte zum Glück zuvor Einheimische dazu befragt. Die Antwort war immer eindeutig: Da könne ich nicht entlang gehen. Die Grenzer lassen nur Bürger der beiden Grenzstaaten durch. Die Angehörigen aller anderen Nationalitäten müssen unten auf der Küstenstraße passieren. Da hätte ich ziemlich verdutzt aus der Wäsche geschaut, wenn man mich, glücklich dort angelangt, zurückgewiesen hätte. Daher modifiziere ich meinen Plan dahingehend, ein Stück vor der Grenze unten an der Küstenstraße anzukommen und im Bus die wenigen Kilometer durch Bosnien-Herzegowina zurückzulegen. Laut Fahrplan fährt mein Bus um 14.00 Uhr, das sollte machbar sein, wenn ich um 8.00 Uhr morgens starte.

Erst geht es aber oben in den Bergen weiter entlang auf einer gesperrten Straße, in der Rohre verlegt werden. Der Umleitung zu folgen, würde einen Umweg von fünf Kilometern bedeuten, was in meinem Zeitplan nicht vorgesehen ist. Also arbeite ich mich mitten durch die Baustelle, was niemanden zu stören scheint. Ich muss durch die tiefen Gräben, die gerade ausgebaggert wurden oder in denen schon große Rohre liegen. Es ist gar nicht so einfach, in einer solchen Aushebung über ein glattes Rohr hinüber zu kommen, ganz spurlos geht das auch an mir nicht vorüber, meine Hose wird ziemlich schmutzig. Dafür habe ich danach die ganze Straße für mich, abgesehen von einem Baufahrzeug, denn sie ist natürlich für den Verkehr gesperrt. Als mein Weg auf der Höhe zu Ende ist, möchte ich einen Waldweg hinuntergehen, der mich fünf Kilometer später auf die Küstenstraße bringen soll. Als ich in ihn einbiege, sind dort eine große Baustelle mit vielen Containern und ein riesiger Mobilkran zu sehen. Als ich gerade die Baubuden passiert habe, stürmt ein junger Mann hinter mir her und ruft. Er spricht kaum Englisch, macht mir aber klar, dass ich hier nicht weitergehen darf. Ich versuche herauszubekommen, was da gebaut wird. Er bemüht sich, es in allen möglichen Varianten mit den wenigen Worten, die er auf Englisch beherrscht, zu erklären. Das will nicht so recht gelingen, weshalb ich ihn bitte, es langsam auf Kroatisch zu sagen. Sofort verstehe ich, dass sie gerade eine Windkraftanlage errichten. Um meiner eigenen Sicherheit willen, kehre ich freiwillig um und gehe zu einer Straße zurück, die ebenfalls den Berg hinab führt.

Ich kann eigentlich nur mit dem Kopf schütteln, wenn ich an den Grenzübergang denke. Das Ergebnis des Krieges war, neben all dem Leid, dass es nun lediglich zusätzliche Grenzen gibt, die argwöhnisch bewacht werden, ganz abgesehen davon, dass diese Grenzer alles andere als einen freundlichen Eindruck machen.

Schließlich komme ich in Klek an. Wie man es immer wieder in Kroatien sieht, wird das Stadtbild auch hier von Privatpersonen belebt, die Fremdenzimmer vermieten. Eine von ihnen erkennt in mir einen Herbergssuchenden und schon habe ich in diesem niedlichen kleinen Ort ein Appartement für fünfundzwanzig Euro mit Schlafzimmer, Bad und Küche, und das in einer Entfernung von zwanzig Meter zum Strand. So komme ich zu einem erfrischenden Bad im Meer und einer Erkenntnis, die mich noch eine Weile beschäftigen soll: Vom Salzwasser brennen die Innenseiten meiner Oberschenkel: Ich habe mich wund, mir einen so genannten „Wolf gelaufen". Gut, dass ich gerade baden war, sonst wäre mir das noch nicht in diesem frühen Stadium aufgefallen. Sogleich reibe ich die entzündete Stelle mit einer entsprechenden Salbe ein, vergleichbar einer Penaten-Creme für wunde Kinderpopos. Damit war die Sache für einige Tage behoben, trat aber in regelmäßigen Abständen wieder auf. In Slowenien sollte ich dann die Ursache entdecken: Es waren meine Unterhosen, die mir seit viertausend Kilometern treue Dienste geleistet haben. Das Funktionsmaterial war durch das häufige Waschen etwas härter geworden und rieb an meinen Oberschenkeln. Um das zu vermeiden, habe ich den Slip dann immer ganz hoch gezogen, was auch nicht so angenehm war, aber das Scheuern einigermaßen verhindert. Erst in der Stadt Villach in Österreich habe ich dann zwei neue Funktionsunterhosen bekommen, womit das Problem endgültig beigelegt war.

Auf Empfehlung eines Bekannten, der Kroate ist, mache ich einen Abstecher nach Mostar im benachbarten Bosnien, denn das sei noch eine echte Balkanstadt. Scheinbar bin ich nicht der einzige, der diesen Tipp bekommen hat, denn hier rollen die Busse im Dutzend heran. Viele Bewunderer, welche vor allem die berühmte Brücke sehen wollen, tummeln sich in den Straßen. Wie immer nimmt die Menschendichte ab, je weiter ich von der Sehenswürdigkeit weggehe. Die alte Moschee habe ich fast für mich alleine, ich schaue sie mir genau an. Das bemerkt der Wächter und fragt, wo ich herkomme. Als er hört, dass ich Deutscher bin, erklärt er mir zu meiner Freude das Gotteshaus im Detail. Dann erlaubt er mir, auf das Minarett zu steigen. So genieße ich den Blick über die Stadt von ganz oben.

Zurück im Hotel plane ich meine Tage durch den Naturpark Biokovo. Ich hatte im Internet eine Datei mit einem Wanderweg über etwa fünfundachtzig Kilometer durchs Gebirge gefunden. Am Abend versuche ich noch, mit meiner Frau zu telefonieren, aber irgendetwas klappt nicht. Hier in Bosnien versagt mir mein Telefon genauso den Dienst wie schon in Montenegro. Schließlich geht gar nichts mehr – Systemabsturz! Ich versuche einen Neustart, indem ich die Batterie herausnehme und wieder einsetze. Keine Änderung, es hängt weiterhin an derselben Stelle. Plötzlich tut sich etwas und auf dem Display erscheint „SIM gesperrt". Das hat mir gerade noch gefehlt, meine Verbindung nach Hause ist gekappt, denn den Super-PIN habe ich nicht dabei.

Am nächsten Morgen gestattet man mir, vom Hoteltelefon aus meine Frau anzurufen. Keine Minute zu früh, denn sie ist nur noch dreißig Minuten lang zu Hause, bevor sie für zwei Wochen verreist. Sie findet den Super-PIN sofort und ich rühre das Telefon nicht mehr an, bis ich wieder in Kroatien bin.

Dort funktioniert es nach Eingabe der langen Geheimzahl wieder ohne Probleme. Mir fällt eine ganze Gesteinslawine vom Herzen, das hat auch seinen Grund: Mein Telefon und meine Briefe nach Hause sind für mich wie ein (virtueller) Besuch zu Hause und schenken mir eine emotionale Heimat. Meine Familienmitglieder wissen, wie es mir geht, was ich erlebe und wo ich gerade bin. Selbst, wenn sie meine Post erst mit einigen Tagen Verzögerung bekommen, sind sie bei mir und ich bin nie alleine. Und am Telefon höre ich ab und zu, was daheim passiert. Auch oder gerade deswegen fühle ich mich nicht einsam. In meinen Gedanken und im Herzen ist die Familie immer bei mir.

Etikettenschwindel

Von Ploče aus wandere ich hoch ins Biokovo, zumindest habe ich das vor. Der Weg geht direkt von der Küstenstraße ab und ist anfänglich breit und gut zu gehen, wird aber mit der Zeit immer schmaler. Er ist von Menschenhand mit viel Arbeit angelegt worden, denn er ist komplett mit Steinen ausgelegt. Als es weiter hoch geht, wird er noch schmaler, bis er schließlich eher zu einem Pfad wird, der sich durch die ansteigende Landschaft zieht. Bald ist auch der Pfad kaum noch zu erkennen, aber da er auf meinem GPS ist, stellt das kein Problem dar und ich finde auch immer wieder farbige Markierungen an den Steinen. Allmählich wird es jedoch steiler und es geht zwischen Dornenbüschen und Karstfelsen bergan. Das heißt, ich muss einen Wanderstock in den Rucksack stecken, denn ich brauche immer öfter eine Hand zum Klettern über den Karst. Der ist scharf wie ein Messer und ich muss vorsichtig sein, dass ich mich nicht schneide. Blut fließt trotzdem, denn die Dornenbüsche reißen mir die Haut an den Armen auf. Nach einiger Zeit packe ich auch den zweiten Stock weg, denn inzwischen brauche ich beide Hände, um sicher den markierten Weg hinaufzukommen. Ich sage mir immer wieder, dass dieser Kletterabschnitt gleich vorbei sein muss, denn schließlich handelt es sich ja um eine Wanderstrecke. Jedenfalls sagt das meine GPS-Datei, auch meine Karte klassifiziert den Weg als T1. Das bedeutet: „Weg gut gebahnt. Falls vorhanden, sind exponierte Stellen sehr gut gesichert. Absturzgefahr kann bei normalem Verhalten weitgehend ausgeschlossen werden. Die Anforderungen sind: Keine, auch mit Turnschuhen geeignet. Orientierung problemlos, in der Regel auch ohne Karte möglich."

Nach zwei Stunden schweren Kletterns gebe ich auf, denn hier ist wohl etwas schiefgelaufen. Mein Rucksack ist für dieses Gelände viel zu schwer und solche Abschnitte sollte man außerdem nicht alleine gehen beziehungsweise klettern. Trotz bewölkten Himmels läuft der Schweiß in Strömen an mir herunter. Ich lege eine Pause ein, um in Ruhe zu überlegen. Bis hierher habe ich gut vier Stunden gebraucht. War nicht mein Motto: „Ich mache nur, was mir gut tut"? Die Entscheidung ist klar: Ich kehre um, denn das hier ist für mich viel zu gefährlich. Dieser Weg ist völlig falsch eingeordnet - ich will wandern, nicht klettern. Aber erst einmal muss ich die ganze Kletterpartie wieder zurück und ich freue mich, als ich nach zwei Stunden heil wieder unten an der Küstenstraße ankomme. Am Abend in der Unterkunft bin ich fix und fertig und flöße mir erst einmal einen Liter Bier ein, um den Flüssigkeitsverlust einigermaßen auszugleichen. Ich werde meine Muskeln noch mehrere Tage lang spüren, sie haben so etwas wie einen Muskelkater, denn Klettern ist etwas anders für sie als Wandern.

Da ich immer noch nicht zu der Erkenntnis gekommen bin, mir bei dieser Hitze kürzere Strecken vorzunehmen, trage ich die Müdigkeit lange mit mir herum, ich schaffe es nachts nicht, meine mentalen und körperlichen Batterien wieder komplett aufzuladen. Sie werden mit jedem Tag ein bisschen leerer.

Heute gehe ich wieder ein Stück mit Napoleon auf seinem Weg, aber der Abschnitt ist nur fünf Kilometer lang. Unterwegs begegnet mir eine Holländerin, die sich hier auf einen Triathlon vorbereitet und sucht, wo sie weiter laufen kann. Aber mein GPS sagt, dass der Weg in Kürze zu Ende ist.

Hier oben an der Straße liegen einige Sommerhäuser, die gerade in Form gebracht werden. Auf dem schmalen Weg werde ich von einem großen Feuerwehrauto überholt. Ich wundere mich, was das wohl zu bedeuten hat. Einige Zeit später fährt es schon wieder an mir vorbei. Brennt es irgendwo? Es gibt keine Anzeichen, dafür fährt es auch nicht eilig genug. Bald darauf finde ich den Grund dann vor einem der Häuser. Jemand entlädt das Wasser aus dem Tank des Fahrzeugs in das Schwimmbecken seines Anwesens, was wohl noch dauern wird …

Der rote Laster überholt mich dann erneut, kurz bevor ich auf die Küstenstraße komme. Es hilft nichts, auch wenn es nicht ganz ungefährlich ist, ich muss anderthalb Kilometer hinauf gehen, um zur nächsten Abzweigung zu kommen. Auch von hier geht es erst einmal weiter auf der Straße nach Zagreb den Berg hinauf. Doch das nehme ich mir für den nächsten Tag vor.

Oben angekommen, geht es nun lange an der Rückseite des Gebirges entlang, dem Meer abgewandt. Ich will nach Omis. Das soll insgesamt, laut Karte, einer Strecke von siebenundzwanzig Kilometern entsprechen. Je weiter ich in der brütenden Hitze gehe, umso mehr wächst die Erkenntnis, dass es wohl mehr als dreißig Kilometer werden. In mir beginnen sich leichte Zweifel zu regen, dass ich das schaffe. Aber zunächst geht es bergab, bis ich zum Fluss Cetina komme. Hier ist eine Rafting-Station, und ich kann mich auf einem Stuhl erholen. Und verpasse eine gute Chance, wie mir erst einige Kilometer später klar wird: Um die Kilometerzahl zu reduzieren, hätte ich ein Stück mit dem Boot den Fluss hinunterfahren sollen. Außerdem wäre es eine sehr nette Abwechslung gewesen – doch grau, teurer Freund, ist alle Theorie. So gehe ich im Flusstal die Hügel an der Seite auf und nieder, immer wieder, und das auch noch in Serpentinen. Der Tag wird lang und länger und ich immer müder.

Plötzlich höre ich spielende Kinder und sehe durch die Bäume eine Fata Morgana: ein Ausflugslokal direkt am Fluss! Ich gehe näher heran, es ist immer noch da, ich kann es sogar betreten! Mehr noch, sie bieten auch Fremdenzimmer an, doch damit nicht genug: Eines davon ist frei. Ohne weiter nachzudenken, nehme ich es und falle auf das Bett. Ich muss mich buchstäblich zwingen, wieder aufzustehen und meine Kleidung und mich ins Badezimmer zu bringen. Anschließend schütte ich erst einmal Getränke in mich hinein, denn die üblichen fünf Liter, die ich über den Tag hinweg getrunken habe, reichen definitiv nicht. Jetzt wäre es Zeit, etwas zu essen. Zwar verspüre ich keinen Hunger, aber aufs Essen verzichten geht nicht. Also starte ich erst einmal mit einem Salat und warte, ob der Appetit kommt. Nein, tut er nicht. Trotzdem zwinge ich mir noch ein gegrilltes Hühnchen mit Pommes Frites hinein, denn ich brauche die Kalorien.

Kurz darauf liege ich im Bett. Habe fertig, fallen um, schwach wie Flasche leer.

Nach zehn Stunden Schlaf muss mich mein Wecker aus den Federn werfen. Es ist schon etwas ungewöhnlich für mich, so lange zu schlafen.

Nach einem ausgiebigen Frühstück gehe ich langsam die letzten Kilometer nach Omis, ohne bis jetzt einen Plan geformt zu haben, wie es von dort aus weiter gehen soll. In der Zwischenzeit hat der Wettergott hat zwei Dinge für mich getan. Es hat heute Nacht bei Blitz und Donner stark geregnet und deshalb ist die Temperatur heute niedriger. Zweitens gibt es den ganzen Tag eine geschlossene Wolkendecke. Seit ich in Thessaloniki gestartet bin, kann ich mich nicht erinnern, das erlebt zu haben: Ich gehe, ohne dass ich ein schweißnasses Gesicht habe.

Im Ort gönne ich mir erst einmal zwei Dinge: Zuerst lasse ich mir bei einem Barbier den Bart abnehmen, denn er beginnt zu kratzen, schließlich sprießt er seit Durrës in Albanien. Für mich ist die Rasur eine Wohlfühleinheit. Kaum bin ich aus dem Salon heraus, betrete ich eine Bäckerei, um mich mit einem leckeren Berliner zu versorgen. Kaum habe ich in ihn hineingebissen, ist er auch schon vertilgt. Ich hätte zwei nehmen sollen. Hier im Ort scheint die Saison schon begonnen zu haben, es herrscht eine Menge Betrieb.

Das veranlasst mich dann, weiter zu gehen, wieder hoch in die Berge. Auf dem Weg hinauf werde ich von zwei Autos überholt, die ich dann oben, am Wegesrand geparkt, wiedersehe. Etwas vor mir gehen zwei Paare, die bei diesem bedeckten Wetter einen Ausflug machen, denn sie gehen auch auf Napoleons Weg. Nach einer Weile habe ich eines der Paare eingeholt, denn sie stehen am Rand. Sie telefoniert eifrig auf ihrem Handy, ihr Mann steht daneben und verdreht, zu mir gewandt, die Augen. Urlaubsstress?

Am nächsten Tag führt mich mein Weg nach Split. Wie einen Moloch sehe ich die Stadt unten liegen, als ich aus den Bergen hinabsteige. Der Anblick der Gebäude und der Industriezonen behagt mir ganz und gar nicht und ich entscheide mich, die Stadt zu meiden. Eine freundliche Kroatin, die heute Morgen gerade aus Australien, wo sie lebt, angekommen ist, erklärt mir, wo der Bus abfährt und wo ich umsteigen muss. Sie möchte aber vorher noch ein Foto mit ihr machen. Das ist nicht das erste Mal, dass mir das passiert. Wäre mal spannend zu erfahren, auf welchen Seiten ich mit diesen Bildern schon so gelandet bin und mit welchen Kommentaren die Menschen sie versehen haben.

Der Bus fährt bis hinein ins Stadtzentrum zum Bahnhof, wo ich wieder in einen anderen Bus einsteige, der mich in der anderen Richtung wieder aus der Stadt hinausbringt. Das ist fast wie eine Stadtrundfahrt und der Anblick bestätigt mir, dass es gut war, nicht hindurch gewandert zu sein. Erst, als die Fabrikanlagen zu Ende sind, steige ich wieder aus und bewege mich auf Schusters Rappen weiter. Hier muss irgendwo ein Flughafen sein, denn lauter skandinavisch aussehende Familien ziehen mit ihren Rollkoffern in Richtung Bushaltestelle und zu den illegalen Taxis. Diese kosten nur fünfzig Prozent eines lizensierten Taxis. Auch ich werde angesprochen und bekomme ein (von mir aber nicht angenommenes) Angebot, als ich in einem überdachten Bushäuschen sitzend mein Mittagessen zu mir nehme. Von hier aus kann ich die ganze Szene trefflich beobachten.

Am Abend sitze ich im Restaurant meiner Unterkunft in Kaštela Novi, circa fünfzehn bis zwanzig Kilometer nordwestlich von Split. Der Übernachtungspreis ist sogar noch höher als in Dubrovnik. Ich scheine mich in einem Hot Spot des Tourismus zu befinden. Ich fühle wieder die weiter zunehmende Müdigkeit. Woran liegt das bloß? Ich bekomme hier genügend Kalorien, meine Hose rutscht nicht wie in Norwegen. Ich trinke morgens, tagsüber und abends wie ein Kamel, das sich auf eine Karawane durch die Wüste vorbereitet. Damit mir keine Mineralstoffe und Vitamine fehlen, nehme ich zusätzlich ein Präparat in Pillenform, das wirklich alles abdeckt. Die Touren sind nicht so schwierig, denn es sind nur wenige hundert Höhenmeter jeden Tag bergauf und bergab zu bewältigen und zudem habe ich die Streckenlängen bereits reduziert. Es bleibt eigentlich nur noch das Mentale, denn dieser Teil der Wanderung ist jeden Tag aufs Neue eine Reise ins totale Ungewisse. Ich glaube, was mir momentan am meisten zusetzt, ist, dass nicht weiß, ob ich abends ein Bett oder einen Campingplatz finde. Ich komme zwar jeden Abend in einem Ort an, aber immer öfter höre ich die Antwort: „Nein, wir haben leider kein Zimmer mehr frei". Auch kommt es vor, dass sie es nicht nur für eine Nacht vermieten wollen, denn es könnte ja später noch ein Urlauber eintreffen, der hier für eine Woche bleiben möchte. So bin ich im Moment etwas dünnhäutig. Das merke ich auch beim Essen, denn mich stört ein italienisches Pärchen, das zum Rauchen auf die Terrasse des Restaurants gekommen ist. Zum Glück weht der Wind von mir weg und der Rauch bleibt meiner Nase erspart. Aber dann fängt er an zu telefonieren, ein Gespräch nach dem anderen, nicht gerade sehr leise und es hört sich so an, als sei irgendwo eine Katastrophe passiert, seiner Stimmlage nach zu urteilen. Aber vielleicht ist es auch nur seine normale Art zu telefonieren. Auf jeden Fall geht es mir auf die Nerven. Ich bin kurz davor, ihn zu fragen, ob es ihn beim Telefonieren stört, wenn ich weiter esse. Aber ich lasse es dann, denn ich bin es, der nicht in der besten Verfassung ist.

Auch am nächsten Abend habe ich Schwierigkeiten, ein Zimmer zu finden. Aber die Familie, bei der ich gefragt habe, ist sehr hilfsbereit. Ich soll mich bitte zu ihnen auf die schattige Terrasse setzen, sie telefonieren dann herum, wo noch Platz ist. Während sie das tun, werde ich mit Getränken und selbstgebackenen Gemüseküchlein versorgt. Sie finden etwas bei einem Nachbarn, aber der kommt erst in einer Stunde nach Hause. Ich soll hier einfach warten und mich ausruhen. Als Lohn für meine „Mühen" bekomme ich dann ein kleines Appartement.

Mein Hausherr hat einen großen Gemüsegarten ums Haus herum angelegt, aus dem er mir frische Tomaten und Gurken bringt. Da koche ich doch heute selbst, das macht den Rucksack auch leichter. Und damit es besser rutscht, bringt mein Vermieter mir auch noch eine Flasche Rotwein. Die muss ich zum Essen erst einmal als Schorle trinken, sonst haut mich der Alkohol gleich um. Kaum habe ich meine Mahlzeit beendet, kommt seine Tochter und bringt mir einen großen Teller gefüllte Paprika. Sie hatte nicht gemerkt, dass ich selbst gekocht habe. Aber ich finde noch ein Plätzchen in meinem Magen, sowohl für die Paprika als auch für die getrockneten Feigen, die sie mir zudem gereicht hat. Und während ich diese genieße, frage ich mich, weshalb ich mich eigentlich jeden Tag aufs Neue aus der Ruhe bringen lasse, wenn es um ein Quartier geht.

Es ist wie ein schleichendes Phänomen, was über den Tag verteilt, Stück für Stück größer wird, so wie mit jedem Kilometer meine Körperkraft in der Hitze abnimmt. Ich gehe nahezu jeden Tag an und über meine physischen Grenzen. Die Kombination aus zurückgelegten Kilometern und überwundenen Höhenmetern, verbunden mit unbarmherziger Hitze, fordert ihren Tribut, der größer ist als das, was ich dauerhaft zu leisten im Stande bin. Dieser Prozess ließe sich fast

Pause unterm Olivenbaum

in eine mathematische Formel übertragen. Meinem Speicher wird mehr Energie entnommen als ich abends und nachts wieder auffüllen kann. Diese graduelle, wenn auch nur geringfügige, körperliche Schwächung wirkt sich dann auf meine mentale Kraft aus, die scheinbar kleiner wird. Damit wiederum wird mir stetig ein Stück meiner (Selbst-)Sicherheit entzogen, was in einer latenten Unsicherheit resultiert. Während des Tages werde ich heimgesucht von Sorgen über ein einziges angenommenes Problem (und zwar nur dieses eine), das sich dann am Abend real gar nicht einstellen wird, wie sich immer wieder zeigt. Dennoch kostet es mich überflüssigerweise jedes Mal mentale Kraft, wodurch ich mich in eine Abwärtsspirale, um nicht zu sagen einen Teufelskreis, begebe. Das schwächt mich zusätzlich, obwohl ich die tägliche Strecke bereits reduziert, also die eigentliche Wurzel des Übels beseitigt habe. Das Ganze bekomme ich nur gelöst, indem ich mir des mentalen und physischen Problems und des Zusammenspiels bewusst werde. Und deshalb verbanne ich ab sofort jegliche Negativgedanken und führe mir die Realität vor Augen: Ich finde IMMER eine Unterkunft und die Menschen hier sind alle sehr hilfsbereit. Also versuche ich von jetzt an, mir um die Tagesroute und meinen Schlafplatz keine Sorgen mehr zu machen.

So weicht die Müdigkeit in den kommenden Tagen Stück für Stück und das, obwohl die Hitze immer größer wird.

Ab jetzt sehe ich mehrere Feigenbäume pro Tag, aber die Früchte sind noch ganz klein. Sie stehen meist an den Rändern der Olivenhaine. Diese werden zum täglichen Bild. Sie sind umgeben von Steinmauern, wohl um die Tiere fernzuhalten, die sonst die ölige Frucht oder die Blätter fressen würden.

Als ich einen Platz für eine Pause suche, sehe ich eine Steinmauer mit einem Durchgang und gleich dahinter einen großen Stein im Schatten eines gewaltigen Olivenbaumes. Hier lasse ich mich nieder, allerdings nicht ohne zuvor, wie üblich, eventuelle Schlangen vertrieben zu haben. Ich gönne mir noch eine Tomate und eine halbe Gurke vom Vorabend.

Plötzlich vernehme ich Stimmen und ein Weilchen später taucht auf dem Weg ein älterer Mann auf, der am Stock geht. In der anderen Hand hält er eine Doppelaxt. Er sieht mich und schon aus fünfzehn Metern Entfernung höre ich ihn immer wieder den gleichen Satz sagen. Aber ich verstehe ihn erst, als er auf meiner Höhe ist: „Nix da gut, nix da gut!" Zunächst nehme ich an, dass die Olivenbäume ihm gehören, er überrascht ist, hier so einen Vogel wie mich zu treffen, und es nicht mag, dass ich hier sitze. Aber ohne anzuhalten, geht er weiter seines Weges, fortwährend seine Formel vor sich her sagend, „Nixdagut!"

Als ich meine Wanderung fortsetze, hat sich mir immer noch nicht erschlossen, was gegen die Wahl des Rastplatzes gesprochen hätte.

Heute, genau vor einem Jahr, befand ich mich in Norwegen und war in die Sauna meiner ersten DNT-Hütte gegangen. Und ich hatte mir zur Feier des Tages, der Mittsommernacht, aus Instantpulver einen Rotwein angerührt, der so furchtbar war, dass ich ihn nach einem Schluck in die Büsche geschüttet hatte. Wie krass der Unterschied zum Wandern hier ist. Ich gehe durch endlose Olivenhaine, mal auf Wegen, aber immer wieder auch auf Straßen, wenn sie auch klein sind.

Auch heute mündet mein Weg in solch einem Sträßchen und mit einem Mal stehe ich vor lauter Buden mit Getränken und vor einem über die Straße gespannten Band, das anzeigt, dass hier ein Startpunkt ist. Überall stehen rot-weiße Kegel und schattenspendende Schirme.

Ich gehe ungehindert diese Straße bergauf, derweil überall noch die Vorbereitungen laufen. Über eine Strecke von über drei Kilometern werden alle Hindernisse und scharfen Kanten mit alten Autoreifen abgedeckt. Schließlich gelange ich an ein Band, auf dem „Ziel" steht. Ich habe keine Vorstellung, ob das ein Fahrrad-, Kart- oder Autorennen werden soll. Letztere würden die schützenden Altreifen sowieso nur wegschubsen, ohne dass es eine Schutzwirkung geben würde.

Einen Kilometer weiter komme ich an einem Polizeiwagen vorbei, der quer auf der Straße steht und keine Fahrzeuge mehr durchlässt. Etwas später höre ich auch schon etwas heranbrausen und dann sehe ich sie: Es sind kleine, scharf gemachte Autos (erinnert sich noch jemand an einen frisierten Sport-Prinz, Baujahr 1958 bis 1967, 580 ccm und bis zu 22 kW Motorleistung, einem Kollegen des alten Fiat 500?), die hier ein Rennen fahren wollen. Ich habe Glück gehabt, denn ich bin längst über alle Berge, als das Zeitfahren beginnt, denn jetzt würden sie mich sicherlich nicht mehr durchlassen.

Der Ton macht die Musik

Später sitze ich in einem kleinen Dorf in einem Café und trinke etwas. Dabei lerne ich etwas über die hiesige Kultur. An den Tischen sitzen ein paar Grüppchen und unterhalten sich. Unterhalten? Nein, sie diskutieren lebhaft! Der jeweilige Redner gestikuliert intensiv mit den Armen und um seinen Argumenten Nachdruck zu verleihen, spricht er mit lauter Stimme, mit sehr lauter Stimme. Wenn der nächste redet, wird es noch lauter, es klingt schon aggressiv. Ich mache mir Sorgen. Hoffentlich gehen die sich nicht gleich an den Kragen! Doch meine Bedenken sind unbegründet und es gibt keine Anzeichen dafür, dass der laute Diskurs entgleisen könnte. Bei uns würde man bei dieser aggressiven und lauten Tonart von einer handfesten Auseinandersetzung sprechen. Aber es scheint mir die normale Art zu sein, hierzulande miteinander zu diskutieren. Ich sollte das auch noch häufiger an anderen Orten beobachten. Was für meine Ohren fast wie ein ausartender Streit klingt, halten die Kroaten augenscheinlich für ein friedliches, normales Gespräch. Natürlich verstehe ich von all dem kein Wort, es ist nur die Tonart, die mich verwirrt.

Es hat sich auch sonst noch einiges geändert, seit ich in Kroatien bin. Zunächst optisch, denn es ist viel sauberer geworden. Hausmüll wird nicht mehr am Wegesrand verklappt, so ist die Landschaft frei von Plastik – eine Wohltat. Nur ganz selten komme ich mal an einem Häufchen Bauschutt vorbei, das am Wegesrand verloren wurde. Aus früheren Jahren steht noch das ein oder andere fast historische Modell eines abgemeldeten Autos in der Landschaft. Davon stehen auch einige in den Ortschaften herum. Sie wurden nach der letzten Runde vor der Tür geparkt und abgemeldet. Die Menschen sind hilfsbereit, aber es ist anders als in Albanien, es scheint eher eine professionelle Einstellung dahinter zu stehen, zumindest fühlt es sich anders an. Der Menschenschlag hier erscheint mir häufig etwas grummelig.

Als Beispiel sei ein Erlebnis angeführt, das ich am Morgen meines heutigen Ruhetages auf dem Markt in Vodice hatte, einem sehr zu empfehlenden Hafenstädtchen: Ich kaufe mir gerade zweihundertfünfzig Gramm Kirschen, vier Aprikosen, einen Pfirsich und eine Nektarine. Niemand wartet hinter mir, trotzdem ist es für mich sichtbar, dass der Obsthändler bei jeder Position hadert, so nach dem Motto: „Nur so wenig?" Und dann ziehe ich mein Geld aus der Tasche und sehe es ihm regelrecht an: „Und jetzt hat er es nicht einmal passend!" Es fühlt sich oft an, als ob ein Haar in der Suppe schwimmt. Hier ist der Tourismus das größte Geschäft. Das ist für die Einwohner Segen und Fluch zugleich. Im Juli und August platzt der Ort aus allen Nähten, während im Juni und September Vor- und Nachsaison herrschen. Und den Rest des Jahres können sie nichts verdienen, denn es gibt keine Industrie oder andere Tourismusformen neben dem Sonnenbaden. Wander- oder Radwege im Hinterland sind nicht erschlossen, also kommen außerhalb dieser Zeit kaum Touristen.

R4 - Der ewige Lastesel

Reif für die Insel

Dabei gibt es doch einiges zu sehen, wie ich auf einem Ausflug in das Tal des Flusses Krka bewundern kann. Ich fahre in dem Nationalpark mit einem kleinen Boot flussaufwärts. Alleine das ist bereits wunderschön. Zum Teil ist das Ufer mit Schilf bewachsen oder es ragen steile Felsen heraus, die nach oben hin bizarre Formen und Höhlen bilden. Der Steuermann zeigt uns Mitreisenden alles genau, keiner verpasst etwas. Und dann legen wir an einer kleinen Insel namens Visovac an, auf der ein Kloster steht. Einst war es ein Felsen mitten im See, dann bekamen Mönche die Insel geschenkt. Sie haben den Fels abgeschliffen, bis ein flaches Plateau entstand, und darauf ihr Kloster errichtet. Dann wurde vom Festland Mutterboden herangeschafft, so dass ein Garten entstehen konnte.

Bei meinem Rundgang finde ich drei außergewöhnliche Dinge: Als ich in die Kirche eintrete, bietet sich mir ein seltsamer Anblick: In diesem kleinen Gotteshaus stehen nebeneinander zwei Altäre. So etwas habe ich noch nirgendwo sonst gesehen. Ursprünglich war die Kirche wohl nur halb so breit, mit einem Altar. Dann wurde das gleiche Schiff noch einmal angebaut und um eine Symmetrie zu erzeugen, haben die Mönche einfach einen zweiten Altar reingestellt. In einem Nebenraum sind mehrere Gemälde angebracht, eines davon findet meine besondere Aufmerksamkeit. Es zeigt Maria mit dem sehr kleinen Jesus auf dem Arm. Das ist ja nicht ungewöhnlich, denn ähnliche Abbildungen gibt es wie Sand am Meer. Und dennoch ist diese einzigartig, denn Maria stillt den Säugling an ihrer Brust. Ich finde die Botschaft, den göttlichen Glanz mit dem irdischen Leben so menschlich zu verbinden, sehr gelungen und bewegend. Auch dies habe ich noch nie zuvor irgendwo gesehen. Dass hier sehr einfühlsame Künstler am Werk gewesen sind, kann ich dann auch noch draußen neben der Kirche feststellen. Dort steht zwischen zwei Grabplatten eine lebensgroße, weiße Steinfigur eines Mönches mit seiner Kutte, langen Haaren und den Kopf leicht nach vorne geneigt. Seine Arme hängen leicht angehoben seitlich herunter, aber seine geöffneten Handflächen zeigen nach vorne und sind ein wenig nach oben angewinkelt. Seine Haltung und das Gesicht machen ihn zu der ausdrucksstärksten Figur, die ich in meinem Leben gesehen habe, inspirierend, nachdenklich und erhebend. Ich habe einige Zeit in dieses Bild hineingeträumt, es wird mir unvergesslich bleiben. Von allen drei Besonderheiten auf dieser Insel habe ich ein Foto gemacht, doch der Eindruck in meinem Herzen lässt sich nicht in ein Bild fassen.

Der restliche Tag ist schön, auch wenn er vor der Erinnerung an diese Insel verblasst. Da sind die terrassenförmigen Wasserfälle mit den Fischen, Enten und Reihern, darüber kreist ein Adler. Und dieses Erlebnis habe ich fast für mich alleine, denn dort, wo das Boot angelegt hat, ist ein Restaurant, wo sich die meisten Bootspassagiere sofort niederlassen, um Essen und Trinken zu sich zu nehmen. Ich gehe den Berg hinauf und überquere den Lehrpfad an den weit verzweigten Wasserfällen. Einen ähnlichen Pfad gibt es auch am unteren Ende des Sees, wo das Boot gestartet war. Hier tummeln sich sehr viele Menschen, die zum Teil auch in den Wasserfällen baden. Das sieht sehr einladend und erfrischend aus, ich bin geradezu neidisch.

Mein Weg nach Zadar hinein und wieder hinaus ist geprägt von der Nutzung einiger besonderer Karten, die ich mir vor der Reise ausgedruckt habe (https://misportal.hcr.hr/HCRweb/faces/intro/introduction.jspx). Sie zeigen die Minenfelder aus dem Balkankrieg, die im ganzen Land verstreut liegen. Als ich die Reise plante, lagen noch geschätzte sechsundfünfzigtausend Minen auf kroatischem Boden. Die Bereiche sind mit vielen Warnschildern markiert. Trotzdem habe ich mir vorgenommen, diese Felder etwas weiträumiger zu umgehen. Auf einigen Karten vom Nationalpark Paklenica sind Wanderwege eingezeichnet, wo auch

Der doppelte Altar

vermerkt ist, dass man maximal um fünf Meter vom Weg abweichen darf. Im Laufe der Jahre sind schon viele Minen gefunden und entschärft worden. Trotzdem hat es weit über tausend Unfälle mit mehreren hundert Toten und vielen Schwerverletzten gegeben. Jetzt, zwei Jahre später, als ich diese Zeilen schreibe, sind es immer noch sechsundvierzigtausend Minen, es findet eine permanente und aufwendige Räumung durch Spezialisten statt. Aber das ist schwierig und es wird noch viele Jahre dauern, bis diese Lebensgefahr beseitigt ist. Hier um Zadar sind für meiner Route viele rote Felder eingezeichnet, deshalb nehme ich für diesen Abschnitt den Bus.

Paklenica und Velebit

In Zadar möchte ich mir Material über die beiden Nationalparks beschaffen und gehe als erstes ins Touristenbüro. Dort wende ich mich an zwei junge Frauen, die wirklich alles versuchen, um die gesuchten Informationen zu finden. Zuerst geben sie mir die Adresse eines Bergwandervereins, der nur zwei Straßen weiter sitzt, denn dort würden sie mir sicher helfen können.

Als ich vor der Hausnummer stehe, bin ich etwas verwirrt, denn ich befinde mich vor einer Kneipe. Aber ich bin richtig, es handelt sich um das Vereinslokal. Also gehe ich hinein. Wer jetzt erwartet, dass ich, mit Rucksack und Bergstiefeln ausgerüstet, dort ein Willkommens-Hallo höre, der irrt. Dort sitzen zehn ältere Herren in einer Höhle mit rustikalen Holztischen und -bänken und rauchen, dass es mir trotz des weit geöffneten Tores den Atem verschlägt. Ich frage etwas herum, aber jeder verweist mich an einen anderen. Der letzte sagt mir, dass es darüber keine Informationen geben soll, außerdem wäre es ganz einfach, da oben entlang zu wandern. Er und all die anderen würden das auch andauernd machen. Er denkt, dass er mich damit los ist, aber ich kann nicht glauben, dass es überhaupt kein Informationsmaterial gibt. Ich bleibe stur und formuliere die gleiche Frage immer wieder etwas anders. Es ist, als müsste ich ihm Würmer aus der Nase ziehen. Nach einer halben Stunde greift er plötzlich in einen Schrank und zieht eine detaillierte Wanderkarte des Nationalparks Paklenica heraus. Aber die sei nicht gratis. Als ob das für mich ein Hinderungsgrund wäre. Trotz weiterer Fragen, es bleibt dabei: Darüber hinaus gibt es nur noch ein Vereinsheft in kroatischer Sprache, das ich zusammen mit der Karte erwerbe.

Zurück im Touristenbüro, erfahre ich, dass die beiden Damen inzwischen einige Telefonate, auch mit dem Nationalpark-Personal, geführt haben. Es stellt sich heraus, es gibt tatsächlich eine Reihe von Detailkarten für das Velebit. Auf dem Stadtplan zeigen sie mir, wo die Buchhandlungen sind, die vielleicht Wanderkarten verkaufen. Aber nach einem Rundgang durch die Innenstadt bekomme ich überall die gleiche Antwort: „So etwas führen wir nicht!" Deshalb kommen die beiden Frauen wieder ins Spiel und finden über eine Anzeige aus dem Vereinsheft heraus, dass es eine Buchhandlung in Zagreb gibt, die zwei der fünf Karten für das Velebit auf Lager hat. Sie werden bestellt und sollen übermorgen früh hier sein. Morgen ist Feiertag und damit keine Postzustellung.

Letztendlich klappt es: Meine beiden Goldstücke im Touristenbüro bedienen über viele Stunden andere Touristen und dennoch finden sie die Zeit, nebenher ständig wie Detektive nach Informationen für mich zu suchen. Und dabei belassen sie es nicht einmal, sie versuchen auch noch einen kleinen Kiosk am Eingang zum Nationalpark zu erreichen, in dem es detaillierte Karten geben soll. Aber am anderen Ende nimmt niemand ab. Und just in diesem Moment kommt einer der größten Zufälle meiner Reise überhaupt durch die Tür. Beziehungsweise, da es ja keine Zufälle gibt, nutze ich wieder das Wort „Vorsehung". Meine Vorsehung also, ist eine Frau namens Danijela, eine drahtige, durchtrainierte Bergführerin, die einige Broschüren für interessierte Wandertouristen für Touren im Velebit und Paklenica im Büro abgeben will. Und der vorhin telefonisch nicht erreichbare Kioskbesitzer ist ihr Bruder! Wir kommen natürlich sofort ins Gespräch und sie sorgt dafür, dass die drei fehlenden Karten im Shop sofort für mich reserviert werden. Und sie hat auch noch einige Tipps für mich parat: Vorsicht unter Bäumen, denn die giftige Hornviper jagt dort oben Vögel. Diesen lebenswichtigen Hinweis habe ich vorher bei allen anderen Warnungen zu dieser Schlange nirgendwo gefunden!

Das größte Problem auf der achttägigen Wanderung wird sein, ausreichend Wasser zu bekommen. Wenn mir jemand begegnet, soll ich immer fragen, wo er die letzten zwei Male Wasser bekommen beziehungsweise gefunden hat. Denn in dem Karstgebirge versickert bei Regen sofort alles Wasser in den Rissen und Hohlraumen des Gesteins. Deshalb gibt es so gut wie keine Flüsse und fast keine Quellen. Danijela versichert mir, dass die auf den Karten eingezeichneten Hütten offen sind und dass die Wege alle geeignet sind, alleine dort hinauf in die hohen Berge zu gehen, ohne dass es Klettereinheiten gibt. Ihre Informationen geben mir ein gutes Gefühl, ich freue mich auf diesen Abschnitt. Von diesem Tag an ist meine mentale Müdigkeit der vergangenen Tage wie verflogen und kommt auch nicht mehr zurück. Es ist schon erstaunlich, was der Kopf bewirken kann.

Ich sollte das eigentlich nur zu gut wissen, denn als Manager war eine meiner größten Stärken, meinen Mitarbeitern den Glauben an die Zukunft und sich selbst zu vermitteln. Das macht, gepaart mit Wissen und Erfahrung, den Unterschied zwischen Erfolg und weniger gutem Abschneiden aus. Es erinnert mich auch an eine Analyse, die ich mal zum Profitennis gehört habe. Die Top Einhundert können alle ähnlich gut spielen, aber unter den Top Ten sind die, die dazu noch die mentale Stärke besitzen. Ich verbringe den Rest der Zeit damit, dass ich mir Zadar ansehe und lese. Vor der Reise hatte ich meine vier Geschwister gefragt, welches ihre Lieblingsbücher sind. Das Ergebnis und einige eigene Wünsche habe ich auf meinen E-Book-Reader geladen. Erstaunlicherweise sind die Themen ähnlich: Es geht um Bewusstsein, die Kraft des Herzens und um Achtsamkeit, was ja auch zum Reisen passt. Ich habe vor kurzem François Lelords Buch „Hectors Reise" zu Ende gelesen. Der Titelheld reist um die Welt, um von den Menschen zu erfragen, was Glück ist. Und ich sitze hier direkt unter einem großen Glockenturm – just in diesem Moment setzt das Geläut ein und ich sage mir: „JA! D a s ist Glück!" Aufgrund meiner Nähe, spüre ich die Schwingungen, die die Luft überträgt, sogar körperlich und zwar nicht nur in den Ohren. Klangschalen im Maxiformat, in diesen Wellen kann ich baden, so kommt es mir vor. Sie ergreifen meinen Brustkorb und auch er beginnt zu schwingen. Noch lange nach dem letzten Schlag spüre ich die Vibrationen in meinem Körper, die wie die Brandung des Meeres schäumend gegen die Küste donnern. Es ist wie ein Aufruhr im System, den ich noch eine ganze Weile still sitzend genieße. Ich habe alles um mich herum vergessen, obwohl ich von hunderten Menschen umgeben bin.

Dann beobachte ich wieder und sehe, wie der Kellner im Restaurant ein Schnitzel vor einem deutschen Ehepaar abstellt. Das Gesicht des Gastes leuchtet, ihm scheint es gerade richtig gut zu gehen. Das ist schön anzusehen, aber es wird in meinem Kopf sofort mit einer Bewertung versehen (es geht ihm gut). Brauche ich das? Wenn ja, wozu? Beim Wandern durch die Natur habe ich es schon sehr gut geschafft, meinen Kopf abzustellen und nur die Eindrücke und Bilder aufzunehmen. Jetzt, da ich mich unter Menschen befinde, stellt sich beim Beobachten sofort wieder das Bewerten ein. Wo der Körper nun Ruhe hat, sehen die Gedanken ihre Chance und trumpfen wieder auf, sie wollen wieder die erste Geige spielen. Aber das lenkt mich nur vom Wesentlichen ab und daher übe ich jetzt, auch hier in der Stadt mit den vielen Touristen, nur zu beobachten und den Kopf und die Gedanken ruhen und still sein zu lassen.

Nachdem ein Feiertag mir einen zusätzlichen Ruhetag beschert hat, finde ich mich gut gerüstet und erholt am Eingang zum Nationalpark ein und zahle meinen Eintritt. Hier sind viele Menschen. Sie haben meist zwei Ziele: Zum einen wollen sie sich die Stätten ansehen, an denen Teile der Winnetou-Filme gedreht worden sind. Außerdem interessieren sich viele für eine sehr tiefe Schlucht, die ein kleiner Fluss (es gibt also doch einen) hier in den porösen Fels gearbeitet hat, und die begehbar ist. Diese Schlucht allein ist einen Besuch wert. Unten und an den Seiten noch grünleuchtend, durch das seltene Wasser aus den Bergen, ragen die grauen Felswände fast senkrecht in die Höhe. Besonders am Eingang sind viele Kletterer – von ganz jung bis alt – damit beschäftigt, sich den Karst hinauf zu arbeiten.

Mit jedem Schritt, den ich zurücklege, begegne ich immer weniger Menschen. Dennoch gibt es durchaus einige, die hier zu ein- und mehrtägigen Touren starten oder gerade zurückkommen. Trotz allen Trainings kommt für mich jetzt als zusätzliche Herausforderung hinzu, dass es hoch hinaus in die Berge geht und meine Beine Höhenmeter bewältigen müssen und zwar deutlich mehr (und anstrengender) als in den letzten Wochen. Ich habe versucht, die ersten drei Tage so zu planen, dass ich den Anstieg etwas verteile. Dafür nehme ich auch einen Umweg in Kauf. Meine erste Hütte ist noch bewirtschaftet und es gibt, wenn die Sonne scheint, auch ein bisschen Strom, um die Batterien meines GPS wieder zu laden. Das wird für einige Tage die letzte Gelegenheit dazu sein, ab sofort ist wieder ein strikter Energiesparmodus gefragt. Zwar ist das Gerät, während ich wandere, immer eingeschaltet, aber bei einer längeren Pause und direkt nach der Ankunft am Ziel, stelle ich es aus. Noch immer ist hier der kleine Fluss zu sehen und etwas abseits der Hütte finde ich, auf Empfehlung der Wirtin, ein natürliches Becken voll mit Wasser. In dem sechzehn Grad kalten Nass nehme ich ein herrlich erfrischendes Bad, das letzte für die nächsten Tage.

Die Hausherrin hatte noch einen weiteren Tipp parat: Ich soll nicht dem großen Weg folgen, sondern einem kleinen Nebenpfad, den ich nun, am nächsten Morgen, auch wähle. Er geht stetig bergauf, verläuft aber im Wald und damit im Schatten. Das ist bei der Anstrengung und dem unerbittlichen Sonnenschein ein echter Vorteil. Trotzdem ist mein Hemd bei jeder Pause pitschnass und ich suche ein Plätzchen mit Sonne, um es zu trocknen. Hier oben geht ein kühler Wind, der meinen nassgeschwitzten Körper sehr schnell auskühlt.

Auch als ich oben auf dem tausenddreihundertdreiundneunzig Meter hohen Buljina-Pass stehe, bläst mir ein heftiger, frischer Wind entgegen. Ich bleibe trotzdem stehen, denn vor mir liegt eine grüne Hochebene. Von ihr aus kommen zwei Rehe auf mich zu, die mich wegen des Gegenwindes nicht wittern können. Und sie sehen mich auch lange nicht, denn ich stehe ganz still. So kommen sie mir nahe genug, dass ich sie fotografieren kann. Sie wirken stämmiger als die Rehe, die ich kenne. Ich bin begeistert und sowohl ihr Anblick selbst als auch der Gedanke an ihre Schönheit graben sich tief in meine Erinnerung ein. Als sie mich schließlich entdecken, verschwinden sie sofort im Gehölz.

Kurze Zeit später komme ich an mein Ziel, eine geschützt stehende Hütte namens Struga. Ich bin erschrocken und auch leicht verärgert über den vielen Müll, den Wanderer hier zurückgelassen haben. Sie schaffen es, die vollen Dosen und Flaschen hier herauf zu schleppen, aber nicht, die leichten leeren mit hinunter zu nehmen. Ich scheine auch nicht alleine zu sein, denn zwei Schlafsäcke hängen draußen auf der Leine. Aber die Eigentümer sind wohl oben irgendwo klettern. Ich packe erst einmal aus und reserviere mir einen Schlafplatz.

Danach geht es noch einmal zwanzig Minuten bergauf, denn dort befindet sich eine Wasserzisterne. In der Hütte stehen große Plastikkanister, um das kühle Nass hierher zu bringen. Oben angelangt, schöpfe ich es mit einem Eimer an einer Leine aus der Tiefe und bringe es in den Kanistern zurück. Ich muss zu meiner Überraschung erkennen, es ist gar nicht so einfach, mit je fünfzehn Litern in der rechten und linken Hand einen schmalen Bergpfad hinab zu balancieren. Sich mit einem Rucksack auf dem Rücken durch unwegsames Gelände zu bewegen, ist wesentlich leichter.

Nachdem ich gegessen habe, erreicht ein älteres slowakisches Ehepaar die Hütte. Sie machen einen Tagesausflug und sind bereits acht Stunden unterwegs. Ihre Wasservorräte sind nahezu aufgebraucht und sie sind sich nicht ganz klar, wie es weitergeht. Nachdem ich ihnen ordentlich zu trinken gegeben habe, fragen sie nach Informationen über den weiteren Weg, denn eine Karte haben sie auch nicht. Ich zeige ihnen, wo sie sind und welche Möglichkeiten sie haben. Er zieht ein iPad aus der Tasche und macht Fotos von den Abschnitten, die sie noch vor sich haben. Es ist fast vier Uhr nachmittags und sie wollen noch weiter hinauf und dann in einem Bogen zurückgehen. Ich rechne aus, dass sie, selbst wenn sie keine Pausen mehr einlegen, es gerade bis zum Dunkelwerden schaffen werden, wieder unten in Starigrad am Eingang zum Nationalpark zu sein. Deshalb rate ich ihnen davon ab, weiter hinauf zu gehen, denn wenn die Dunkelheit sie überrascht, sitzen sie ohne Wasser, Nahrung und irgendwelche Hilfsmittel, wie eine Taschenlampe, fest. Außerdem habe ich Bedenken, dass sie das körperlich überhaupt schaffen, denn sie machen nicht den fittesten Eindruck. Dennoch schlagen sie meine Empfehlung in den Wind und ziehen weiter. Mir wird schlagartig bewusst, warum mich viele Menschen hier vor der Wanderung oben in den Bergen gewarnt haben. Sie sagten, dass jedes Jahr einige Touristen aus den Bergen gerettet werden müssen und es auch mal Todesopfer gibt. Jetzt wird mir auch klar, warum das passiert: Die Anstrengung und auch die Schwierigkeit werden unterschätzt, gleichzeitig ist die Ausrüstung für den Notfall nicht dabei. Ich kann nur hoffen, dass die beiden wohlbehalten wieder unten angekommen sind.

So langsam füllt sich die Hütte, denn es ist Samstag und viele Einheimische machen einen Ausflug. Als erstes kommt eine aus drei Generationen bestehende Familie. Eine der Frauen beginnt sofort, Ordnung zu machen und verpackt allen zurückgelassenen Müll in Säcken. Als nächstes entfernt sie alle offenen Lebensmittel aus den Schränken, um zu verhindern, dass wildlebende Tiere angelockt werden. Das kommt durchaus vor und jedes Mal hinterlassen sie bei ihrem Festmahl eine gepflegte Sauerei. Manchmal soll auch ein kleiner Bär dabei sein. Danach macht die Dame alles sauber. Einmal im Monat kommt sie mit ihrer Familie hier hinauf und macht den ganzen Dreck weg, den Müll nehmen sie im Rucksack wieder mit. Ohne sie gäbe es diese Hütte schon nicht mehr, sie wäre schon im Unrat versunken. So kann ich den Leuten, zumindest gedanklich, gar nicht genug danken. Ich erzähle dem Mann von der Begegnung mit den Rehen und er bekommt große Augen. Es ist eine endemische Rehgattung, das heißt es gibt sie nur hier. Er kommt seit Jahren regelmäßig hier hinauf und hatte noch nie das Glück, eines dieser seltenen Rehe zu sehen.

Derweil wird gebrutzelt und gekocht und alle Anwesenden bieten mir von ihrem viel zu reichlichen Essen an. Aber ich lehne ab, denn ich will wie immer früh ins Bett, und mit vollem Bauch schläft es sich schlecht. Ich hätte die Einladungen annehmen sollen. Kaum liege ich mit Ohrenstöpseln auf meiner Matte, fängt es draußen an zu regnen. Natürlich drängen nun alle hinein und wuseln jetzt neben mir herum. Die Taschenlampen leuchten mir ständig durch die halb geschlossenen Augen. Elf Personen und zwei Hunde brauchen einige Zeit, bis sie zur Ruhe kommen und auch schlafen gehen. Und selbstverständlich kann es nicht ausbleiben, dass einer von ihnen wie ein Sägewerk schnarcht. Auch die beiden Hunde bewegen sich die ganze Nacht unruhig in der Hütte umher.

Stapina - Der Zuckerhut

Pierre Brice, Lex Barker und Heinz Rühmann

Aber die Zeit bis zum erlösenden Morgen geht auch vorüber. So steige ich bald sechshundert Höhenmeter in eine Ebene hinab. Sie ist rechts und links von einer hohen Bergkette eingerahmt. Da der Pfad eben ist, komme ich zügig voran. Die Landschaft ist mir aus Verfilmungen bekannt und es würde mich nicht wundern, wenn plötzlich Winnetou und Old Shatterhand vor mir stünden.

Dann geht es wieder den Berg hinauf und es folgt eine Art Wellenreiten, ein ständiger Wechsel von Auf und Ab. Das wird mich heute für den Rest des Tages und auch morgen noch begleiten.

Dann plötzlich sehe ich „Stapina", einen steilen, runden, weißen Felsen, von dem mir schon gestern die Leute auf der Hütte vorgeschwärmt hatten. Er hat die Form eines Zuckerhutes, wie man ihn über einer Feuerzangenbowle abbrennt. Unterhalb davon liegt meine nächste Hütte Stap.

Dort angekommen, mache ich mir reichlich zu essen. Da es Sonntagabend ist, bin und bleibe ich heute ganz alleine.

Am nächsten Morgen verläuft das Auf und Ab der Wellen durch eine kaum markierte Passage, die zudem schwer zu gehen ist. Ab und zu verliere ich an den

schwierigsten Stellen den Weg und muss immer wieder meine Schritte zurück-
verfolgen, um mich an der letzten Markierung zu orientieren und den richtigen
Weg zu gehen. An einer Stelle muss ich gleich drei Mal zurückgehen, bis ich
schließlich die nächste Markierung finde – sie ist völlig verblasst und kaum auszumachen.

Kurz vor meiner nächsten Hütte Surgarska Dublina erlebe ich zur Abwechslung eine freudige Überraschung: ich finde dort eine große Zisterne mit gutem
Wasser vor. Ich fülle meine Flasche bis zum Rand, damit ich gleich genug zum
Kochen habe. Die Hütte selbst ist einmalig, denn es ist ein Container mit einer
Länge von vierzig Fuß, in dem jede Menge Stockbetten stehen. Den muss wohl
ein Hubschrauber hier abgesetzt haben, denn einen anderen Transportweg kann
ich mir nicht vorstellen. Das Innenleben ist etwas in die Jahre gekommen und
der Schornstein klappert im Wind. Rund um dieses Gehäuse muss ich genau auf
meine Schritte achten, denn überall sind Tretminen verstreut: Kuhfladen. Deren
Urheber sollen morgen eine besondere Rolle spielen. Deshalb wird ihnen noch
ein eigenes Kapitel gewidmet werden.

Am nächsten Tag führt mich mein Weg durch Karstberge und Wälder, was bei
dieser Hitze eine willkommene Abwechslung ist. Immer wieder betrachte ich die

Die Hütte Stap

zerklüfteten Felsformationen oder stehe an senkrechten Abgründen der tief aus-
gewaschenen Löcher. Unten befindet sich eine schwarze Fäche, die wohl innerhalb von tausenden Jahren, aufgrund von herabfallenden Ästen und Blättern,
entstanden ist. Aber genau ist das nicht auszumachen, denn dort unten ist nur
wenig Licht, um es von oben im Detail zu erkennen. Hier ist es ratsam, schwin-
delfrei zu sein.

Mein Ziel ist der Ort Baske Oštarije, in dem ich hoffe, Brot und Haferflocken
oder Müsli kaufen zu können. Dort soll es auch, mitten in den Bergen, ein großes
Hotel geben. Der letzte Abstieg macht mir klar, warum es hier mehr als nur eine
Hütte gibt. Ich gehe neben einem Sessellift eine Skipiste hinunter. Unten an der
Talstation finde ich ein sehr sauberes und gemütliches Hostel. Es hat etwas von
Schweizer Alpenromantik.

Die Wirtsleute bereiten mir ein leckeres Essen zu. Aber leider gibt es keine
Möglichkeit, im Ort einzukaufen, der nächste Markt ist über zwanzig Kilometer
weit weg. Es fährt jetzt kein Bus und auch niemand anderes muss heute noch
dorthin. Ich muss das Thema auf morgen vertagen, wenn in der Frühe ein Bus
startet.

Als ich draußen mein Tagebuch schreibe, kommt ein kleiner Campingbus mit
Luxemburger Kennzeichen in den Hof gefahren. Die beiden Insassen interviewen
mich, wollen wissen, wie das Hostel so sei. Nachdem sie meine Beschreibung
gehört haben, fragen sie gleich nach einem Zimmer. Sie sind müde und durch-
gerüttelt von einem unbefestigten Weg, den sie von der Hütte Alan bis hierher
gefahren sind.

Nachdem sie geduscht und gegessen haben, kommen wir ins Gespräch. Josiane
und Georg wollen morgen hier bleiben und eine Wanderung machen. Schade,
sonst hätten sie mich bis zum Supermarkt mitnehmen können. Sie wollen wissen,
welche Lebensmittel ich brauche. Daraufhin verschwindet Josiane in ihrem Bus.
Kurze Zeit später kommt sie mit einem eingeschweißten Schwarzbrot zurück, das
sie, im Gegensatz zu mir, nicht mag, und einer Riesentüte Müsli. Daraus füllt
sie mir drei Tagesportionen ab, denn mehr brauche ich nicht. Und wieder stelle
ich fest, die Lösung eines Problems kommt auf mich zu. Ich muss nur geduldig warten. Es ist schon irgendwie unglaublich! Obendrein führte ich auch noch
ein intensives und abwechslungsreiches Gespräch. Und morgen früh habe ich
frei, denn der Weg zur bewirtschafteten Hütte Ravni Dabar entspricht nur einer
halben Tagesreise.

Als ich am nächsten Vormittag später als sonst losgehe, sind die beiden schon aufgebrochen zu ihrer Wanderung. Nachdem ich eine halbe Stunde in einem langgezogenen Tal gegangen bin, kommen sie plötzlich aus einem Seitenweg zwischen den Bäumen wieder zum Vorschein. Sie wollten eigentlich in die Berge rechts hinauf. Aber sie finden den Einstieg zu dem alpinen Weg nicht. Wir legen ihre detaillierte Karte und mein Navi nebeneinander und siehe da, sie sind ungefähr einen Kilometer zu weit gegangen. Das ist der große Vorteil eines GPS, man weiß immer ziemlich genau, wo man steht. Damit kann ich mich nach dem Bier gestern Abend noch einmal für die Lebensmittel revanchieren.

Zwei Stunden später sehe ich mein heutiges Ziel. Ich stehe oben auf dem Berg, die Hütte befindet sich unten in einem Talkessel, zweihundertdreißig Höhenmeter tiefer. Soll ich da wirklich hinuntergehen? Ich habe Zweifel, mache es dann aber doch und steige den steilen Waldweg hinab. Für eine bewirtschaftete Hütte kommt mir das Ganze doch sehr ruhig vor. Unten angekommen, stelle ich fest, dass alles verschlossen ist. Wie ich später erfahre, ist die Hütte nur an Wochenenden geöffnet. Der Notraum ist ein schwarz verrußtes, ungemütliches Loch. Darin will ich bestimmt nicht übernachten. Da ich nur zweieinhalb Gehstunden in den Knochen habe, entscheide ich mich, bis zur nächsten Hütte Skorpovac weiterzugehen. Damit stirbt mein ursprünglicher Plan, zwei kurze Tage hintereinander zu machen. Ich fülle mir als Notration noch Wasser aus der Zisterne in meine Flasche, obwohl mein neuer Tank im Rucksack noch einigermaßen voll sein müsste. Aber wie voll er wirklich ist, kann ich leider nicht sehen.

Nach dem Mittagessen arbeite ich mich dann gestärkt wieder denn steilen Waldweg hinauf, den ich gerade hinuntergekommen bin. Oben treffe ich ein Pärchen aus Zwickau und wir halten ein Schwätzchen. Sie fahren morgen früh mit ihrem Auto wieder nach Hause. Sie brauchen dafür zehn Stunden. Heute ist der 1. Juli und ich schätze, dass ich für diese Strecke noch gut und gerne drei Monate brauchen werde.

Die ersten Stunden des restlichen Weges verlaufen auf einem ebenen Pfad hoch über der Adria, der mir vereinzelte Blicke auf das Meer bietet, und so komme ich für meine Verhältnisse ziemlich spät an der Hütte an. Es macht den Anschein, als sei jemand da. Und richtig, aus der Hütte tritt ein hagerer Einsiedler. Jeden Sommer kommt er für vier Monate hier als Hüttenwart herauf. Er hält alles in Ordnung. Seine Freunde versorgen ihn mit Lebensmitteln und Tabak. In der Nähe muss eine Straße sein, die zu einem Wasserspeicher oder -kraftwerk führt.

Dort fahren öfter mal LKWs hin, die Pakete für ihn mitbringen. Er verfügt zudem über einen Gasherd und bietet mir Gewürze an, um das Essen etwas pikanter zu machen. Er freut sich, dass ich meinen heißen Tee mit ihm teile, ansonsten ist er eher ein wortkarger Eremit.

Ich habe heute schon ein besonderes Foto geschossen. Ich war einen Waldpfad hinauf gewandert, um weiter oben durch eine Lücke zwischen zwei Karstfelsen zu gehen. Auf Serpentinen komme ich immer höher, bleibe aber plötzlich wie angewurzelt stehen: Da oben sitzt ein Bär! Da ich gegen den hellen Himmel schaue und der Bär im Schatten der Bäume sitzt, bleiben mir Restzweifel. Er muss mich doch bemerkt haben, aber er rührt sich nicht von der Stelle. Eigentlich ein untypisches Verhalten. Ist das wirklich einer? Ich vermag es noch nicht zu sagen und mache deshalb nach langem Zögern ein paar Schritte vorwärts. Der „Bär" bleibt völlig regungslos sitzen. Ich kann es immer weniger einordnen. Er muss mich doch sehen und hören. Ich bin noch weit genug weg, um keine unliebsame Begegnung zu provozieren. Ich nehme meine Kamera aus der Gürteltasche und zoome den vermeintlichen Bären heran, um ein Foto zu machen. Nach genauer Betrachtung des Bildes stelle ich fest: Das ist gar kein Bär! Es ist ein Holzstumpf, der ein Bärengesicht hat. Das ist mir auch lieber. Wie lautete die Frage doch gleich: Hast Du keine Angst vor Bären und Wölfen? Den Bären hatte ich nun. Da können morgen ja die Wölfe kommen.

Und das tun sie. Mein Pfad führt mich durch einen Wald und der warme Wind streichelt von vorne mein Gesicht. So konnten mich die zwei oder drei Waldwölfe nicht vorher wittern oder hören. Sie liegen im Unterholz neben dem Weg und sind – genauso wie ich – völlig überrascht von unserer Begegnung. Sie bemerken mich, bevor ich sie entdeckt habe, springen auf und rennen in den Wald davon, komischerweise in verschiedene Richtungen. Es ist nur ein sehr kurzes Zusammentreffen, das nur wenige Sekunden gedauert hat. Eine Begegnung mit ihrem Verwandten, dem Hund, wäre mit Sicherheit gefährlicher verlaufen.

Einige Zeit später höre ich Stimmen im Wald auf mich zukommen. Zwei Kroaten, die seltsame Gestelle hinter sich herziehen, kommen auf mich zu. Sie waren vor anderthalb Tagen zur Tour durchs Velebit in umgekehrter Richtung als ich aufgebrochen. Sie sind vierundsechzig sowie einundsiebzig Jahre alt und wollen auf ihrer Wanderung auf keinen Komfort verzichten. Das würde eigentlich bedingen, dass jeder einen sehr schweren Rucksack zu schleppen gehabt hätte. Aber viel tragen wollen sie auch nicht. Also zieht jeder von ihnen eine Art Schubkarrengestell hinter sich her, in dem statt einer Metallwanne eine riesige Reisetasche eingehängt ist. Bei dem einen ist die professionelle Metallrohrkonstruktion an der Hüfte befestigt und bei dem anderen ist das Selbstbau-Holzgestell mit Trage-gurten auf die Schultern gehängt. Etwa einen Meter hinter ihnen rollt dann das Rad der Schubkarre, die eigentlich Ziehkarre heißen müsste, und trägt mehr oder weniger das meiste Gewicht. Ich hatte bei meiner Vorbereitung auf die Wande-rung auch einmal ein solches Gestell in Erwägung gezogen und bin jetzt, da ich es in der Praxis sehen kann, froh, es nicht gewählt zu haben. Über manche schmale oder enge Passagen oder steinigen Untergrund muss es extrem schwierig sein, mit diesem Gerät durch zu kommen oder das Gleichgewicht zu halten. Dort, wo ein paar Kletterschritte nötig sind, stelle ich es mir sehr wackelig vor. Der Ältere von beiden nimmt im Gespräch einmal seinen Hut ab und zeigt mir eine große Wunde am Kopf. Er war einmal schwer gestürzt, als er an einem schmalen Stück die Balance verloren hatte. Aber sie sind beide guter Laune und erzählen mir, dass auch sie heute Morgen einen Wolf gesehen haben. Und sie wissen auch etwas zum Thema „Begegnung mit Kühen" beizusteuern – doch dazu später mehr.

Für den Rest des Tages bis zur bewirtschafteten Hütte Alan finde ich auf dem Weg immer wieder die Rollspuren der beiden.

Diese und auch die nächste Hütte kann man mit dem Auto erreichen. Weil deshalb mehr Menschen hier hinaufkommen, sind beide bewirtschaftet. Vor der Hütte sitzen bei meiner Ankunft acht Motorradfahrer und erfrischen sich bei einem Grapefruitradler. Das ist hier in Kroatien der große Verkaufsschlager und ich stimme zu, es ist wirklich sehr erfrischend und schmackhaft. Die Truppe will mich überreden, dass ich mich auf dem Bock mit ins Tal nehmen und in einen Bus setzen lasse, um mit diesem nach Hause zu fahren. Dass jemand zu Fuß dahin kommen möchte, ist für sie völlig unvorstellbar. Die einzigen Übernach-tungsgäste außer mir sind ein pensionierter Biologieprofessor und seine junge Assistentin. Sie haben den ganzen Tag Schmetterlinge in den Bergen gefangen. Und heute Nacht wollen sie mit einer beleuchteten Mottenfalle auch noch die Nachtschwärmer fangen. Hier im Velebit gibt es eine ganze Reihe von Tieren und Pflanzen, die es nur hier und sonst nirgendwo auf der Welt gibt. Der Professor hat schon einige unbekannte endemische Arten entdeckt und kommt öfter hierher, um noch weitere zu finden.

Wenn ich einen Tag im Velebit als Highlight hervorheben soll, dann den heu-tigen, einen Tag mit sehr schönen Bildern und Momenten: Der Morgen beginnt mit einem kontinuierlichen Aufstieg im noch kühlen Wald. Dann schließt sich

Formschönheit Karstgebirge

ein unglaubliches Karstgebirge in den verschiedensten Formen an: mit tiefen Löchern und steilen Flanken, glatt gewaschenen Felsen mit Rillen darauf, die zum Teil messerscharf sind. Und das alles liegt vor mir ausgebreitet und erschlossen durch einen Weg, der an manchen Stellen von Menschenhand geschaffene Übergänge hat, wo tiefe Einschnitte sonst ein ständiges und beschwerliches Herauf- und Herabklettern erforderlich gemacht hätten. Diese Spalten wurden mit so vielen Steinen gefüllt, bis man quasi ebenerdig darüber gehen konnte. Ich bin von tiefem Respekt erfüllt für die Knochenarbeit, die dahinter steckt! Allerdings ist der Weg definitiv nur etwas für Schwindelfreie, denn er ist an manchen Stellen nur fünfundsiebzig Zentimeter breit, links davon geht es senkrecht den Fels hoch und rechts senkrecht hinunter. Aber genau aus diesem Grund werden atemberaubende Ausblicke überhaupt erst möglich.

Während des Tages kommen mir ungefähr zwanzig Wanderer entgegen, die entweder bis nach Alan wollen oder nach einer Mittagspause in der Hütte Rossijeva zum Ausgangspunkt zurück wollen. Diese kleine Unterkunft auf halber Strecke hat eine spektakuläre Toilette. Es ist ein typischer Holzverschlag mit kleinem Türchen. Das Bild eignet sich bestens für eine Immobilienwerbung: Exklusive Lage, unverbaubare Aussicht, Prädikat einmalig. Das Häuschen war am Ende eines kleinen Weges an der senkrechten Felswand befestigt worden und hängt dort wie ein Adlernest. Oben und unten geht es steil herauf beziehungsweise hinunter und es sieht fast so aus, als schwebe die Toilette dort.

Nach meiner frühen Mittagspause sind die meisten Menschen, denen ich begegne, in der Gegenrichtung unterwegs. Und trotz des regen Betriebs, gibt es einen sehr friedlichen Moment, als ich um eine Felswand herum komme. Dort geht es erst einmal nicht weiter, denn auf dem Weg steht eine Gämse. Ich bleibe sofort stehen und sie hebt den Kopf, schaut mich an, aber rennt nicht davon, sondern widmet sich wieder einigen frischen grünen Pflanzen. Die müssen sehr schmackhaft sein, denn das Tier gibt den Weg erst wieder frei und springt davon, nachdem es fertig gefressen hat. Ich bin wegen des Aufenthalts nicht böse, hat es mir doch eine Chance gegeben, einige Fotos zu machen.

Am Nachmittag komme ich an mein Ziel. Die Hütte Zavižan auf tausendfünfhundertvierundneunzig Metern ist eine ehemalige Wetterstation, die zu einer Hütte umgebaut wurde. Es ist spartanisch hier. Am späten Nachmittag gibt es einen Teller Bohnensuppe mit Brot und einer Wurst, die ich normalerweise nicht essen würde. Aber ich brauche die Kalorien. Gäste, die etwas später hier eintreffen, bekommen ab einer bestimmten Uhrzeit schon nichts mehr zu essen. Das

Ausblick auf die Adria

Lecker Grünzeug!

scheint hier aber niemanden zu überraschen, denn eine große Truppe junger Männer fährt mit ein paar Autos vor. Kistenweise schleppen sie Essen und Trinken heran, um draußen zu speisen. Was ist hier Ursache und was Wirkung des dürftigen Angebotes in der Hütte? Noch unverständlicher erscheint mir das Vorgehen der Betreiber, da doch hier mit Abstand die meisten Gäste sind. Da müsste es eigentlich mit einem guten Angebot an Speis und Trank etwas zu verdienen geben?

Ich gehe früh ins Bett und habe mir in dem großen Zimmer das Bett am Fenster gesichert, das ich sofort öffne.

Alle Männer schlafen auch hier, wie ich morgens feststelle. Sie sind ins Zimmer gekommen, während ich schlief, ohne einen Mucks zu machen. Ich habe nichts gehört und bin beeindruckt von der großartigen Rücksichtnahme.

Von hier aus geht es wieder hinunter an die Küste. Ich merke auf dem Weg, dass ich mir gestern Abend zu wenige Kalorien zugeführt habe. Bereits um zehn Uhr lege ich eine Pause ein und erleichtere meinen Rucksack um eine gute Portion Brot und Salami aus meinem Bestand. Eigentlich wäre das erst in drei Stunden fällig gewesen. Da ich zudem im Velebit keinen Tag Pause gemacht habe, bin ich nicht mehr so ganz fit und geistere wie in Trance den Berg hinab dem Meer entgegen. Diesen Abschnitt meiner Reise, Paklenica und Velebit, kann ich jedem empfehlen, der gerne wandert. Die Wege und Pfade sind gut und die Natur wunderschön, nur würde ich jedem nahelegen, das außerhalb des Hochsommers zu machen. Dann herrschen hier auf der Höhe freundlich warme Temperaturen.

Auf in den Kampf, Torero

Hier klingt wieder die Frage vieler Menschen an, die meinen Geschichten der Reise gelauscht haben: „Hast Du keine Angst vor wilden Tieren gehabt?" Die Realität sieht anders aus. Es waren nicht die wilden Tiere, die mir wirklich gefährlich geworden sind. Über die Hunde habe ich ja schon berichtet. Die schwierigsten Situationen hatte ich mit den als so friedlich geltenden Hausrindern zu überstehen. In Norwegen laufen, außer in den nördlichen Bereichen, überall Kuh- und Schafherden frei herum. Die Schafe suchen schon das Weite, wenn sie mich nur sehen, denn sie sind an den Umgang mit Menschen nicht gewöhnt, zumindest nicht an regelmäßigen „Publikumsverkehr". Eine Einschränkung gibt es bei Schafen, wenn ein Lamm dabei ist. Da kann es durchaus vorkommen, dass die Muttertiere sich mitunter etwas schwierig gebärden.

Bei Kühen habe ich eine alte Erfahrung aus Kindertagen genutzt: Ich bin oft auf dem Bauernhof von Freunden gewesen und habe dort gesehen, dass der Bauer in ruhiger Stimme mit den Kühen geredet hat, wenn sie gemolken oder in den Stall getrieben wurden. Wenn mir dann in freier Wildbahn Kühe begegneten, habe auch ich ruhig mit ihnen gesprochen. Hier jedoch gibt es keine Zäune, die Tiere bewegen sich auf den Pfaden, im Grasland und auch im Wald. Wenn ich zum Beispiel auf einem Wirtschaftsweg gegangen bin, dann bewegte ich mich langsam auf die Kühe zu. Diese haben sich dann, dem Herdentrieb folgend, für eine Seite der Straße entschieden, während ich ruhig mit ihnen redend auf der anderen Seite des Weges in einem Abstand von anderthalb bis zwei Metern an ihnen vorbeigegangen bin, mehr Platz war nicht vorhanden.

Eines Morgens, die Wolken hängen noch tief im Wald, steht also wieder eine Herde auf dem Weg. Alles läuft genau nach Plan, die Kühe entschieden sich für rechts, ich gehe nach links. Einige Kühe stehen auch im Wald zwischen den Bäumen. Bisher fanden nur Kühe Erwähnung, aber plötzlich sehe ich in acht Metern Abstand rechts vom Weg einen Bullen zwischen den Bäumen stehen. Und von ihm ist ein anderes Verhalten zu erwarten als von den weiblichen Tieren. Er sieht mich im gleichen Moment, als ich ihn bemerke. Da ich bereits auf seiner Höhe bin, ist es keine Option mehr, den Rückzug anzutreten, von dem Versuch, einen Schnappschuss zu ergattern (wie damals beim Elch) ganz zu schweigen. Da es leicht nieselt, habe ich zu allem Überfluss auch noch meinen roten Regenponcho an – was mir sicherlich auch keine zusätzlichen Sympathiepunkte bei ihm einbringen wird. Und dieser Stier ist von der Sorte, die man aus der Arena des spanischen Stierkampfes kennt, mit spitzen nach oben zeigenden Hörnern. In Bruchteilen von Sekunden fällt meine Entscheidung, sie lautet: Flucht nach vorne! Ohne in den Laufschritt zu verfallen, beschleunige ich meinen Schritt auf maximale Geschwindigkeit. Der Stier ist noch in der Überraschungssekunde, so habe ich innerhalb eines Wimpernschlags eine zusätzliche Distanz von zehn Metern zwischen uns gebracht. Die Gefahr ist noch nicht ganz gebannt. Er kommt mit kräftigen Schritten aus dem Wald auf den Weg und folgt mir langsam, während ich mich immer wieder umschaue und den Abstand zwischen uns erhöhe. Ich bin ständig bereit zum Sprint in den Wald, um aus seinem Sichtfeld zu verschwinden. Aber dazu sollte es nicht mehr kommen. Es gelingt mir, schnell genug ausreichend weit von ihm wegzukommen, so dass er wohl keine Lust verspürt, mich weiter zu verfolgen. Das ist zum Glück der einzige frei laufende, ausgewachsene Bulle, der mir begegnet. Und die Erfahrungen meiner Kindheit haben mich zweierlei gelehrt: Mit Kühen lässt sich reden, Bullen aber – die können gefährlich werden, sehr gefährlich!

Meine zweite Begegnung mit den Milchproduzenten findet, wie schon vorher angedeutet, im Velebit statt. Ich verlasse morgens meine Hütte (den Vierzig-Fuß Container), der oben auf dem Hügel steht, und gehe in eine Senke hinein, in der ich gestern Abend schon eine Kuh hatte stehen sehen. Noch auf dem Weg talwärts sehe ich rechts von mir an einem Waldrand eine kleine Herde stehen, dem Augenschein nach sämtlich Jungvieh, aber keine Kälber. Mein kaum sichtbarer Pfad soll sich in der Talsohle gabeln. Um auch die richtige Abzweigung an der Gabelung zu nehmen, hole ich noch einmal meine Karte heraus und falte sie auf – nicht ohne gleichzeitig auch ein Auge auf meine Umgebung zu behalten. Es zeigt sich, damit bin ich gut beraten, denn dadurch entgeht mir nicht, dass links von mir soeben eine Altkuh über den Kamm des Hügels kommt. Sie bemerkt mich gleichzeitig und fängt laut an zu muhen. Ich stehe genau zwischen ihr und dem Jungvieh. Instinktiv weiß ich, dass es nicht die beste Stelle ist, an der ich mich befinden könnte. Und richtig, die Kuh setzt sich wieder in Bewegung und kommt direkt auf mich zu. Ich falte nicht einmal mehr meine Karte zusammen. Sie wird in meiner linken Hand zusammengeknüllt. Im Wandersprint haste ich den vor mir liegenden Hügel hinauf, ungefähr in die Richtung, in der mein Weg gehen soll. Es gelingt mir zwar, aus der Mittelposition zwischen Altkuh und Jungvieh heraus zu kommen, aber auf dem Hügel links erscheinen immer mehr Altkühe, alarmiert durch die Leitkuh, und beteiligen sich an der Verfolgung. Die Jungtiere verstehen dies scheinbar als eine nette Abwechslung oder als Spiel und laufen jetzt ebenfalls in meine Richtung. Ich werde also in die Zange genommen. Jetzt nur nicht in diesem unwegsamen Gelände umknicken oder stürzen, also Augen auf – und trotzdem maximale Geschwindigkeit gehen. Ich erreiche die Hügelkuppe, aber weiterhin folgt mir die Herde, als hätte ich sie im Schlepptau. Schließlich bröckelt die Beteiligung nach und nach, und eine Kuh nach der anderen gibt das Rennen auf – bis auf eine: die Leitkuh. Ich wechsele die Taktik und bleibe ein paar Mal stehen, um mit ihr zu reden. Sie hält dann auch jedes Mal sofort inne, uns trennt ein Abstand von fünfzehn Metern. Aber sobald ich mich wieder umdrehe und weitergehe, kommt sie wieder hinter mir her. Als ich einen kleinen Wald erreiche, glaube ich darin eine Chance zu erkennen, sie hier abzuschütteln. Nach ungefähr fünfzig Metern trete ich wieder auf eine Wiese und denke, es wäre geschafft. Aber wer erscheint da zwischen den Bäumen? Meine Verfolgerin! Erst als mein Weg mich in einen großen Wald führt, stellt sie die Jagd ein. Sie ist über zwei Kilometer hinter mir hergegangen. Das habe ich so interpretiert, dass sie sicher gehen wollte, dass ich ihr Territorium tatsächlich verlassen habe. Erst jetzt im Wald falte ich meine Karte zusammen, stecke sie weg und atme erst einmal tief durch. Auf meinem Navi kontrolliere ich noch, ob ich hier wirklich richtig bin, was zum Glück der Fall ist, denn zurück kann ich nicht gehen. Der Wandersprint über diese lange Distanz, noch dazu die meiste Zeit bergauf, sowie die Anspannung haben mich mehr Kraft gekostet als sonst ein halber Tag Bergwanderung.

Die beiden älteren Wanderer mit ihren Schubkarrengestellen, denen ich am gleichen Tag nachmittags begegnet bin, habe ich ja bereits beschrieben. Ich habe sie vor dieser Kuhherde gewarnt, denn der Container war ihr Ziel. Sie haben mir dann erzählt, dass ich wohl Glück gehabt habe, denn vor ein paar Monaten ist es hier in den Bergen zu einem tödlichen Unfall eines Wanderers gekommen, der einem Bullen begegnet war. Im Balkankrieg hat sich niemand mehr um die Herden gekümmert und so sind sie Stück für Stück verwildert. Es sind keine Haustiere mehr und damit sehen sie den Menschen als potentielle Gefahr. Es ist ein bekanntes Problem. Von nun an bin ich in der Zwickmühle. Einerseits muss ich genügend Geräusche beim Wandern machen, damit ich nicht überraschend mit einem Bären zusammenstoße, andererseits muss ich möglichst leise sein, damit mich keine Kühe entdecken, bevor ich sie gesehen habe und einen Umweg nehmen kann. Ich sehe aber hier im Nationalpark dann nur noch ab und zu Kuhfladen, aber keine einzige Kuh mehr.

Forewarned is forearmed

Ich bin sehr häufig gefragt worden, welche Sicherheitsvorkehrungen ich getroffen habe. Vieles konnte ich vorbereiten, aber zum Beispiel die Situation mit den Kühen natürlich nicht. Hier half nur meine Fähigkeit, ein Risiko zu erkennen, zu beurteilen und danach zu handeln. Das ist leicht gesagt und nicht so einfach, wie es klingt. Ich kann dankenswerterweise auf eine gewisse Erfahrung aus meinen Berufsjahren zurückgreifen, die mir dabei sehr geholfen hat. Viele Jahre haben meine Teams und ich Augen, Ohren und den siebten Sinn unserer Mitarbeiter geschult, Gefahren und Risiken in der Fabrikation, auf der Baustelle, in den Maschinenanlagen, in den Büros und – nicht zu vergessen! – zu Hause zu erkennen und möglichst sofort abzustellen. Über die Jahre sind deshalb die Unfall- und Verletztenzahlen stark zurückgegangen. Diese Schulungen und die ständige Anwendung haben natürlich auch meinen Sinn für Risiken sehr geschärft, insbesondere, weil der Chef als Vorbild fungieren muss. Natürlich ist die Umgebung jetzt eine andere, aber die Aufmerksamkeit für das Thema Sicherheit und Gesundheit ist das Entscheidende.

Nehmen wir als Beispiel den Fall, dass ich in der freien Natur vor einem Fluss stehe. Es ist natürlich keine Brücke da – wozu auch? Und immer dann suche ich eine Furt, die mir einen sicheren Übergang erlaubt, im Idealfall trockenen Fußes. Meist zeigt sich nach einigem Auf- und Abgehen ein passender und gangbarer Weg. In Norwegen jedoch kam ich einmal an einem Fluss, der den Berg heruntergestürzt kam und wo ich nichts fand außer einigen tiefen Stellen, wo das Schmelzwasser mit starker Strömung bergab schoss. Wenn ich mich darauf eingelassen hätte, hätte ein kleiner Rutscher genügt, um die Balance zu verlieren, und der Fluss hätte mich mitgerissen. Das pendelnde Gewicht des Rucksacks hätte dabei das Übrige getan. Statt mir das weiter auszumalen, hatte ich mich nach einem Blick auf die Karte entschlossen, am Flussufer bergabzugehen, abseits des markierten Wegs, denn weiter unten wurde das Gelände flacher. Meine Vermutung, dass der Fluss dort breiter, seichter und damit langsamer ist, sollte sich bestätigen. Der Umweg hat mich bestimmt zwei Stunden und einige Kraft gekostet. Aber: Ich habe das Hindernis heil überwunden. Und das ist nur ein Beispiel. Ein trainierter Siebter Sinn hat mich so manche Gefahren vermeiden lassen, oder ich habe sie – wie bei den Kühen – rechtzeitig erkannt und entsprechend reagiert. Und nicht zu vergessen, ein bisschen Glück braucht es auch!

Der Rucksack ist weg

Ich war auch schon in Albanien einige Zeit bei Temperaturen von dreißig Grad Celsius unterwegs gewesen. Kroatien ist eine harte Nummer für mich als Wanderer, denn die Temperatur bleibt wochenlang noch höher und das macht am Ende aus mir Dörrobst. Die körperliche Belastung ist immens. Dazu kommt die mentale Belastung, jeden Tag einen Weg zu finden, denn entlang der Küstenstraße zu gehen, ist keine Option. Karten und gute Informationen sind rar oder gar nicht verfügbar. Und am Ende des Tages stellt sich jedes Mal die Frage nach einer Unterkunft und die Suche nach einem geeigneten Zimmer beginnt. Je näher die Hochsaison kommt, umso schwieriger wird es. Eine Vermieterin hatte mir erzählt, dass sie ab Anfang Juli bis Mitte August immer mit allen Zimmern ausgebucht ist. Jeden Tag fragten gefühlt bis zu einhundert Personen, ob sie noch etwas frei hat. Aber ich habe jedes Mal etwas gefunden, wenn es mich auch viel Kraft gekostet hat. So kommt mein Flug ab Rijeka zur Seebestattung meiner Mutter als Pause zum richtigen Zeitpunkt.

Nach zehn Tagen bin ich wieder zurück und setze meine Reise fort. Zumindest würde ich das gerne, denn „das ist der Plan", aber ein durchkreuzter, denn mein Rucksack ist beim Umsteigen in Berlin wohl nicht mitgekommen. Das geht allen Umsteigern in meinem Flieger so. Deshalb stehen wir alle gemeinsam am Schalter für verlorenes Gepäck. Für die Urlauber ist es einfacher, denn sie geben die Adresse ihres gebuchten Hotels an und das war es – einmal abgesehen von dem Frust, dass der Urlaub irgendwie mit dem falschen Bein startet. Ich hingegen kann keine Adresse angeben und muss daher erst einmal nach Rijeka in die Stadt, um eine Bleibe zu finden. Es ist absolute Hochsaison und ich gehe von Hotel zu Hotel – jedes Mal Fehlanzeige. Aber das beste Hotel am Platze hat an der Rezeption einen hilfsbereiten Menschen, der mir anbietet, er würde „mal eben herumtelefonieren", um etwas für mich zu finden. Und er wird tatsächlich fündig: Ein Zimmer auf einem Schiff, dem sogenannten Botel, ist noch verfügbar.

Dort im Bauch eines alten norwegisch-dänischen Schiffes warten nett ausgebaute Zimmer, eines ist noch frei. „Wie lange möchten Sie denn bleiben?" Zum Glück stellt mir der Manager des Schiffes diese Frage beim Einchecken. Das weiß ich nicht, denn wo mein Rucksack ist und wann er kommt, kann mir niemand sagen. Hier können Fluggesellschaften noch einiges verbessern, um es dem sowieso schon geschädigten Kunden leichter zu machen. Der Manager sichert mir zu, dass ich jeden Mittag an die Rezeption kommen soll, er werde immer eine Verlängerung für eine Nacht möglich machen. Als nach zwei Tagen mein Gepäck immer noch nicht da ist, muss ich einen Angestellten an das Wort seines Chefs erinnern, denn der Mann an der Rezeption sagt mir, er habe kein Zimmer mehr. Ich bekomme dann das Reservezimmer, das stets für die Situation der Überbuchung frei gehalten werden muss. Nach drei Tagen wird mein Rucksack endlich aufs Boot geliefert.

So kann es gleich am folgenden Morgen weitergehen, in Richtung Triest. Bevor ich weiterlaufe, noch ein kurzer Rückblick: Am Tag davor komme ich auf dem Boot immer wieder mit einem alleinstehenden Mann ins Gespräch. Er braucht jemanden zum Reden und ich höre ihm zu. Ein leichter Schlaganfall hat ihn zu einem wohl komplizierten Menschen gemacht, wie er es für sich interpretiert. Deshalb hat seine Frau ihn verlassen und nun ist er in vielen Situationen seines Lebens verunsichert. Um daraus auszubrechen, ist er zum ersten Mal alleine in den Urlaub gefahren. Es hat ihn viel Mut und Überwindung gekostet, diesen für ihn großen Schritt zu wagen. Es ist einiges schief gegangen auf seiner Reise, fast wie eine sich selbst erfüllende Prophezeiung, denn er sieht viele Probleme in der Zukunft, die es noch gar nicht gibt. So befürchtet er, dass die gebuchte Heimreise morgen mit dem Bus eigentlich nicht klappen kann und macht sich verrückt mit Fragen wie: „Fährt der Bus pünktlich, komme ich zu spät, finde ich den richtigen Bahnsteig und steige so auch in den richtigen Bus?" Wenn ich so an meine Reise herangehen würde, wäre ich auch nervös. Ich kenne den Busbahnhof, der gleich um die Ecke vom Hafen liegt, und versuche ihm über mehrere Gespräche die Sorgen zu nehmen und ihm Vertrauen „einzuflößen". Ich hoffe, dass bei seiner langen Heimreise alles geklappt hat, damit er aus diesem ersten Urlaub, alleine in der Fremde, etwas Selbstvertrauen ziehen kann. Denn das verdient er, allein schon weil er eine Reise gewagt hat, von der ihm jeder seiner Bekannten abgeraten hatte.

SLOWENIEN

Triest ist der Startpunkt meiner Wanderung entlang der „Roten Via Alpina" durch Slowenien. Das hat nichts damit zu tun, dass die Wegführung geklinkert ist, noch dass hier der Kommunismus ein Reservat gefunden hätte. Die Via Alpina hat mehrere Wege zur Auswahl, die mit unterschiedlichen Farben gekennzeichnet sind und verschiedene Ziele haben. Der Rote führt durch Slowenien nach Österreich über die Schweiz und Frankreich bis nach Monaco.

Bevor ich die Stadt verlasse, schlendere ich durch die Gassen und Straßen (Mag James Joyce es auch so erlebt haben?) und finde einen zauberhaften kleinen Laden. Ich höre Musik aus einem geöffneten Holztor klingen, Pavarotti singt eine Arie aus La Traviata. Die Töne locken mich in eine alte Holzwerkstatt. Auf und unter einer Hobelbank liegen frische Holzspäne und dahinter an der Wand steht ein Beichtstuhl. Aus ihm klingt die Oper zu mir herüber.

Ich bin zurückversetzt in meine Kindheit! Ich stehe in der Buchbinder-Werkstatt meines Vaters. Es riecht nach Leder und Leim, Musik klingt aus dem Radio und er arbeitet stehend an einem großen Tisch. Seine ruhigen, feinen Hände bewegen die Werkzeuge, vergolden, mit unglaublicher Präzision, den ledernen Buchdeckel. Es sind die hölzernen Griffe der Werkzeuge, die denen zur Holzbearbeitung so ähneln. Aber hier wird kein Holz mehr bearbeitet, sondern im Nebenraum ist ein kleines Geschäft mit lauter nützlichen und schönen kleinen Sachen aus Holz untergebracht. Auf einem Hocker sitzt in einem langen schwarzen Kleid eine schlanke, ältere Italienerin, die Ladenbesitzerin. Das ganze Ambiente gleicht einem Zauber, alles passt zusammen, ohne dass etwas den Eindruck trübt. Es ist wie in einem Traum, den ich nur ungern verlassen will. Aber mein erstes Ziel in Slowenien wartet, deshalb reiße ich mich dann, beseelt von den Eindrücken des Ladens, doch noch los.

Die Slowenen sind ein Volk, das viel wandert. Deshalb gibt es gut gekennzeichnete Pfade und die passenden Karten dazu. Im Internet unter www.via-alpina. org konnte ich mir in der Vorbereitung meinen gewünschten Streckenabschnitt auswahlen, habe dort dann auch eine Liste bekommen und ausgedruckt, die für jeden Tag die Gehzeit ausweist, sowie die Entfernung, die zu bewältigenden Höhenmeter sowohl bergauf als auch bergab, plus einer kleinen Beschreibung. Darüber hinaus habe ich im Buchhandel eine kleine Karte gefunden, auf welcher der Weg zusammen mit Sehenswürdigkeiten und Unterkünften eingezeichnet ist. Und die GPS-Daten gibt es auch noch dazu. Das ist der pure Luxus und macht jeden Tag völlig unbeschwert, denn ich muss mich nur auf die Natur und den Weg konzentrieren.

Man spricht deutsch

Als ich entlang einer kleinen Straße gehe, hält plötzlich ein Auto neben mir an. Die Scheibe geht herunter und ein junges Paar fragt mich: „Sprechen Sie Deutsch?"

„Ja." Ich sehe Erleichterung in den Gesichtern.

„Wir wissen nicht mehr, wo wir sind." Das Pärchen aus Bielefeld hat nur eine sehr grobe Karte. Ich kann ihnen helfen, wieder in die richtige Richtung zu fahren, und sage ihnen, wo sie abbiegen müssen, um an ihr Ziel zu kommen. Fröhlich sausen sie wieder los. Zehn Minuten später hält ein Auto neben mir, die Scheibe geht runter und ich höre exakt die gleiche Frage: „Sprechen Sie Deutsch?"

„Ja."

„Wir haben uns total verfahren und wollen nach Rijeka."

Auch ihnen kann ich helfen: „Einfach die Straße zurück und zwei Mal rechts, dann seid ihr auf der Landstraße, die zur Stadt führt."

Das waren die einzigen beiden Autos auf diesem kleinen Sträßchen.

Am Abend komme ich nach Matavun, wo sich eine berühmte Grotte befindet, weshalb die einzige Unterkunft im Ort ausgebucht ist. Ich muss also wieder anderthalb Kilometer auf dem gleichen Weg zurück, dort ist nach telefonischer Rückfrage noch ein Zimmer frei.

Der Weg sollte sich lohnen, denn hier gibt es als Vorspeise frische Pasta mit Trüffel in Sahnesoße und danach ein sehr leckeres Schaschlik.

Die Nacht bringt etwas, das ich schon vergessen hatte: Um die Hitze mittels Durchzug aus dem Zimmer zu lassen, habe ich Badezimmertür, -fenster und Balkontür weit geöffnet. In der Nacht werde ich von einem lauten Knall wach, der das ganze Haus geweckt haben muss. Ein Sturm als Vorbote eines Gewitters hat meine Badezimmertür mit viel Schwung zugeworfen. Den Rest der Nacht blitzt und donnert es und der Regen prasselt auf das Dach.

Am Morgen, auf dem Weg zurück zur Grotte in Matavun und zur tiefsten Doline (einhundertachtundsechzig Meter), hole ich nach vielen Wochen Wanderung zum ersten Mal wieder meinen Regenponcho hervor.

Mach doch nicht die Pferde scheu!

Nach meiner Begehung der Karsthöhlen führt mich mein Weg durch eine Hügellandschaft mit Wäldern und Wiesen. Hier in der Nähe befindet sich Lipica. In dieser Region gibt es mehrere Höfe mit einer Lipizzanerzucht. Als ich auf einer Wiese einen Hügel hinaufgehe, tauchen oben die Köpfe vieler Pferde auf. Sie bemerken mich, werfen sich herum, flüchten auf die andere Seite des Hügels und verschwinden also aus meinem Blickfeld. Ein paar Minuten später lugen sie wieder über die Hügelspitze, schauen, ob ich noch da bin. Dem ist so, so ergreifen sie erneut die Flucht. Das wiederholt sich noch zwei weitere Male, bis ich oben ankomme. Die Herde steht etwas weiter unten am Ende der elektrisch eingezäunten Koppel. Ich gehe weiter auf meinem Weg auf sie zu. Neben ihnen sammeln zwei Leute Pilze (vermutlich Wiesenchampignons) oder Blaubeeren. An ihnen scheinen sich die Pferde nicht zu stören. Es ist wohl mein roter Regenponcho, der im Wind flattert und knattert, der sie nervös macht. Als ich näher komme, erklärt der Leithengst die Angelegenheit zur Chefsache. Er tritt aus der Herde heraus und kommt in meine Richtung, denn seinen Schutzbefohlenen bleibt keine Fluchtmöglichkeit mehr. Die Botschaft ist eindeutig. Bisher war die Koppel durch einen dichten Wald begrenzt, aber nun öffnet sich die Wiese nach rechts vom Elektrozaun – gerade noch rechtzeitig. Also steige ich über den Zaun und weiche den Pferden aus. Um ohne Stromschlag über den Draht zu kommen, benutze ich meinen Wanderstock, mit dem ich den Draht herunterdrücke. Der Plastikgriff ist dabei mein Isolator.

Wenig später kann ich meinen Poncho ausziehen, denn der Nieselregen hat aufgehört und es ist sehr angenehm. Die Hitze (fünfunddreißig Grad) ist zumindest kurzzeitig erst einmal vorbei. Dennoch ist nicht alles eitel Sonnenschein: Der Tag bringt mir einige Scheuerstellen, denn ich laufe mir wieder zwischen den Beinen einen Wolf und mein neues T-Shirt scheuert unter dem Gurt des Rucksacks auf der rechten Schulter. Das kann ich mir nun gar nicht erklären, denn dieses Problem ist bislang überhaupt noch nie aufgetreten. Schließlich komme ich dahinter: Meine beiden Funktionsshirts hatten vor Rijeka die ersten Löcher gezeigt, was bei der Belastung nun wirklich kein Wunder war. Als ich zu Hause war, hatte ich mir genau die gleichen wieder gekauft. Aber diese waren mit einem Faden aus einem anderen Material genäht worden, zudem waren die Nähte dicker. Diese haben den „Reibungsverlust" zu verantworten. Bis zum Ende der Reise muss ich zwischen das Hemd und die Haut ein Tuch legen.

Ein paar Tage begleitet mich das regnerische Wetter, aber ich empfinde es als erfrischend, es kommt immer auf die Perspektive an. Zumal ich bisher getoastet worden bin.

Nach einem kurzen Tag komme ich nach Predjama und der kleine Ort ist voller Menschen, die ein sonderbares Schloss besichtigen wollen, das in eine Berghöhle hinein gebaut ist. Obwohl ich erst zehn Kilometer gegangen bin, hadere ich mit mir, ob ich bis zur nächsten Berghütte Pirnatova Koča weitergehen soll, denn meine Muskeln sind unerklärlicherweise müde. Und die Zweifel häufen sich. Am offiziellen Touristenkiosk kann man mir nicht sagen, ob die Hütte geöffnet ist. Ausschlaggebend sind schließlich die Kommentare über die Hütte im Internet. Diese waren ziemlich schlecht, und so entscheide ich mich dafür, heute Nacht hier zu bleiben. Es sollte sich als der richtige Entschluss herausstellen ...

Als ich am nächsten Tag bei zehn Grad im Nieselregen mittags oben an der besagten Hütte ankomme, bin ich froh, dass ich gestern nicht weitergegangen bin. Die alte Hütte ist zu. Ich lasse mich auf einer Bank nieder, die unter dem Dachvorsprung steht, und nehme mein Mittagessen zu mir.

Als ich wieder losgehen will und auf mein Navi schaue, wundere ich mich, dass die Hütte einhundert Meter weiter eingezeichnet ist. Als ich aufblicke und mich umsehe, habe ich einen Aha-Effekt: Es gibt eine neue, noch dazu sehr hübsche Hütte, von der im Internet noch nichts stand. Aber auch sie ist geschlossen und nur an Wochenenden geöffnet. Ich nehme mir vor, im nächsten größeren Ort Idrija herauszufinden, ob denn die weiteren Hütten geöffnet sind und wo ich Lebensmittel kaufen kann. Denn in den nächsten acht Tagen gehe ich von Hütte zu Hütte. Und wenn diese nicht offen sind, wäre es wichtig zu wissen, ob sie zumindest einen Notraum haben. Und wenn es kein Essen gibt, eben weil eine Hütte geschlossen ist, müsste ich mehr Proviant einkaufen, was den Rucksack schwerer macht. Und damit ist die Frage noch nicht beantwortet, wo es Wasser gibt.

Am heutigen Tag begegne ich zwei jungen Wanderern, die auf einer Bank eine Rast machen. Sie wollen innerhalb von neun Tagen von Graz nach Triest gehen, um eine Kinderkrebshilfe zu unterstützen. Die Sponsoren geben für jeden Kilometer eine Spende. Um die Distanz überhaupt in der gesteckten Zeit zu schaffen, gehen sie nur auf der Straße und schaffen zwischen fünfunddreißig und fünfundvierzig Kilometer am Tag. Letztere Distanz waren sie am ersten Tag ihrer

Wanderung angegangen, in völlig untrainierter Verfassung, und waren an den Tagen danach nur noch platt und hatten damit zu tun, ihre Blasen in den Griff zu bekommen. Jetzt sind es allerdings nur noch zwei Tage bis Triest. Sie sollten es geschafft haben …

Auf dem Weg nach Idrija wundere ich mich, dass ich jetzt im Juli Motorsägen höre, denn es werden Bäume gefällt. Macht man das nicht eigentlich im Winter? Diese Beobachtung sollte ich im weiteren Verlauf meiner Wanderung noch sehr häufig machen, bis sich mir erst in Österreich die Ursache erschließt. Im letzten Winter hatte es einen Eisregen in der gesamten Region gegeben, der viele Bäume vom Gewicht her so schwer belastet hat, dass deren Spitzen abgebrochen sind. Um diese Bäume noch einer einigermaßen sinnvollen wirtschaftlichen Verwendung zuzuführen, müssen sie jetzt gefällt werden, bevor Schädlinge und Schimmelpilze durch die offenen Bruchstellen in das Holz eindringen und es wertlos machen. Nachdem ich das weiß, schaue ich öfter nach oben und stelle fest: Es stimmt, viele Bäume haben keine Spitze mehr.

Meine Recherchen in Idrija lassen mich aufatmen: Es sollen alle Berghütten offen sein, zu essen gibt es auch. Das sind gute Nachrichten, denn das Gewicht meines Rucksackes wird nicht zusätzlich erschwert.

Kurz hinter Idrija finde ich ein Gasthaus, das nicht auf der Karte verzeichnet ist. Dadurch verkürze ich eine sehr lange Tour, die am Folgetag ansteht, und auf der es auch noch viele Höhenmeter zu überwinden gilt.

Ich lege hier einen Tag Pause ein, denn die Wettervorhersage wird noch von der Wirklichkeit übertroffen.

Als ich am nächsten Morgen aus dem Fenster schaue, schüttet es wie aus Eimern, und alles steht bereits unter Wasser. Da kommt mir mein E-Book-Reader sehr gelegen, um den Tag zu überbrücken.

Tags darauf hängen die Wolken immer noch tief, aber es hat aufgehört zu regnen. Im Laufe des Tages entwickelt sich ein ideales Wanderwetter mit Wolken und Sonnenschein bei angenehmen achtzehn Grad.

Etwas später warnt mich ein Schild, dass hier Bärenland ist. Anlass genug für mich, meine Aufmerksamkeit zu erhöhen, aber ich bekomme nur Rehe und ein ganz seltenes Tier zu sehen: eine Wildkatze. Sie huscht ein Stück vor mir über den Weg. Eine Hauskatze war das gewiss nicht, denn ihr Schwanz war sehr buschig und geringelt. Wenn meine Augen mich nicht getrogen haben, habe ich sehr viel Glück gehabt, denn Wildkatzen sind nicht nur selten, sondern auch sehr scheu.

Die Landschaft präsentiert sich wie in Österreich oder im Allgäu, mit grünen, saftigen Wiesen, die sich endlos über die geschwungenen Hügel erstrecken, nur unterbrochen von einigen Wald-Abschnitten.

Zum Mittag finde ich eine kleine Holzhütte in der Sonne und sitze dort gemütlich im Gras, gegen die Holzwand gelehnt. Als ich mit Essen fertig bin, rolle ich meinen jetzt trockenen Regenponcho ein. Bei den Bewegungen habe ich wohl eine Biene, Wespe oder Hummel zwischen meinem Oberarm und der Holzwand eingeklemmt und mir einen Stich eingehandelt. Ich komme zwar gerade noch mit dem Mund an die Einstichstelle, um sie auszusaugen, aber trotzdem entwickelt sich eine Schwellung, umrahmt von einem großen roten Fleck. Und es meldet sich ab und zu ein ordentlicher Schmerz, den ich zu ignorieren versuche.

Die in Idrija eingeholten Informationen bestätigen sich: Wie versprochen sind alle Hütten entlang meiner Route geöffnet, das angebotene Essen ist reichlich und gut. Auch zwischendurch komme ich immer wieder mal in ein Tal mit einem Ort, wo ich mir etwas zur Verpflegung kaufen kann.

Ich lege eine Rast in einem Café ein, bevor es gleich wieder den Berg hinaufgeht. Bei mir am Tisch sitzt Susanne, eine Medizinstudentin aus Leipzig. Sie versucht gerade, ihre ziemlich großen Blasen an der Ferse zu pflegen und wir kommen ins Gespräch, denn dafür habe ich einige Tipps und auch das richtige Pflaster im Rucksack (Compeed). Aber sie kennt sich gut aus und hat selbst welches dabei. Sie ist von klein auf gewandert und war bis gestern zusammen mit einer Freundin auf Tour. Aber die musste mit Knieproblemen aussteigen. Wir verabschieden uns vorerst, aber wir werden uns heute Abend auf der Hütte Porezen, auf tausendfünfhundertsiebenundachtzig Metern, wiedersehen.

Auf dem Weg hinauf wird deutlich, dass ich nicht mehr in Kroatien bin, denn die Kühe befinden sich auf eingezäunten Weiden und sind auch ganz friedlich, wenn ich an ihnen vorbeigehe.

Das letzte Stück hinauf zur Hütte ist steil und ich arbeite mich Schritt für Schritt nach oben. Plötzlich werde ich von einem kleinen Mann überholt. Im Rhythmus einer Nähmaschine geht er hinauf, mindestens doppelt, wenn nicht dreimal so schnell wie ich. Ich tröste mich: Er muss viel weniger Körpergewicht hinaufbewegen und hat auch nur einen Minirucksack dabei. Es scheint seine Haussprintstrecke zu sein, denn oben in der Hütte kennt man ihn sehr gut. Dennoch, sein Tempo nötigt mir Respekt und alle Achtung ab.

Zur Abwechslung zu zweit

Der Wetterbericht für die nächsten zwei Tage ist ungünstig und meine Wegbeschreibung sagt, dass jetzt zwei Tagestouren anstehen, die ziemlich schwer sind
und beste Trittsicherheit erfordern. Viele Abschnitte sind schmale ausgesetzte
Pfade, die man bei schlechtem Wetter nicht gehen sollte.

In Porezen tue ich mich daher mit Susanne zusammen, denn wir haben den
gleichen Weg. Das Wetter soll nicht gut, aber auch nicht zu schlecht sein, wie uns
die Einheimischen sagen. Deshalb gehen wir lieber zusammen, um uns gegenseitig unterstützen zu können.

Das Wetter ändert sich ständig. Zuerst gehen wir im Nebel den Berg hinunter,
bis wir im Tal auf achthundert Metern ankommen. Dort holen wir uns bei dem
Wirt eines Cafés die aktuelle Wettervorhersage aus dem Internet. Seiner Einschätzung nach gestattet das Wetter, dass wir hinaufsteigen können. Zwar sei es denk-
bar, dass es ab und zu etwas regnet, aber nicht viel. Erst ab 17.00 Uhr soll es dann
für drei Stunden heftig gießen. Ich verarbeite die Information kurz in meinem
Kopf und komme zu dem Ergebnis, dass wir bis dahin auf der Hütte Crna Prst auf
tausendachthundertfünfunddreißig Metern sein sollten. So gehen wir zu zweit
los, im Gänsemarsch den Berg hinauf, Susanne vorweg, ich hinterher.

Seilschaft in den Wolken

Zum ersten Mal auf meiner Reise gehe ich nicht alleine. Da Susanne um einiges kleiner ist, macht sie natürlich kleinere Schritte. Ich passe meinen Rhythmus entsprechend an, so fühlt sich das Gehen für mich ganz anders an. Ich bleibe normalerweise ab und zu stehen und nutze diese Zeit, um mich zu entspannen und umzuschauen. Susanne geht zwar langsamer, bleibt aber nie stehen, außer wenn sie eine echte Pause machen will. Sie kommt dabei genauso schnell vorwärts wie ich, wie ich meinem Navi entnehmen kann. Es ist für mich ein echter, sehr interessanter Lernprozess, in einem anderen Rhythmus zu gehen. Ich werde ihn später immer mal wieder in den Bergen anwenden, wenn es steil bergauf geht. Es sollte sich zeigen, dass ich mit kleineren Schritten in steileren Abschnitten besser vorankomme, auch ohne Susanne.

Be-Geisterndes Naturschauspiel

Pünktlich um 17.00 Uhr gehen wir beide durch die Tür der Zielhütte. Eine Minute später beginnt es draußen wie vorhergesagt zu schütten, und zwar wie aus Eimern. Und um 20.00 Uhr ist es wie auf Kommando vorbei, was erneut genau dem Wetterbericht entspricht. Die Wolken reißen auf und die Sonne zeigt sich. Da es anderswo noch regnet, bilden sich zwei enorm breite Regenbögen, einer im Westen und der andere im Osten. Nur dass es keine Bögen im eigentlichen Sinne sind: Es sind breite, senkrechte Farbsäulen, die aus dem Tal gen Himmel streben. Dazu liegen unten in den Tälern noch kleine Nebelnester, die wie Gespenster aussehen, die sich langsam vorwärtsbewegen und manchmal auch einfach verschwinden. Das Schauspiel ist spektakulär, selbst die beiden Damen, welche die Hütte für den Verein betreiben, sind restlos fasziniert.

Am nächsten Morgen ziehen wir beide wieder früh los, denn Susannes Zeit ist begrenzt, und sie will heute eine Superetappe gehen.

Bis zu meinem nächsten planmäßigen Stopp im Skigebiet Vogel gehen wir gemeinsam. Der Pfad ist wirklich nicht ganz einfach, stellenweise ist er nur gut einen Schuh breit, links neben uns geht es manchmal ziemlich steil bergab. Außerdem gibt es immer wieder mal wieder ein Hindernis wie einen senkrechten Absatz im Fels, an dem wir, unterstützt von ein paar eingeschlagenen Eisen, hinaufklettern. Das Wetter ist auf unserer Seite, es fällt kein Regen mehr.

Ab dem späten Vormittag begegnen uns vermehrt Leute und Susanne vermutet, dass dort irgendwo eine Straße in die Berge hinauf führt oder dass ein Skilift im Sommerbetrieb läuft, der die Menschen den Berg hinauf bringt.

Das stimmt, stellen wir fest, als wir am frühen Nachmittag am Vogel ankommen. Nach einer gemeinsamen Mittagspause trennen sich unsere Wege. Susanne will noch einige Stunden bis zur nächsten Hütte weitergehen; ich werde hier im Skigebiet bleiben und erst morgen meine Wanderung fortsetzen.

Die Wolken sind aufgerissen und es herrscht ein reger Betrieb. Unten an der Mittelstation des Liftes befinden sich ein Hostel und auch zwei Restaurants, die aber beide in Kürze schließen, denn alle Besucher gehen am späten Nachmittag wieder hinunter ins Tal. Nur ein paar Menschen bleiben hier oben. Also muss ich zusehen, schnell etwas Essen zu bekommen, bevor die Küche schließt. Derweil trocknet meine frisch gewaschene Hose in der Sonne. Ich muss sie nachher noch nähen, denn ich bin mit der Außentasche an einer Felsnase hängengeblieben und habe einen hübschen Riss im Hosenbein.

Als ich am nächsten Morgen um 7.00 Uhr zum Frühstück will, komme ich zwar aus meinem Zimmer, aber nicht aus der verschlossenen Haustür. Mein Schlüssel lässt sich nicht drehen. Was nun? Ich beziehe meine Inspiration aus der Literatur. Und so gibt es, ähnlich wie beim Autor Jonas Jonasson, nun einen Neunundfünfzigjährigen, der aus dem Fenster stieg, genauer sprang. Immerhin verschwand er nicht, denn aus dieser Höhe war es gerade noch gefahrlos möglich.

Im Restaurant beim Frühstück tauscht mir die Bedienung dann den Schlüssel aus und ich kann wieder in das Hostel hinein.

Danach steige ich zu dem Punkt hinauf, an dem ich mich von Susanne verabschiedet habe, und gehe bei herrlichem Wetter in einer Höhe von tausendsiebenhundert bis tausendneunhundert Metern an den Hängen der Berge entlang. Es lässt sich insgesamt einfacher gehen als gestern, nur an einer steilen Stelle ist eine Seilsicherung angebracht, die das Aufsteigen erleichtert.

Nach zweieinhalb Stunden in dieser Gerölllandschaft öffnet sich vor mir ein wenige Quadratmeter kleines mit Gras bewachsenes Plateau. Hier, wo sonst außer Steinen und schrägen Flächen nichts ist! Ich lege mich in das weiche Bett und gönne mir eine herrliche Pause. Es gibt hier mehr Wanderer, auch wenn die Dichte seit dem Skigebiet erheblich abgenommen hat. Alle, die mich in meiner grünen Oase liegen sehen, blicken etwas irritiert. Vielleicht spricht daraus auch nur der blanke Neid?

Am Nachmittag geht der Weg dann herunter auf tausendsechshundert Meter, wo ein regelrechter Urwald wuchert. Alles blüht und grünt und Unmengen Insekten hüpfen und fliegen von Blüte zu Blüte. An einigen Berggipfeln bilden sich schwarze Wolken, aber von ihnen droht kein Unheil – ihnen gefällt es dort, wo sie sind.

An meinem heutigen Etappenziel, der Hütte Dom na Komni, angekommen, blicke ich um mich und nehme die Aussicht in mir auf. Oben an den Gipfeln regnet es, während ich in einem Mix aus Sonne und Wolken sitze und einige andere Wanderer kennenlerne. Die Hütte ist voll, alle Betten sind im Laufe des Nachmittags und Abends belegt. So wird es demnächst noch manches Mal sein. In meinem Zimmer schläft noch eine Familie mit kleinen Kindern, die aber erst nach mir zu Bett gehen.

Dafür schleichen dann ein Franzose und ich früh morgens aus dem Zimmer, denn alle anderen schlummern noch. Der Mann befindet sich ebenfalls auf einer Fernwanderung, denn sein Ziel ist Monaco. Er hat sich vorgenommen, die rote Via Alpina bis zu Ende gehen.

Ich werde heute zwei Etappen an einem Tag zurücklegen, denn bereits nach zweieinhalb Stunden bin ich an der Hütte am See. Mein Ziel Koča na Doliču liegt hoch oben in den Bergen. Und diese Etappe hat es in sich.

Stürze und mein Schutzengel

Natürlich versuche ich so zu gehen, dass nichts passiert und meine Gesundheit nicht gefährdet ist. Dazu bemühe ich mich, meine Konzentration auf jeden Schritt hoch zu halten. Das ist es, was in Wirklichkeit die meiste Kraft kostet. Am Nachmittag, wenn die körperliche und mentale Kraft weniger wird, steigt die Gefahr, nicht mehr im vollen Bewusstsein zu gehen. Deshalb lege ich dann häufiger Pausen ein. Und trotzdem sind mir insgesamt fünf Stürze passiert. Vier davon in Norwegen und der schwerste in Slowenien. Und das war so …

In der Wildnis Norwegens begegnet mir etwas, von dem ich glaube, dass es schon manchen Wanderer zum Straucheln gebracht hat: der gemeine Stock. Ich bin in einem Waldstück unterwegs, auf dessen Boden fünfzehn Zentimeter hohes Gras wächst. Mein Pfad ist nur dadurch erkennbar, dass das Gras sich von rechts und links hinein neigt, der Boden aber ist nicht zu sehen. Jeder gesetzte Schritt ist einer ins Unbekannte. Der Stiefel stößt durch das Gras und setzt sich dann auf dem Boden ab. Meist ist der gerade und alles geht gut. Aber dort können auch Stöcke liegen, die ja nicht die Form eines Lineals haben, sondern krumm und schief sind. Also trete ich auf einen Teil des Astes, was zwangsläufig zu einer Reaktion des restlichen Holzes führt. Wenn es ganz ungünstig läuft, hat der Ast eine Verlängerung in die Richtung, wo jetzt der freie Fuß von hinten nach vorne schwingt. Dieser freie Rest des Übeltäters hebt sich dann an und ich bleibe in der Vorwärtsbewegung mit dem Stiefel hängen – eine selbst initiierte Falle. Die Trägheit der Masse aus Körper und Rucksack bewegt sich aber weiter und so fällt das Ganze ungebremst nach vorne. Manchmal kann ich den Fuß in der Bewegung wieder befreien oder einer meiner Wanderstäbe oder beide bremsen den Fall. Aber in einem Falle hilft das alles nichts mehr und ich schlage im Gras auf. Wohl dem, der auf weichem Waldboden geht. So bleibt als Erinnerung nur ein grüner Grasfleck auf dem Knie der Hose, und die ärgste Folge ist, dass er viele Wäschen brauchen wird, um wieder zu verschwinden.

Den zweiten Sturz habe ich, als ich ein Stück auf einer Schneefläche gehe und von dort wieder auf einen Felsen wechseln will. Der Fels ist warm von der Sonne und hat den unmittelbar angrenzenden Schnee, der sich mir noch als geschlossene Fläche darstellt, in seiner Struktur bereits schmelzen lassen. Als ich meinen Schritt auf den etwas höheren Stein machen will, drücke ich mich zum Schwungholen mit meinem auf dem Schnee stehenden Fuß ab. Jedenfalls ist das der Plan. In diesem Moment brechen die Kristalle unter der zusätzlichen Last zusammen und mein Bein verschwindet bis zur Hüfte im Nichts. Diese unkoordinierte Bewegung nimmt mein Rucksack zum Anlass, mir zu zeigen, wer hier das Sagen hat. Sein Gewicht drückt mich zur Seite, bis ich mit dem Oberkörper auf dem Schnee liege, ohne dass ich die geringste Chance habe, diesen Fall aufzuhalten. Mein zweites Bein liegt auf der Schneeoberfläche. Mich wieder in die Senkrechte zu bringen, kostet einige Kraft, denn der Rucksack ist mit seinem Gewicht anderer Meinung. Im Sitzen kann ich dann mein Bein wieder aus dem Loch ziehen und aufstehen. Bei diesem Sturz hätte ich mir leicht etwas verdrehen können, aber der weiche Schnee ist dann doch mein Glück im Unglück. Auf den nächsten Metern schimpfe ich kräftig mit mir, denn ich hätte wissen müssen, dass am Übergang vom warmen Fels zum Schnee dieser brüchig ist. Das meine ich mit ständiger Konzentration auf den Weg.

Die fehlt auch an dem Tag, als ich zwischen zweitausend Meter hohen Bergen durch eine schwierige Steinpassage gehe. Die Steine liegen kreuz und quer, alle zu groß, um einfach darüber zu gehen. Jeder Schritt muss bewusst gesetzt sein. Es sind eher flache Steine, die aber zum Teil auch schräg oder senkrecht hochstehen. Zwischen einer solchen Anordnung bleibt dann mein hinterer Fuß hängen, als ich ihn zum nächsten Schritt nach vorne anheben will. Um nicht durch den Schwung vorwärts zu fallen, mache ich mit meinem Standbein einen Hüpfer um etwa zwanzig Zentimeter nach vorne. So steht der Fuß fast wieder unter dem Schwerpunkt. Ich lande dann auf meinem linken ausgestreckten Arm, kippe dann nach rechts auf den anderen. All das läuft innerhalb von Sekundenbruchteilen ab. So liege ich da, schaue mir meine Arme an, nicht mal einen Kratzer habe ich. Nachdem ich wieder aufgestanden bin, inspiziere ich meine Hose und Knie. Nichts, kein Riss, nicht mal dreckig ist sie. Ich bin froh, dass ich in meiner Jugend und als junger Erwachsener so viel Handball gespielt habe – Fallen will gelernt sein! Am gleichen Tag sollte es mir aber dennoch gelingen, die Hose richtig zu verschmutzen. Und zwar bei der Überquerung eines Gebirgsbachs, der seine ganze Umgebung in eine Wasserlandschaft verwandelt hat. Um nicht in diese Pfützen zu treten, gehe ich von Stein zu Stein. Als ich auf einen dieser flachen Steine treten will, entpuppt sich dieser in Wirklichkeit als eine spiegelnde Wasseroberfläche. Mein Stiefel und das Hosenbein verschwinden in einem fünfundzwanzig Zentimeter tiefen Morast-Loch. Dabei stürze ich zwar nicht, aber ich sehe hinterher so aus als ob.

Einer meiner Wanderstöcke hat einen Sturz verhindert, aber dafür mit dem Leben bezahlt. Sein letzter Moment gestaltet sich so: Es geht bergab, die Steine und Felsen sind noch leicht feucht von einem Regenschauer. Mein rechter Schuh rutscht weg und ich fange mein Gewicht mit dem eingesetzten Stock ab. Gleichzeitig drückt mein Bein mit der Seite auf den belasteten Alu-Stock, der unter der doppelten Last durchknickt. Es ist sein Ende und ich ersetze ihn in Trondheim durch ein neues sehr teures Paar einer österreichischen Topmarke. Irgendetwas rät mir jedoch, den übrig gebliebenen fünfzehn Jahre alten Stock weiter mitzuschleppen, obwohl ich ja eigentlich auf jedes Gramm Gewichtsvermeidung bedacht bin. Leider behalte ich Recht, denn einer der neuen Stäbe bricht nach drei Wochen Benutzung im Klemmgelenk ab – nach meiner Einschätzung als Ingenieur eine glatte Fehlkonstruktion! Wegen des hohen Preises schleppe ich diesen gebrochenen Stab bis nach Kiel mit, um ihn nach meiner Rückkehr zu reklamieren. Leider habe ich meiner Frau nichts davon erzählt. Sie hat den Stab zu Hause im Kofferraum des Autos gefunden und ordnungsgemäß entsorgt. Das war es dann mit meiner Garantie.

Der letzte Sturz in Norwegen wird durch einen kleinen Busch verursacht, weil sich die Schnürsenkel eines Stiefels in ihm verhakt haben und mir das hintere Bein festhalten. Hier hätte ich etwas lernen können, was mir meinen Sturz in Slowenien erspart hätte. Aber ich bin nicht aufmerksam genug, um die Ursache wirklich abzustellen, doch davon zu gegebener Zeit mehr. Dennoch habe ich aus den meisten dieser Stürze etwas gelernt, denn alle oben beschriebenen fanden in den ersten zwei Monaten meiner Reise statt. In den folgenden acht Monaten sollte ich nur noch einen Sturz haben – aber der hat es umso mehr in sich.

Ich gehe von der Hütte am See in Slowenien in einer grünen Landschaft bergan. Die Vegetation wird immer weniger, aber es folgen noch zwei Seen, die nur noch von Steinen umringt sind. Mein Pfad führt hinauf zu zwei gewaltigen Berggipfeln, deren Spitzen mehr und mehr in Wolken gehüllt sind. Hinauf zu dem Sattel zwischen den beiden führt ein steiler Weg, der aus kleinem Geröll besteht. Bei jedem Schritt rutscht der Schuh auf der rollenden Unterlage wieder ein Stück den Berg hinunter und so wird es ein kraftraubender Aufstieg zum höchsten Punkt, Hribarice, der auf zweitausenddreihundertachtundfünfzig Metern liegt. Das Maximum meiner gesamten Reise. Nach zwei Stunden bin ich oben und muss über ein Feld von großen Felsbrocken. Es geht immer auf und ab. Schließlich stehe ich auf einem ein Meter hohen Absatz. Ich schaue, wie ich diesen Höhenunterschied sicher hinunter kommen kann. Zwei kleine Felsnasen sollen mir wie eine kleine Leiter abwärts helfen. Ich mache einen vorsichtigen Schritt nach vorne, um meinen Stiefel auf die erste Nase zu setzen. Aber ich bleibe irgendwo hängen, es fühlt sich an, als wären meine Füße zusammengebunden. In gestreckter Haltung falle ich nach vorne, drehe mich etwas in der Luft, so dass ich zuerst auf meiner linken Seite mit Hand und Unterarm auf den harten Fels krache. Durch die leichte Rotation rolle ich auf den rechten Unterarm und bleibe dann wie ein Käfer auf dem Rücken liegen. „Was war das denn jetzt?", frage ich mich etwas perplex. Ich versuche aufzustehen, aber vergeblich – es gelingt mir nicht, aus dieser Lage hochzukommen, denn der Rucksack ist zu schwer. Daher bleibt mir nichts übrig, als ihn im Liegen abzuschnallen und bin froh, dass ich aufstehen kann. Meine Beine einschließlich der Knie scheinen in Ordnung zu sein, aber meine Hände und Unterarme haben ein paar Kratzer abbekommen, außerdem habe ich eine tiefere Schnittwunde am Handballen. Aus ihr tropft fast schwarzes Blut. Die Farbe macht mich etwas stutzig, aber ich denke nicht weiter darüber nach. Nach intensiver Prüfung scheinen aber beide Hände den Aufprall ohne Brüche, dafür aber mit einer ordentlichen Prellung überstanden zu haben.

Am nächsten Tag ist der Ballen des rechten Daumens blau. Noch Wochen tut mir das Handgelenk bei drehenden Bewegungen weh und erst dank der Behandlung meines Osteopathen zwei Monate später, wird das Problem wieder in Ordnung gebracht. Ich sauge das Blut aus der Wunde, um möglichst auch den Schmutz zu entfernen. Nach dem Einsatz des Desinfektionsmittels klammere ich

IN FREIHEIT ZU FUß

Abstieg nach dem Sturz

die Wunde mit einem Pflaster zusammen. Aber ich habe Riesenglück gehabt, denn hier hätte meine Reise beendet sein können. Ich habe zwei Grunde gefunden, warum mir nichts passiert ist. Handball und Falltraining habe ich ja schon erwähnt, aber heute war auch noch mein Schutzengel schnell genug, eine unsichtbare weiche Matte hinzuwerfen, bevor ich auf den Fels schlug. Und die Moral von der Geschichte? Ich habe nur eine Erklärung für den Sturz: Die Schleife des Schnürbandes des nach vorne bewegten Stiefels hatte sich in einen der Schnürhaken des Standstiefels eingefädelt und mir so die Füße zusammengebunden. Aber anders als noch in Norwegen bei meinem vierten Sturz ziehe ich dieses Mal die Konsequenzen, indem ich meine Socken so über den Stiefel umschlage, dass die komplette Schleife darunter eingeklemmt wird. Damit kann sie sich nicht mehr irgendwo verhaken, diese Sturzursache ist gebannt. Es ist aber wohl eine einsame Erkenntnis, denn ich schaue von jetzt an anderen Wanderern auf die Stiefel, sie alle haben die Schleifen der Schnürsenkel offen herumhängen.

Als ich auf der anderen Seite wieder hinunter in Richtung der auf zweitausend Meter liegenden Hütte muss, kann ich wieder feststellen, dass ich lieber bergauf gehe, auch wenn es anstrengender ist. Es ist der gleiche rollende Untergrund wie vorhin auf dem Weg hinauf, hinunter ist das auch kein Spaß, denn es zieht mir ein ums andere Mal die Füße weg. Ein wenig steckt mir der Schreck über meinen

Sturz immer noch in den Knochen, so bin ich erleichtert und froh, als ich an der Hütte ankomme. Da macht es mir auch nichts aus, dass es kein Wasser gibt und die Organisation der vier Hüttenwarte das reinste Chaos ist. Erst nach Stunden sagen sie mir und den anderen Gästen, in welchem Zimmer wir schlafen. Bis dahin sitze ich herum und habe immer wieder Veranlassung, den Kopf zu schütteln. Zwischendurch empfehle ich dem Team, sich einmal anzuschauen, wie die anderen Hütten um sie herum das effizient organisieren. Aber davon wollen sie nichts wissen. Genauso chaotisch funktioniert die Essensbestellung. Ich habe noch das Glück, dass ich früh esse und dann nur mit anschauen muss, wie später die ausgehungerten Gäste unruhig werden und sich beschweren, warum ihr Essen so lange auf sich warten lässt. Obwohl es kein Wasser gibt, wasche ich mich und meine Wäsche. Ich nutze nämlich das Wasser, das buchstäblich mit drei Tropfen pro Minute aus dem Wasserhahn kommt. Das nimmt zwar eine gewisse Zeit in Anspruch, aber es ist erstaunlich, mit wie wenig Flüssigkeit das trotzdem geht. Ich verbrauche im Endeffekt einen Becher Wasser dazu.

Die Nacht ist unruhig, denn unsere kleine Dachkammer ist mit sechs Erwachsenen belegt. Die Dachluke ist nicht groß genug, um die gesamte Wärmeerzeugung unserer vom Wandern aufgeheizten Körper in die kühle Nacht abzuführen.

Morgens, als alle noch schlafen, schleiche ich mich aus dem Zimmer, um mich auf den Weg zu machen.

Es geht erst einmal tausendfünfhundert Meter bergab – eigentlich schade um die erreichte Höhe. Der Weg liegt noch im Schatten, so bleibt die Luft lange kühl.

Im Tal gibt es einen kleinen Ort namens Trenta, der vom Tourismus lebt. Trotz der brütenden Hitze ist schon ordentlich was los. Im Touristenbüro erkundige ich mich nach einem Outdoorshop, denn die Erkenntnis ist gereift, dass der immer wieder auftauchende Wolf zwischen meinen Beinen von den Unterhosen verursacht wird. Aber so etwas gibt es hier nicht. So bleibt mir nur ein Mittagessen mit reichlich Kalorien, und das nehme ich in einer Pizzeria im Ort zu mir. Dies sollte sich als ein Fehler herausstellen, denn nach der Pause geht es wieder bergan und das Essen hängt mir wie ein Klotz im Magen. Aber der Weg entlang eines kleinen Flusses ist schön. Er bietet mir auch die Gelegenheit, mich mit kaltem Wasser zu erfrischen, indem ich mir den Schweiß vom Gesicht und den Armen wasche. Mein Ziel ist in der Nähe der Quelle, denn dort ist die nächste Hütte.

Doch obwohl sie als Übernachtungsmöglichkeit in der Karte eingezeichnet und außen am Haus die entsprechende Kennzeichnung ist, wollen sie keine Gäste.

„Full", sagt der junge Mann. Ich bleibe hartnäckig, denn ich glaube ihm nicht, und er holt seinen Chef. Er ist ein älterer Hüttenwart und ich kann nachvollziehen, dass er überhaupt keine Übernachtungsgäste mehr will, weil er und seine Bediensteten dann nicht mehr schlafen können. Die Wanderer, vor allem Gruppen, machen abends auf dem Dachboden so viel Lärm, dass er im Stockwerk darunter kein Auge mehr zu bekommt. Da die Hütte per Straße zu erreichen ist, kommen bereits morgens in der Frühe Gäste hier im Restaurant an, und da muss er fit sein. Ich erkläre, dass ich alleine unterwegs bin und schon um 21.00 Uhr schlafen werde und zudem keine Geräusche mache. Diese Argumente überzeugen ihn, weshalb ich kurz darauf den ganzen mit Matratzen ausgelegten Dachboden für mich habe. Nur ist dieser durch die Sonneneinstrahlung mit circa fünfzig Grad Celsius aufgeladen. Selbst als ich nach viel Durchzug ins Bett gehe, ist es noch richtig heiß. Aber ich schlafe sehr gut.

Am nächsten Tag erfreue ich mich an einem schattigen Weg, der bergauf führt und im Wald verläuft. Als ich aus ihm heraustrete, bin ich am höchstgelegenen Pass Sloweniens mit einem großen Gasthaus an der breiten Straße. Begeisterte Radfahrer gönnen sich hier eine Erfrischung, wenn sie den Anstieg gemeistert haben, Motorradfahrer genießen ein kühles Blondes. Viele Autos parken dort, denn die Wanderwege gehen hier wie das Netz einer Spinne in alle Richtungen. Ich reihe mich erst bei den Durstigen ein und danach bei all denen, die zu Fuß den Berg hinauf wollen.

In der prallen Sonne geht es steil bergauf und dabei kommt eine neue Disziplin auf mich zu: Überholen. An so einer Gruppe vorbeizukommen, dauert ein Weilchen, denn jeder einzelne will Anschluss an seinen Vordermann halten – und da komme dann ich und hätte gerne den Platz dazwischen, um bei der nächsten Gelegenheit am Übernächsten vorbeizukommen. Am schwierigsten sind einige Kinder, denn immer wenn ich vorbeigehen will, geben sie Gas. Sie wollen nicht überholt werden. Es wird ein schweißtreibender Aufstieg. Als ich fast oben bin, geht vor mir ein Franzose, der sich mit seiner pubertierenden Tochter heftig darüber streitet, wo es hier hinauf zum Gipfel geht. Ich will helfen und zeige ihnen auf meinem Navi, dass sie nach links gehen müssen und ich nach rechts. Der Streit ist beigelegt und ich gehe weiter. Nach dreißig Metern stelle ich verwirrt fest, dass wir beide falsch gegangen sein müssen. Ich gehe zurück und hinter den beiden her. Als ich sie einhole, entschuldige ich mich und schicke sie zurück, damit sie auf ihren Gipfel kommen. Wie konnte denn das passieren? Ich schaue eine Weile auf meinen Bildschirm, ohne dass ich eine Erklärung finde. Als ich dann weitergehe, mit festem Blick auf dem Schirm, erkenne ich die Ursache. Ich hatte das Navi so eingestellt, dass der Bildschirm immer in Bewegungsrichtung ausgerichtet ist. Irgendwie hat sich das Gerät auf Nordausrichtung umgestellt und damit stand es an dieser Stelle genau auf dem Kopf zur Bewegungsrichtung. Dadurch wird dann aus rechts links und umgekehrt. Wie mein Navi von sich aus diese Änderung vorgenommen hat, ist mir schleierhaft.

Für mich geht es jetzt wieder steil bergab – und zwar sehr steil. Am Ende des Canyons wird es eine echte Herausforderung, denn es ist hier aufgrund des nahegelegenen Flusses feucht und deshalb ist der Fels rutschig. Ich darf kein einziges Mal ausrutschen, denn diesmal würde ich gleich ein oder zwei Stockwerke tiefer landen, da hilft auch kein Schutzengel mit imaginären Matten mehr. Aber diese Schlucht ist eine absolute Naturschönheit. Immer wieder bleibe ich stehen, um diese atemberaubende Aussicht in mich aufzusaugen.

Unten angekommen, fragen mich zwei Frauen, wie denn der Weg da hinauf wäre, denn sie wollen „ein bisschen" wandern. Nachdem sie meine Beschreibung gehört haben, entscheiden sie sich für einen anderen Weg.

Ich gelange zu meiner letzten slowenischen Hütte Dom v Tamarju und genieße den Blick zurück auf den Berg, von dem ich heruntergekommen bin.

Julische Alpen: Dom v. Tamarju

In dem Bettenlager schlafen außer mir noch ein paar Kletterer, die allesamt bereits aufstehen, als es draußen noch dunkel ist. So ist meine Nacht früher vorbei als geplant, und ich starte schon zeitig. Ich will nach Österreich.

Nach einer Stunde überhole ich einen Mann, der gestern Abend mit einem strahlenden Lächeln im Gesicht auf der Hütte angekommen war. Er hat meine ganze Bewunderung. Meiner Vermutung nach hat er einen oder mehrere Schlaganfälle erlitten. Jeder Schritt ist für ihn eine Herausforderung und ein Balanceakt. Er geht lächelnd und fröhlich seines Weges, ein Ausbund an positiver Lebenseinstellung – trotz oder wegen der Schicksalsschläge. Er ist für mich ein leuchtendes Vorbild.

Auf meiner Karte hatte ich mich über die riesigen „Parkflächen" gewundert, die sich jetzt als Olympisches Skisprungzentrum entpuppen. Es reihen sich Sprungschanzen von riesig bis klein aneinander und es wird gebaut wie verrückt. Daran schließt sich ein Weg an, auf dem heute am Wochenende unzählige Radfahrer unterwegs sind und nur ein einziger Wanderer, nämlich ich.

Nachdem ich den Ort Podkoren passiert habe, geht es durch eine friedliche Kuhherde den Berg hinauf zum Wurzenpass, Alptraum aller Wohnwagengespanne. Er ist auf der österreichischen Seite so steil, dass er dort für Gespanne verboten ist. Die Grenzstation oben ist überflüssig geworden und wird gerade abgebaut. Ein Zöllner ist nicht mehr da.

Jetzt, da ich wieder zuhause bin und all dies niederschreibe, überlegt die österreichische Regierung, die Grenzkontrollen wieder ausbauen, um auf diese Weise des Flüchtlingsproblems Herr zu werden. Ob das wirklich klappt? Ob es wirklich der richtige Weg ist?

Wer gerne in den Bergen wandert, dem kann ich Slowenien nur empfehlen. Die Wege sind gut gekennzeichnet und durch rege Benutzung auch gut erkennbar. Die Hütten sind schön und liegen zum Teil an spektakulären Stellen mit phantastischen Ausblicken. Die Karten und das Material auf meinem Navi sowie die Wegbeschreibung der Via Alpina im Internet sind detailliert und gut. Alles ist sehr wohl durchdacht, und der Wanderer kann sich auf den Weg konzentrieren und die Schönheit der Natur genießen. Eine Alternative zur Via Alpina wäre für mich noch der Alpe Adria Trail gewesen, der auch sehr gut durch ein gleichnamiges Buch mit GPS-Daten dokumentiert ist und teilweise parallel zu meinem Weg verläuft.

ÖSTERREICH

Der Nord-Süd-Weg

Als Einstieg in Österreich muss ich den Wurzenpass wieder herunter. Auf meinem Navi habe ich einen kleinen Weg abseits der Straße gefunden und gehe fröhlich durch den Wald. Bis auf das Problem mit den scheuernden Unterhosen, geht es mir prima. Ich habe ein weiteres Land hinter mich gebracht, es liegen nur noch zwei vor mir. Dieser Gedanke motiviert mich. Das ist ein nicht zu unterschätzender Auftrieb, denn das hält meine Kraft und Ausdauer hoch.

Kaum habe ich mir das vor Augen geführt, gibt es sogleich wieder einen Dämpfer: Mein Weg endet an einer Weide, die voll mit Bullen steht. Der Weg selbst führt zwar weiter, aber da bringen mich auch keine zehn Pferde durch. Alle Versuche, außen am Zaun herumzugehen, scheitern. Also gehe ich zurück zur Straße und bekomme ein Schauspiel, namens „Fahrzeuge gegen achtzehn Prozent Steigung beziehungsweise Gefälle", geboten. Die erste Runde geht an die Straße, ein Auto steht bereits mit kochendem Kühler an der Seite. Dann folgt ein Auto aus Polen, das im ersten Gang gerade so hinaufkommt. Ich nehme an, dass der junge Mann am Steuer deshalb alle Fenster geöffnet hat, damit er bei voll aufgezogener Heizung möglichst viel Wärme vom Motor abführen kann. Seine drei Begleiter, die das Auto nicht mehr schafft hinaufzubringen, gehen derweil zu Fuß die Straße hinauf. Ein Oldtimer fährt an mir vorbei – doch am Geräusch des Motors erkenne ich, dass hier der „gesunde Bereich" bereits verlassen ist. Das bemerkt auch der Fahrer, hält an und fährt den Berg unverrichteter Dinge wieder hinab. Die Luft ist erfüllt mit dem Geruch von qualmenden Kupplungs- und Bremsbelägen. Einer riskiert es sogar mit dem Wohnwagen heraufzufahren, was verboten ist, aber sein Auto scheint stark genug, denn er kommt nicht wieder zurück. Was für eine Begrüßung in diesem schönen Land – willkommen also in Österreich!

Ich werde nun einen Kurswechsel vornehmen und mich in West-Ost-Richtung orientieren, denn mein Anschluss an den Nord-Süd-Weg liegt in einem Ort namens Eibiswald. Bevor es dahin geht, bleibe ich eine Nacht in Villach. Dort komme ich am späten Samstagnachmittag gerade noch rechtzeitig genug an, um mir in einem Sportgeschäft zwei neue Unterhosen aus Funktionsmaterial kaufen zu können. Damit hört das Scheuern an meinen Oberschenkel endlich auf. Dafür nehme ich ein anderes unwillkommenes kleines Andenken mit. Als ich abends draußen zum Essen sitze, beuge ich mich für den nächsten Happen auf der Gabel nach vorne und lehne mich zum Kauen wieder zurück an die Stuhllehne. Leider hatte sich dort gerade eine Wespe niedergelassen und sticht mich in den Bereich der rechten Niere, genau an der Stelle, wo morgen wieder der Rucksack aufliegt. Der Kellner besorgt mir sofort eine halbe rohe Zwiebel aus der Küche, die ich lange auf den Stich presse. Die Dame an der Rezeption meines Hotels hat gute Beziehungen zu einer eigentlich bereits geschlossenen Apotheke und drückt mir später eine Tube mit Gel gegen Insektenstiche in die Hand.

In Wies bei Eibiswald angekommen, tut sich unvermittelt ein größeres Problem auf. Ich will die GPS-Daten des „Weitwanderwegs Nr. 5" bis zur tschechischen Grenze aus dem Speicher meines Navis auf den Bildschirm laden. Das schlägt fehl – stattdessen verschwindet sogar die ganze Datei! Die Eigentümer des kleinen Hotels möchten mich nicht an ihren Computer lassen, denn der sei störungsanfällig und sie seien froh, dass sie wenigstens Mails empfangen und senden können. Doch das nächste Internetcafé ist gut fünfzig Kilometer entfernt. Was nun? Da hilft nur mein bester Freund Micki. Er ist Spezialist für mein Navi und es gelingt mir, ihn telefonisch zu erreichen. Zusammen fahnden wir nach möglichen Ursachen und wo sich denn bitte die Datei versteckt haben könnte – ohne Erfolg. Dennoch hat er die entscheidenden Hinweise für mich.

Am nächsten Tag gehe ich zur Gemeindeverwaltung im Ort, denn dort gebe es wohl einige Computer. Ich bekomme tatsächlich die Erlaubnis, mich an einem davon ins Internet einzuwählen. Für eine öffentliche Verwaltung finde ich das grandios! An dieser Stelle noch einmal vielen Dank an den Bürgermeister und die Gemeindemitarbeiterin, die sowieso eine Seele von Mensch ist – so nett und hilfsbereit kümmert sie sich um die Bürger, die mit Problemen zu ihr kommen, wie ich beobachten konnte. Das nenne ich bürgernah.
Mein Sohn hat inzwischen zu Hause auf meinem Laptop die Datei gefunden und mir per E-Mail gesandt. Ich habe mittlerweile auch das Problem identifiziert: Für den Speicher meines Navis nehmen solche Tracks einfach zu viel Datenvolumen in Anspruch. Als ich schweren Herzens alle schon hinter mir liegenden Wegstrecken gelöscht habe, ist wieder genügend Platz und ich kann den Nord-Süd-Weg laden. Welch eine Erleichterung!
Obwohl ich für heute eigentlich einen Ruhetag geplant habe, gehe ich trotzdem noch ein Stückchen bis nach St. Oswald am Eibiswald.

Wandern braucht einen festen Willen!

Die dort in meinem kleinen Büchlein verzeichneten Unterkünfte sind entweder alle geschlossen oder existieren nicht mehr. Aber mit Hilfe von Einheimischen finde ich noch ein schönes Bed & Breakfast.

So kann ich mich am nächsten Morgen gut ausgeruht und gestärkt auf eine schwere Etappe begeben. Sie führt mich fast vier Stunden durch den Wald immer weiter hinauf. Das Wetter ist warm, als ich aus dem Schatten der Bäume trete und wenig später die Brendlhütte erreiche. Die sollte eigentlich geschlossen sein, aber ich sehe einige andere Wanderer davor sitzen. Und siehe da: Sie ist offen! Das bringt mir dann eine kleine Extrapause und die Erkenntnis, dass mein kleines Büchlein über diesen Weg wohl nicht mehr ganz aktuell ist.

Danach folgen einige Kuhherden, die erste davon ist offensichtlich sehr unruhig und ich mache daher einen großen Bogen um sie. Alle anderen danach grasen ruhig und friedlich und schauen nur kurz hoch, wenn ich vorbeigehe.

Ab und zu treffe ich auf andere Wanderer, von denen mir einer besonders in Erinnerung geblieben ist. An einen großen Stein auf einer Wiese gelehnt, der von der Sonne angenehm warm ist, schaut er in die weiten Berge hinein. Er ist unten im Tal mit der Familie im Urlaub, hat sich einen Tag von allem frei genommen und ist in die Berge hinaufgestiegen zum Speikkogel. So ein Tag ohne irgendwelche Forderungen von Nichts und Niemandem bedeutet für ihn das höchste Maß an Freiheit. Ich sehe das Leuchten in seinen Augen, als er über diese Freiheit redet. Ich kann nicht anders, als seine Worte für mich zu reflektieren. Was habe ich dann erst für eine unglaubliche Freiheit! Eigentlich unterliege ich nur drei Zwängen: Essen, Trinken und Schlafen. Ich gehe in meinem Rhythmus. Wenn ich wandern will, tue ich das, wenn nicht, dann bleibe ich. Ich habe Zeit zu stehen und zu schauen und auf der Wiese zu liegen. Niemand sagt mir, dass ich etwas tun oder lassen soll. Ich mache nur, was mir gut tut.

Später sehe ich die Radarstation oben auf dem Speikkogel, aber es dauert noch eine Weile, bis ich im Koralpenhaus ankomme. Dort sitzt eine sehr fröhliche Runde beieinander und es heißt bereits „Hoch die Tassen!" Nachdem ich mit drei Scheiben Schweinebraten sowie mit ebenso vielen großen Klößen (genau meine Portion) versorgt worden bin, laden sie mich zum Nageleinschlagen ein. Und das geht so: Mit der spitzen Seite eines Zimmermannshammers müssen Nägel in einen großen Holzklotz gehämmert werden. Gegen die Burschen bin ich zwar ohne Chance, habe aber gemeinsam mit ihnen viel Spaß. Einer von ihnen, Franz, kennt sich sehr gut in der Region aus und beantwortet mir alle Fragen zu den

Altertümlicher Smiley

kommenden Hütten. Er will heute Nacht, wenn es dunkel ist, noch einem Wilderer das Handwerk legen, der in der Nähe sein Unwesen treibt. Als er in die Dämmerung losgeht, nutze ich die Gunst der Stunde und schlüpfe in mein Bett. Der Rest der Truppe soll wohl noch bis drei Uhr morgens fröhlich gesungen haben. Auch wenn ich keinen Ton gehört habe, konnte ich die zerknitterten Gesichter beim Frühstück als Beweis nehmen.

Mein Weg führt zuerst hinauf zur Radarstation und dann kontinuierlich bergab. Dabei kommen mir ziemlich viele andere Wanderer entgegen, was für eine Autozufahrt in der Nähe spricht, die ich dann an der Pichler-Alm finde. Hier liegt der Begründer des Nord-Süd-Weges in einer hübschen kleinen Kapelle begraben.

Am kommenden Tag starte ich von der Hebalm. Es wird ein „Tag der Apfelschorle". Da ich nur bis zur Bernsteinhütte gehen will und ich mich gut in Form fühle, gehe ich den Tag ganz locker an. Erst einmal geht es herunter zum Packsattel, wo unter mir in einem Tunnel die Autobahn durchführt. Dort steht eine uralte verwitterte Steinfigur, deren Alter auch Spezialisten nicht genau datieren können. Möglicherweise stammt sie aus dem Mittelalter oder ist sogar noch viel älter. Es scheint ein altes Mütterchen zu sein, aus deren ovalem Gesicht ein Mund wie ein Smiley lacht.

Meinen ersten Boxenstopp mache ich am Barbarahaus der Naturfreunde, wo ich einen halben Liter Apfelschorle trinke. Es folgt die Knödelhütte mit Apfelschorle und Nuss/Schokowaffeln von Manner. Das ist hier in den österreichischen Bergen der Geheimtipp, bald habe ich immer eine Packung davon als Notration oben im Rucksack. Da diese „Not" scheinbar oft eintritt, muss ich ständig Nachschub besorgen – die Waffeln schmecken einfach zu lecker; hinzukommt, dass sie mich zusätzlich mit ausreichend Kalorien versorgen.

An der Bernsteinhütte komme ich schon um 13.00 Uhr an und es gibt – wie sollte es auch anders sein – Apfelschorle und auch ein Leberwurstbrot, ein Genuss! Stellt sich nur die Frage, was ich nun mache, denn eigentlich habe ich mein heutiges Etappenziel erreicht.

Da es so gut läuft, entscheide ich mich, weiterzugehen. Liegt das daran, dass ich heute extrem locker bin und eine leichte, gleichmäßige Gangart habe, an der vielen Flüssigkeit, oder an dem zusätzlichen Zucker?

Zur Salzstriegelhütte sind es noch mal dreieinhalb Gehstunden. Ich stelle immer wieder fest, dass Muskeln und Gelenke heute prima in Form sind.

Ich beschließe, dass ich ab jetzt, wenn möglich, meine Wasserflasche mit einem Gemisch aus einem halben Liter Apfelsaft plus Wasser befülle, damit diese Form anhält. Später muss ich allerdings feststellen, dass dies einen unangenehmen Nebeneffekt hat. Da ich die Flasche von innen nicht richtig sauber bekomme, bilden sich nach zwei Wochen kleine Schimmelnester. Deshalb besorge ich mir im nächsten Supermarkt eine neue Plastikflasche.

Nun geht es weiter über das Gaberl und das Oskar-Schauer-Haus und weiter bis zur Gleinalm-Schutzhütte. Dort ist eine große Familienfeier im Gange. Diese endet abrupt, als aus dem Nichts ein starker Regenschauer niedergeht.

Beim Abendessen lerne ich Gerhard kennen. Er hat sich ein paar Tage freigenommen und ist in der gleichen Richtung unterwegs wie ich. Grund genug, sich zusammenzutun.

Gerhard und ich gehen am nächsten Morgen um 6.00 Uhr los. Über und hinter uns hängen bedrohlich einige dunkle Wolken und wir legen einen strammen Schritt vor, denn in unserer Richtung ist es heller. Ab und zu fallen ein paar Tropfen und ich streife meinen Regenponcho über, der ordentlich im Wind flattert. Kaum habe ich ihn angezogen, hört es auf zu regnen. Ein junger Bulle, an dem wir vorbeikommen, ist völlig aus dem Häuschen und rennt in wilden Sprüngen um mich herum. Das rote, flatternde Gewand macht ihn nervös. Aber durch Zurufe bleibt er doch auf Abstand. Als wir die Wolken hinter uns gelassen haben, beschließe ich, den Poncho wieder auszuziehen und in meinem etwas langsameren Rhythmus weiterzugehen. Gerhard mit seinem Minirucksack entschwindet derweil langsam in den Hügeln vor mir. Ab hier trennen sich unsere Wege. Nach dem Mittagessen gehe ich nicht den Nord-Süd-Weg weiter, sondern nehme einen Wirtschaftsweg herunter nach Leoben.

Mit vierunddreißig Kilometern und vielen Höhenmetern war das der zweite sehr lange Tag, weshalb ich jetzt meinen Ruhetag einlege.

Es folgt eine Wanderung mit viel Regen. Mein Büchlein empfiehlt, dass ich bei Nässe besser nicht die Route über die Reichensteinhütte nehmen sollte, wegen der bis auf zweitausendzweihundert Meter führenden „ausgesetzten" Wege. Dabei handelt es sich um die Abschnitte eines Weges, die deshalb als besonders gefährlich eingestuft werden, weil das Gelände sehr steil ist und dadurch eine hohe Konzentration erforderlich ist, speziell wenn man ohne Sicherung unterwegs ist. Ein falscher Schritt, und man stürzt in die Tiefe, was erhebliche Verletzungen mit sich bringen kann.

Dank einer Eingebung rufe ich morgens schon in dem Gasthaus an, wo ich heute Abend landen will. Montag ist immer ein kritischer Tag, denn manche Unterkunft ist wegen eines Ruhetages geschlossen. Zwar haben sie auf, sind aber wegen einer großen Gruppe mit zwanzig Personen ausgebucht.

So übernachte ich zwei Kilometer vor dem Ziel in der Siedlung Almhäuser der Gemeinde Vordernberg in einem netten Gasthaus und lerne Mieke aus den Niederlanden kennen. Auch sie ist Weitwanderin und geht den Nord-Süd-Weg in Richtung Süden. Sie nutzt jeden ihrer Urlaube, um alleine oder in Gruppen auf Fernwanderwegen zu wandern. Dort, wo sie am Ende ihrer freien Zeit aufhört, beginnt sie in den nächsten Ferien. So gelingt es ihr, zum Beispiel die langen Europawanderwege zu schaffen – und zu genießen! Sie hat noch einige gute Tipps für mich parat, speziell für die Durchquerung Tschechiens.

Skandal (?) um Rosi

Am Morgen nehme ich den direkten Weg den Berg hinauf, um wieder auf meinen Fernwanderweg zu kommen. Dabei überhole ich in steilem Gelände eine Vierergruppe mit sehr leichtem Gepäck. Ich scheine heute gut in Form zu sein.

Oben angekommen, muss ich meinen dünnen Windstopper anziehen, denn es ist kühl und sehr windig.

Während ich jetzt lange schräg an einem Berghang zwischen Büschen und kleinen Bäumen gehe, höre ich vor mir immer wieder Stimmen, sehe aber niemanden. Nach einer kleinen Pause sind die Stimmen weg, aber ich hole sie dann doch wieder ein und siehe da, ich bin auf die zwanzigköpfige Gruppe getroffen, die gestern das ganze Gasthaus belegt hatte.

Es folgt eine interessante Stunde, in der ich alle Stück für Stück überhole. Immer wenn ich einen oder mehrere einhole, unterhalte ich mich im Gehen eine Weile sehr nett und ziehe dann vorbei, um nach einer Weile zum nächsten aufzuschließen. Ich erkundige mich natürlich auch, wo sie heute Nacht schlafen. Auf der Häuslalm, lautet die Auskunft. Das höre ich nicht ganz so gerne, denn da wollte ich auch hin, aber sie haben reserviert. Kein Problem, sagt mir eine der Organisatorinnen, denn eine Mitwanderin der Gruppe namens Rosi hat gestern bereits wegen einer Knieverletzung aufgeben müssen. Wenn ich ankomme, soll ich einfach sagen, ich wäre Rosi und kann damit ihren Platz einnehmen. Ob mir der Hüttenwirt das abnimmt?

Ich komme lange vor der Gruppe dort an, aber die Häuslalm kann selbst die (verbliebene) Gruppe von neunzehn nicht komplett aufnehmen. Einige müssen heute Nacht mit der Sackwiesenalm vorlieb nehmen. Der Wirt ruft für mich dort an, der Anruf ergibt, dass dort noch ein Platz für mich verfügbar ist.

So gehe ich die anderthalb Kilometer zurück, nachdem ich ordentlich gegessen habe.

Die Betten auf der Sackwiesenalm selbst sind auch alle belegt, aber auf dem Dachboden über dem Stall kann ich auf einer Matratze schlafen. Das sollte sich im Nachhinein als Vorteil erweisen, denn die Gruppenmitglieder berichten am nächsten Morgen, dass sie sehr eng gelegen haben. Ab und zu bekam jemand eine Hand im Schlaf ab, weil der Nebenmann sich umgedreht hat. Obendrein soll die Geräuschkulisse durch einige „Sägewerker" doch sehr hoch gewesen sein.

So ist es bei mir zwar sehr spartanisch und es zieht ein stetiger Wind durch den Dachboden, aber es ist ruhig und ich bin alleine.

Der Abend selber bietet etwas ganz Besonderes: Der Almwirt hat einige Freunde zu Gast und spielt auf seiner Steirischen Harmonika und alle singen mit, eines der Ehepaare im perfekten zweistimmigen Duett. Später gesellt sich noch eine zweite Harmonika dazu und auch der ein oder andere hausgebrannte Schnaps rinnt durch die singenden Kehlen.

Willkommenskultur

Von Musik und Stimmen beseelt, begebe ich mich dann spät die Sprossenleiter zum Dachboden hinauf. Obwohl ab und zu eine Maus vorbeigetrippelt kommt, schlafe ich wie ein Baby – aber erst nachdem ich mir noch eine lange Unterhose und meine Fleecejacke angezogen habe, denn eigentlich liege ich ja „im Freien" und es ist ziemlich kalt.

Die Gruppe ist vor mir losgegangen, so rolle ich das Feld von hinten auf. Kurz vor dem Hochschwab-Gipfel, dem Ziel der Gruppe, mache ich an einem Notbiwak eine Pause, weil ich dort gut sitzen und mich anlehnen kann. Die Spitzengruppe holt mich wieder ein und wir sehen, wie der Gipfel sich langsam mit einer Wolke umgibt. Da ich nicht hinauf will, habe ich mir einen Weg um ihn herum gesucht. Zwei Teilnehmer der großen Gruppe schließen sich mir an, denn ohne Sicht wollen sie da auch nicht hinauf.

So kommen wir am Schiestlhaus an. Mit zweitausendeinhundertvierundfünfzig Metern ist es das höchstgelegene Schutzhaus der Hochschwabgruppe sowie das erste hochalpine Passivhaus, also ein Haus, das keine Energie von außen braucht. Alle benötigte Energie wird selbst, beispielsweise durch Solarzellen, produziert, die Entlüftung entzieht der Warmluft die Wärme und heizt damit die kalte Frischluft vor. Obendrein sind solche Häuser sehr gut isoliert, so dass wenig Energie verloren geht. Leider ist diese Hütte eine Servicewüste und die Gruppenteilnehmer haben die eine oder andere Geschichte darüber zu berichten. Der Chef hinter der Kasse trägt eine etwas deplatzierte Mao-Zedong-Mütze und interessiert sich nicht wirklich für seine Gäste. Das Reden mit dem Küchenpersonal ist laut Schild streng verboten. Wo soll ich mich dann beschweren, wenn nach fast einer Stunde meine und auch die Suppe der anderen immer noch nicht erschienen ist? Ich bin bereits beim Einpacken und kurz vor dem Losgehen, als sie dann doch noch eintrifft. Vielleicht ist hier das Wort Passivhaus falsch verstanden worden.

Jetzt geht es tausendzweihundert Meter bergab über die Voisthalerhütte nach Seewiesen, am Anfang über das G'hackte. Ich finde diesen Ausdruck herrlich, weil er so simpel und eindrucksvoll das Gelände beschreibt. Da muss wieder jeder Schritt sitzen. Mehr und mehr geht es in ein tiefes Tal hinein, an dessen Hängen ich zwei Mal Gämsen beobachten darf. Und wer hinunter geht, der darf am nächsten Tag wieder hinauf ...

... es stehen heute tausendsechshundert Höhenmeter an. Trüb und windig kommt das Wetter daher, als ich den Tag in Angriff nehme. Trotz der Temperatur von acht bis zehn Grad ziehe ich bald meinen Windstopper aus und gehe nur im dünnen T-Shirt. Aber mit zunehmender Höhe wird es empfindlich kühler, die Jacke kommt wieder zum Einsatz. Um 11.15 Uhr kommt mir dann mitten im Wald auf einem kleinen Pfad ein anderer Wanderer entgegen, der den Fernwanderweg in umgekehrter Richtung schaffen will – er soll die einzige Menschenseele bleiben, die ich zu Gesicht bekomme. Auch wenn ich die Abgeschiedenheit wertschätze und mich das Alleinsein nicht schreckt, ist es dennoch schön, hier in der Einsamkeit mal jemandem zu begegnen. Beim Austausch der Daten sagt er mir, er wäre vor einer Stunde im Haus Meran losgegangen, das oben auf dem Gipfel liegt. Ich schlussfolgere, dass der Mann wohl fliegen kann, denn alleine in Luftlinie sind das laut GPS sieben Kilometer – und die sind, vorsichtig gesagt, nicht ganz einfach. Andererseits geht es für ihn ja steil bergab.

Die Wolken werden immer dichter, und obwohl es nicht regnet, sind jeder Grashalm und jeder Busch triefend nass. Der Aufstieg hat einen Namen und den trägt er mit Recht, so höllisch anstrengend, wie er ist: Teufelsteig.

An seinem oberen Ende wird dann der Wanderer für seine Mühen belohnt und eines Schildes ansichtig, welches das Ende seiner Plackerei verkündet: „Geschafft!"

So öffne ich um 13.45 die Tür zum Haus Meran und ziehe mich aus. Alles, was ich anhabe, ist pitschnass, denn ich habe wegen der Anstrengung insbesondere auf meine Regenhose verzichtet und damit jeden Wassertropfen von der Vegetation mit meiner Hose eingesammelt. Der Kanonenofen läuft auf vollen Touren, in der Gaststube ist es bullig warm. Während meine Kleidung trocknet, hüpfe ich in Unterhose und trockenem T-Shirt barfuß in der Hütte herum. Auch eine Socke ist triefend nass. Ich nehme es mit einem kritischen und missbilligenden Stirnrunzeln zur Kenntnis: Zum ersten Mal ist der mit einer Goretex-Membrane ausgestattete Stiefel nass geworden, und schon ist er undicht. Als ich dies später beim Hersteller untersuchen lasse, stellt sich heraus, dass die Membrane ein Loch hatte, verursacht durch eine Scheuerstelle am Nagel des großen Zehs.

Während ich eine hervorragend schmeckende Gulaschsuppe genieße, trocknen alle Anziehsachen innerhalb einer guten Stunde, bis auf die Stiefel, die natürlich nicht in der Hitze des Ofens stehen.

Der Wirt hat zwei Plastiktüten für mich, so schlüpfe ich mit trockenen Socken in diese und dann in die nassen Stiefel. Durch diesen Trick, den ich mir in Norwegen abgeschaut habe, behalte ich trockene Füße, denn ich habe mich nach Beratung mit dem Wirt entschlossen, noch den Abstieg und den Weg zum Niederalpenpass zu machen.

Am Morgen sehen sich zwei Blinde nicht, denn ich komme bis auf zwei Meter an ein Murmeltier heran, ohne dass wir uns gegenseitig bemerkt haben. Ich erschrecke mich sogar, als es aufspringt und das Weite sucht. So dicht kommt man sonst nicht an diese Tiere heran.

Einige Zeit später überhole ich eine Gruppe von sechs Wanderern, von denen drei im wahrsten Sinne des Wortes barfuß über Stock und Stein gehen. Ich frage mich, ob das wohl einen Zusammenhang mit den auf Schildern beschriebenen Fußwallfahrten hat? Nein, lerne ich später von einem älteren Wanderer, der seine Wallfahrt zum dreiunddreißigsten Mal macht. Ihm waren noch nie Wanderer begegnet, die den Weg barfuß in Angriff genommen haben. Mir tun die Füße schon beim Anblick der nackten Zehen auf den kantigen Steinen weh. Das erinnert mich an einen Russen, dem ich in Nordnorwegen begegnet war. Er war zu Fuß auf dem Wege nach Russland und ging jeden Tag zwanzig Kilometer mit seinem Rucksack – und das barfuß, egal auf welchem Untergrund. Aber ob nun barfuß oder wohl beschuht, geht es hier für alle in dieselbe Richtung, nämlich nach Mariazell.

Der Ort wirkt auf mich wie eine perfekte Maschine für Pilger, bei der ein Rädchen ins andere greift: Hotels reihen sich an Restaurants sowie Cafés und alle Besucher strömen in die Basilika, in der zu festen Zeiten zur Andacht gerufen wird. Für mich ist das zu viel Trubel, ich mag kleine, ruhige Kirchen lieber. Aber der Ort hat den ultimativen Luxus für mich: einen Friseursalon (fast bin ich versucht, von „Barbier" zu sprechen), in dem eine der Damen noch die Kunst des Nassrasierens beherrscht und mir den Bart abnimmt.

Am nächsten Morgen streicht mir die kühle, neblige Luft über die glatte Gesichtshaut, als ich am See entlang gehe. Dort sehe ich eine Tafel, auf der die Wanderwege der Umgebung etwas verblichen verzeichnet sind. Einer davon verläuft etwas anders als der von mir geplante Weg, so ändere ich meine Route ab. Ich werde mit einem herrlichen Weg entlang des Sees und anschließend mit einer Route durch den ansteigenden Wald belohnt. Noch dazu ist hier außer mir niemand unterwegs, was auf meinem ursprünglich geplanten Weg sicher anders gewesen wäre. An einer Stelle muss ich allerdings dafür bezahlen, denn ein Wirtschaftsweg endet an einem großen Tor mit einem Schild: „Privatbesitz – Betreten verboten!" So war das aber nicht geplant – aber dann fällt mir ein, stimmt, war es ja auch nicht.

Ich konsultiere mein Navi und finde einen etwas parallel dazu verlaufenden Pfad. Durch einen Abschnitt mit mittelgroßen Fichten schlage ich mich den Berg hinauf, über viele kreuz und quer auf dem Boden liegende kleinere Bäume, die vor Jahren gefällt wurden, um auszulichten. Es ist für mich ein regelrechter Kampf über diese Stämme und Äste und ich komme richtig ins Schwitzen, auch wenn ich immer wieder Ausschau halte, wo ich vielleicht eine Lücke in dem Gewirr finde.

Am gesuchten Pfad angekommen, schöpfe ich erst einmal etwas Atem und studiere meinen kleinen Bildschirm, will prüfen, wie es weiter geht. Dort zeigt sich alles im grünen Bereich, wie ich zufrieden feststelle, und so arbeite ich mich weiter den Berg hinauf. Hier waren wohl früher einige Steinbrüche, wie noch an den Felsflanken zu sehen ist, vermutlich eine Art Marmor.

Der Pfad wird nun immer steiler und ist von den Hufen der Kühe umgepflügt. Zwar höre ich die Tiere ab und zu, bekomme aber zumindest hier keines zu Gesicht. Erst als ich oben auf der Hochebene ankomme, sehe ich wieder einige Rinder, die vor Lebensfreude wie die Jungtiere durch die Gegend springen. Und da sind auch wieder die ersten anderen Wanderer, die an der gut besuchten Feldwiesenhütte eine zünftige Brotzeit machen. Ich genieße einen leckeren Obstkuchen und die obligatorische Apfelschorle.

Die anschließende Nachmittagsetappe ist zuerst ein einfaches „Gleiten" auf einigen Wirtschaftswegen, mal bergauf, mal bergab, aber kaum mit nennenswerten Steigungen.

Eine Stunde vor meinem Ziel geht es dann an der steilen Südflanke des Kleinen Ötscher entlang. Als ich den schmalen, unebenen Weg vor mir sehe, halte ich erst einmal an, um mich aus dem Gleitmodus zu wecken und auf volle Konzentration zu schalten. Hier darf ich mir keinen Fehltritt leisten, was zu diesem Zeitpunkt eine Extraportion an Aufmerksamkeit braucht, denn fast zwanzig Kilometer stecken schon in meinen Knochen. Hier kann ich wieder eine Eigenschaft aus meinen Managementtagen einsetzen: Wenn es im Berufsleben schwierig wurde, bin ich ganz ruhig geworden. Innere Ruhe ist die Voraussetzung, um sich auf das Wesentliche zu konzentrieren und die problematische Situation zu lösen und zu überstehen. Sonst beherrscht die Situation mich und nicht ich sie. Wenn ich das beherzigte, war ich in Höchstform. Und das ist hier nicht anders. Mit sicher gesetzten Schritten ist es ein sehr schöner Abschnitt, denn hinter jeder Ecke habe ich einen anderen Ausblick.

Nachdem dieses Wegstück gemeistert ist, trennt mich von meinem Ziel nur noch ein extrem steiler Feldweg von einem Kilometer Länge hinauf zum Ötscherschutzhaus. Hier kommt ein Sessellift aus dem Tal an, dementsprechend gibt es viele Wanderer, die bei Erfrischungen draußen sitzen und das Leben und die Aussicht genießen. Viele von ihnen wollen auch die Nacht hier verbringen und so dauert es, bis ich ein Bett zugewiesen bekomme. Ich nutze die Zeit bis dahin zum Duschen und Wäsche waschen.

Am nächsten Morgen nehme ich nicht den Sessellift, obwohl ich schon Lust dazu hätte, denn es geht auf einer Skipiste steil bergab, was meine Knie und Füße in der Regel nicht so gerne haben. Serpentinenartig gehe ich hinunter, um meine Gelenke etwas zu schonen und zu entlasten. Mit meinem Snowboard und im Schnee wäre das ein Spaß gewesen! Den haben andere Besucher des Skiorts Lakkendorf auch jetzt im Sommer: Als ich um ihn herumgehe, höre ich deutlich den Rummel, der von dort zu mir herüberdringt.

Das Ereignis des heutigen Tages ist ein Pfad, den es nicht mehr geben dürfte. Ich komme an einen Punkt, wo ein Schild den Weg nach links zu meinem Zwischenziel weist, aber mein Navi zeigt nach rechts. Ich vertraue auf das Navi und finde nach dem Einstieg in einen Hang auch die alten Markierungen des Weges. Je weiter ich gehe, umso weniger sichtbar wird der Pfad und umso steiler wird es. Nach einiger Zeit befinde ich mich auf einem extrem steilen Abschnitt, etwas höher kann ich sogar noch Sicherungsseile aus Stahl sehen. Das ist kein Wanderweg, sondern eine höchst gefährliche Kletterpartie, bei der ich mir immer wieder einen Weg von Baum zu Baum suchen muss, um einen Halt zu bekommen. Zeitweise muss ich meine Stöcke wegpacken, weil ich in den felsigen Abschnitten meine Hände brauche, um nicht zehn Meter in die Tiefe zu stürzen. Meine Routine bei gleichzeitiger hoher Konzentration hat den großen Vorteil, dass ich ganz ruhig bleibe und Schritt für Schritt nach unten komme, wo ich schließlich auf einen Pfad und eine Bank zum Ausruhen stoße.

Ich setze mich hin und esse etwas, als einige Wanderer vorbeigehen, die von einer Tropfsteinhöhle kommen. Sie sagen mir, dass es nur noch zehn Minuten bis dahin sind. Da diese nicht mein Ziel ist, sage ich ihnen, dass ich herunter will und zeige außerdem den Abhang hinauf, wo ich herkomme. Sie schauen mich erstaunt an und können kaum glauben, dass ich dort heruntergekommen bin, denn von hier sieht es wie eine senkrechte Wand aus. Und ich kann mich dem Fazit nicht verschließen: Auch wenn mein Navi bislang immer Recht hatte, diesmal definitiv nicht. Aber immerhin, früher verlief dort einmal ein Weg.

Fortan wird es einfacher. Ich gehe an der Erlauf entlang und später den Anstieg zu Hochbärneckhütte hinauf. Tische und Bänke sind belagert, denn es ist Sonntagnachmittag und die Hütte ist mit dem Auto erreichbar. Es gibt ein Bett für mich, ich bin sogar ganz alleine, denn morgen ist Ruhetag. Das Wirtsehepaar und auch die Angestellten verschwinden und überlassen mir das ganze Haus. Mein Frühstück steht schon im Kühlschrank bereit. Bevor sie sich verabschieden, zeigen mir die Betreiber noch, wie ich mir hinterm Tresen meinen Tee machen kann. Sie vertrauen mir das Ganze an und sagen mir, wo ich den Schlüssel des Hauses hinlegen soll, wenn ich gehe.

Die Landschaft beginnt sich zu ändern, die steilen Abschnitte sind vorbei, denn ich befinde mich in einer Hügellandschaft, in der es seichter auf- und abwärts geht. Das hohe Gebirge liegt wohl hinter mir, was ich zur Abwechslung auch mal ganz nett finde – ab jetzt habe ich nur noch das nördliche Drittel von Österreich vor mir.

Entlang eines gurgelnden Baches laufe ich ohnehin besonders gern, denn der Anblick und das Geräusch sind für mich die reinsten Energiespender. Ich kann sogar sagen, warum das so ist: Vor fünfzehn Jahren hatte ich an einem Seminar teilgenommen, mit dem Titel „Wendezeiten". Nach fast zwanzig Jahren hatte ich meinen ersten und bisher einzigen Arbeitgeber verlassen. Dort hatte sich aufgrund neuer Vorstände die Unternehmenskultur so dermaßen geändert, dass es nicht mehr die meinige war. Ich hatte bereits einen neuen Job, aber bis dahin waren noch drei Monate Zeit. Alles würde neu sein, eine andere Branche, eigentümer- statt managementgeführt, und statt einer spezifischen Aufgabe, wie Verkauf oder Fertigung, wurde mir die Geschäftsführung anvertraut. Die Wendezeiten-Fortbildung passte perfekt. Viele der Teilnehmer hatten dort erst einmal definiert, was sie sich von dem Seminar versprachen – für mich war es eher ein Innehalten zur Vorbereitung auf das Kommende. Unter anderen habe ich damals einen Satz erarbeitet, der mein Lebensmotto beschreibt: „Ich bin ein Bach, immer vorwärts fließend, mal ruhig, mal plätschernd, dann reißend und wild." Kein Wunder, dass ich gerne an einem fließenden Wasser entlanggehe oder daran sitze und auf die Bewegung schaue.

Ghost Busters

Heute Nacht finde ich eine besondere Ruhestätte: eine alte Burg, die zu einem Hotel ausgebaut worden ist. Die Turmzimmer haben noch Burgcharakter, gleichzeitig aber habe ich ein modernes Bad. Während der Nacht spukt der Burggeist: Ständig schlägt er eine Tür in meiner Nähe mit aller Kraft zu, so dass ich jedes

Mal aufwache. Als die Frequenz immer häufiger wird, stehe ich auf, um dem Spuk ein Ende zu machen. Ich finde eine Zwischentür, die im heftigen Durchzug immer wieder aufgeht und dann mit Wucht ins nicht vorhandene Schloss fällt. Ich klemme sie mit dem Teppich fest – und alle Gespenster gehen friedlich ins Bett. Damit herrscht wieder Ruhe und ich kann weiterschlafen.

Am Morgen schaue ich aus meinem kleinen Turmfenster und der Himmel ist pechschwarz. Das erklärt den Wind letzte Nacht, aber hatte der Wetterbericht nicht gesagt, es gebe keinen Regen?

Der kommt aber tatsächlich. Und er fällt nicht etwa – er kommt horizontal durch den Wind geflogen, so dass ich meine gesamte Regenmontur brauche. Aber der Sturm bläst die Wolken schnell weiter, bald wird es wieder trocken.

Ich sehe den vor mir liegenden Weg direkt in ein riesiges Maisfeld führen. Doch mein Navi zeigt an, dass mein Weg gerade hier durchführt, so gehe ich weiter, bis der Weg immer enger wird und schließlich ganz aufhört. Ich stehe umgeben von den Pflanzen, die mich um einen halben Meter überragen. Doch obwohl ich vor einer gelb-grünen Wand verharre, habe ich zum Umkehren keine Lust. Ich kann mich nur mit Hilfe des Navis orientieren. Die einzige Alternative zum Umkehren ist, mich ungefähr fünfhundert Meter bis zu einer kleinen Straße durchzuschlagen. Ich versuche hierbei, die harte Arbeit des Landwirtes möglichst nicht zu beschädigen, indem ich eine schmale Schneise nutze. Verborgen vor allen Blicken arbeite ich mich vorwärts. Einmal watschelt in hohem Tempo ein Tier von der Größe eines Ochsenfrosches fast über meine Füße. Ich kann nicht erkennen, um welches Geschöpf es sich handelt, so schnell ist es trotz seines komischen Gangs unterwegs. Als ich das Feld schließlich durchquert habe, steht ein stattlicher Umweg zu Buche. Es ist das zweite Mal, dass ein Maisfeld meinen eingezeichneten Weg verschluckt hat.

Am Abend in St. Leonhardt am Forst finde ich ein eigentlich wegen Betriebsferien geschlossenes Gasthaus, das mir aber trotzdem ein Zimmer für zwei Nächte gibt, denn mein etatmäßiger Ruhetag ist angesagt.

Während des Ruhetags frage ich mich, was Wandern eigentlich so besonders macht, und was so viele Menschen antreibt, ob im Flachland oder in den Bergen, auf Schusters Rappen durch die Lande zu ziehen. Für mich ist es die Faszination, dass ich die Pflanzen, die Tiere und das Wetter sowie die Menschen – und auch mich selber – viel intensiver erlebe. Ich bin so unmittelbar nah an allem und selbst

Teil des Ganzen. Und trotz aller Gefahren, die durchaus lauern, nehme ich sie nicht als Bedrohung wahr, sondern die Natur gibt mir ein Gefühl der Geborgenheit und hüllt mich ein. Wenn ich bewusst und aufmerksam beobachte, lausche oder fühle, dann weiß ich, was ich in welcher Situation zu tun habe oder wohin ich gehen muss. Von einigen wenigen Ausnahmen abgesehen, brauche ich nicht zu suchen. Wenn ich mit offenen Augen unterwegs bin, kommen die Dinge, die ich brauche, von alleine auf mich zu. Beim Wandern entsteht durch die Ruhe und den Rhythmus innere Offenheit und Aufmerksamkeit. So entdecke ich Dinge, die zwar auch vorher schon da waren, die ich aber nicht wahrgenommen habe. Es entsteht ganz von alleine der Gegenpol zum sich immer schneller drehenden Leben. Hier kann die Seele sich ausruhen und wieder auftanken.

So gleite ich noch mehrere Tage durch die Hügel des nördlichen Österreichs. Es gibt nur noch zwei nennenswerte Ereignisse, bevor ich nach Tschechien komme: Auf dem Weg nach Liebenau wird plötzlich mein rechtes Bein von oben nach unten von einem Schmerz durchzuckt, der am ehesten mit einem elektrischen Stromschlag zu vergleichen ist. Ich muss stehen bleiben, um nicht ins Wanken zu geraten. Das passiert an diesem Tag noch drei weitere Male. Zur Entspannung lockere ich die Muskulatur außen durch streichende Bewegungen, was dann vorübergehend Erleichterung verschafft. Irgendwie habe ich den Eindruck, dass ich mir einen Nerv eingeklemmt habe. Im weiteren Verlauf der Reise macht mir dies zwar Stück für Stück weniger zu schaffen, aber zwei Monate, nachdem ich wieder zu Hause bin, stellt es sich erneut ein und breitet sich auf die Hüfte aus. Trotz aller Orthopäden, Osteopathen und Akupunkturen sollte es mir auch zwölf Monate danach noch ziemliche Schwierigkeiten bereiten. Und keiner weiß so genau, was das Problem ist. Verschleiß ist es zumindest nicht, wie die Röntgenbilder zeigen.

Das zweite Ereignis ist, dass meine Frau mir zum ersten Mal überhaupt während meiner ganzen Wanderung ein Paket geschickt hat, und zwar in das Hotel Rockenschaub in Liebenau. Die Besitzerin war so nett, es für mich aufzubewahren. Es enthält alle Detailkarten für Tschechien, die mein tschechisch-schweizer Freund Otto mir besorgt hat. Ein Gruß aus der Heimat, mit liebevoll zusammengestellten Kleinigkeiten! Das ist für mich wie ein Gefühlssturm, denn ich hatte bereits bemerkt, dass ich begonnen habe, meine Frau und Familie zu vermissen. Da Heimweh nicht gerade hilfreich für die Motivation und damit für die Kraft ist, erlaube ich mir, dieses Gefühl voll auszukosten, denn es zu verdrängen bringt nichts; es käme sonst im ungünstigsten Moment wieder hoch. Und ich mache eine genauere Planung für das nächste Land, um mir selbst zu zeigen, dass es jetzt nicht mehr weit bis nach Dresden ist, meinem Ziel. Nur noch ein Land gilt es noch zu durchqueren – das sollte ich hinkriegen.

Auf dem Nord-Süd-Weg durch Österreich erlebte ich die verschiedenen Landschaften des Landes: vom hohen Gebirge über die Hügel bis hin zu einer Etappe entlang der Donau. Ich habe den Weg an ein paar Stellen etwas für mich abgewandelt, etwa wenn er einen Umweg vorsah, um noch einen bestimmten Gipfel oder eine besondere Hütte mit einzubeziehen, wonach ich aber kein Verlangen hatte. Es ist eine gute und detailliert ausgearbeitete Tour, für die man ohne Ruhetage drei Wochen braucht. Das kleine Büchlein des Wandervereins könnte zwar noch einmal aktualisiert werden, aber es hat mich gut geleitet und mir manchen Hintergrund von Sehenswürdigkeiten und der Natur erklärt. Wer diese Tour machen will (und ich kann sie wärmstens empfehlen!), sollte sie jedoch von Norden aus angehen. So ist das Einstiegsniveau niedriger und die Kondition entwickelt sich immer weiter, je anstrengender und höher die Berge werden. Für mich war das kein Problem, denn ich kam ja bereits fit und durchtrainiert aus den Julischen Alpen in Slowenien, die noch schwieriger zu wandern waren.

Im Süden und in der Mitte Österreichs gibt es einige Wanderer, die mehrere Etappen des Weges zurücklegen. Der Norden des Weges hingegen wird nur wenig begangen. Dafür gibt es ein untrügliches Zeichen, das für alle Länder gilt, durch die ich gekommen bin: Immer wieder einmal, wenn ich fröhlich und unbekümmert durch den Wald stapfte, kam es vor, dass ich einen Flugfaden oder gar das gesamte Netz einer Spinne im Gesicht hatte. Nur wenn seine Erbauerin in der Mitte sitzt, ist das Ganze gut zu erkennen und ich kann rechtzeitig bremsen. Je kürzer die Abstände zwischen dem Kampf mit den klebrigen Fäden, umso klarer ist, dass hier lange keiner mehr vorbei gekommen ist. Es dauerte dann jedes Mal einige Schritte, bis ich auch die letzten lästigen Reste des seidigen Webwerks aus meinem Gesicht gewischt hatte. Standen die Bäume oder Büsche relativ dicht am Wegesrand, habe ich manchmal einen Wanderstock vor mir hochgehalten, so dass sich die Fäden an ihm statt in meinem Gesicht verfingen.

TSCHECHIEN

Moldau und Budweiser

In Budweis angekommen, gehe ich zunächst auf die Suche nach weiteren Karten, die für Radwanderer auch noch die Unterkünfte mit verzeichnet haben, was für meine Etappenplanung hilfreich ist. Da kann ich die Tagestouren auf fünfundzwanzig bis dreißig Kilometer ausrichten, denn Höhenkilometer spielen an einem Fluss keine Rolle mehr. Das Touristikbüro hat alles über die Stadt Budweis, aber nichts für außerhalb davon. Jedoch verweisen sie mich auf einen Shop auf der anderen Seite des großen Platzes. Und tatsächlich gibt es dort eine Karte, die bis in die Mitte der Republik reicht, aber Material für den nördlichen Teil haben leider auch sie nicht. Ich frage die Mitarbeiterin noch, ob sie mir eine Unterkunft empfehlen kann, denn ich habe noch den Rucksack auf dem Rücken. Sie zögert eine Weile und signalisiert mir, zu warten. Als ihre Chefin den Laden verlässt, gibt sie mir die Adresse einer netten, privaten Unterkunft, die ich schnell finde. Sie ist nicht weit vom Stadtkern entfernt. So kann ich bald schon mein Rucksackgewicht verringern, denn bis nach Dresden werde ich wohl kein Zelt, keine Luftmatratze und auch keinen Kocher mehr brauchen. Also packe ich diese Dinge, zusammen mit dem Büchlein des Nord-Süd-Weges und anderen Unterlagen, in ein Paket und schicke alles per Post heim. Gut zweieinhalb Kilogramm weniger im Rucksack werden meinem rechten Bein und dem vermeintlich eingeklemmten Nerv im Rücken helfen, wieder besser zurecht zu kommen, was sich zum Glück auch als zutreffend herausstellen soll. Meine Gastgeber sind mir mit Schere und Klebeband behilflich, damit ich die wertvolle Fracht gut verpacken kann.

Danach kann ich mich beim Essen meinem Lieblingsbier aus Studentenzeiten widmen: Budweiser, was für ein herrlicher Genuss! Das Restaurant suche ich diesmal nicht nach den angebotenen Speisen aus, sondern nach der ausgeschenkten Biersorte. Nach einem Liter von diesem kühlen Nass zu einer Pizza, falle ich müde in mein Bett. Während der Nacht kündigt ein Sturm einen Wetterwechsel an. Der Sommer ist vorbei.

Für meinen Weg bis nach Hluboká empfiehlt mein Gastgeber mir, auf der rechten Seite des Flusses zu gehen, obwohl der Radweg links verläuft.

Nachdem ich die Stadt verlassen habe, treffe ich nur noch ein paar Jogger und Angler. Es ist etwas ganz anderes, im Flachen zu gehen und dabei entspannt auf den Fluss zu schauen. Schon in Budweis war mir aufgefallen, dass die Moldau nicht wirklich zu fließen scheint. Die Erklärung ist schnell gefunden: Im Ort befindet sich ein Wasserkraftwerk, zehn Kilometer später folgt schon das nächste. Das Wasser wird hier und bis zur Mündung in die Elbe, ständig gestaut und zur Stromerzeugung genutzt. Deshalb sieht das Ganze meist eher wie ein lang gestreckter See aus und nicht wie ein sich vorwärts bewegender Fluss. Durch die Begradigung und die industrielle Uferböschung gibt es keine direkt am Wasser stehenden Bäume und Pflanzen, weswegen auch die am und auf dem Wasser lebenden Vögel fehlen und es nicht viel zu sehen gibt.

In Hluboká angekommen, bin ich erfreut, wie viele Unterkunftsmöglichkeiten auf meinem Navi angezeigt werden. Die erste liegt an der Straße und trägt den Namen „Pension Club". Da bieten sich alle möglichen Gedanken an, um was für eine Art Haus es sich hierbei handeln könnte. Tatsächlich stellt es sich als ein rustikaler Gasthof heraus, der wegen der Straßenlage zu laut ist. Aber um die Ecke soll es noch eine Pension namens „Fanny" geben. Als ich klingele, weist mich die Betreiberin mit dem Bescheid ab, sie seien voll belegt. Ich gehe in den Ortskern zum Tourismusbüro, wo ich erfahre, dass es dort nicht voll, sondern dass das Haus geschlossen ist. Der nette Mensch hinter dem Tresen vermittelt mir sofort ein gemütliches Dachzimmer um die Ecke mit einer Küchenzeile, direkt über dem Juwelier, der mein Vermieter ist. Hier sind wirklich viele Touristen untergebracht und so gibt es alles, was ich brauche, natürlich auch ein Budweiser.

Der kommende Tag hält einige Passagen im Wald bereit, wo es dann wieder viele Vögel gibt. Der Eichelhäher schimpft und warnt alle anderen, wenn ich auftauche, und der Specht markiert durch lautes Klopfen sein Revier. Auch mit einigen Kilometern auf der Straße muss ich vorlieb nehmen und werde von dem einen oder anderen Radfahrer überholt. Darunter sogar zwei Chinesen – der Mann schnell vorneweg, die Frau im Kampf, den Anschluss zu behalten. Was mich ein wenig an die Radwanderer erinnert, die ich an der Elbe in der Nähe von Magdeburg getroffen hatte. Ob es sich um die Manifestation eines kulturübergreifenden männlichen Rollenverhaltens handelt? Sie hatte sich aber selbst ein unnötiges Handicap auferlegt, sie trug über Mund und Nase eine weiße Atemschutzmaske, womit sie natürlich bei der sportlichen Belastung zu wenig Sauerstoff bekommt. Eine solche Maske mag sich im Smog von Peking und Shanghai empfehlen, aber nicht hier. Vielleicht hat die Dame die gut sichtbaren, großen Kühltürme des nahen Kernkraftwerkes Temelin falsch gedeutet. Denn dort kommt nur gewaltig viel Wasserdampf heraus, während es in China meist Kohlekraftwerke sind, die viel Feinstaub herausschleudern.

Die letzten vier Kilometer kann ich dann wieder am Fluss entlanggehen. An meinem Ziel Týn nad Vltavou angekommen, versuche ich erneut, im Tourismusbüro Informationen über den weiteren Weg zu bekommen und lasse von dort auch direkt die Unterkunft für morgen Abend in Zvikov buchen.

Als ich meine Unterkunft erreiche, erfahre ich, dass das Restaurant wegen einer größeren Gruppe heute geschlossen hat und dass das Satellitenfernsehen kaputt ist. Auf das TV-Gerät hätte ich ja noch verzichten können, aber wo bitte bekomme ich Essen her? Man hebt mit Bedauern die Schultern, es gibt hier nichts. Aber die junge Dame an der Rezeption ist ein Schatz. Sie redet so lange auf den Koch ein, bis er mir ein Schnitzel mit Pommes Frites macht. Während ich darauf warte, drückt sich die Managerin des Hotels vorbei. Sie hat Glück, dass sie kein Englisch versteht, sonst hätte ich ihr ein paar Takte darüber erzählt, wie es um meine Zufriedenheit mit ihrem Hotel steht. Auch wenn ihre junge Angestellte einiges wieder wettmacht.

Am nächsten Morgen könnte ich ausschlafen, aber ich wache trotzdem früh auf und nutze die Zeit für ein ausgiebiges Frühstück. Ich werde heute ein Stück mit einer Fähre zurücklegen, die erst um 11.30 Uhr ablegt.

In Orlik verlasse ich als erster das Schiff. Ich will schließlich noch dreiundzwanzig Kilometer wandern. Die gesamte Tagesplanung ist danach ausgerichtet, dass ich für die Nacht wieder an einen Ort komme, wo ich eine Unterkunft finde.

Nachdem ich lange durch einen wunderbaren Wald gegangen bin, gehe ich an einem kleinen See entlang. Hier kommt wohl selten jemand vorbei. Die vielen Enten fliegen immer in kleinen Gruppen auf, wenn ich näher komme. Ich bleibe dann stehen, um die formvollendete Landung der Enten zu beobachten, will sehen, wie sie die Flügel ausbreiten, die Füße vorstrecken und dann ein Stück Wasserski fahren, bis der Schwung aufgebraucht ist. Kaum gehe ich weiter, startet die nächste Gruppe. Ich könnte stundenlang zusehen.

Als ich – für meine Verhältnisse spät – an der nächsten Unterkunft in Solenice ankomme, ziehe ich mir nach dem Duschen zum ersten Mal in diesem Jahr mein langärmliges Winter-Laufshirt an. Es ist Herbst und die Abende werden kühl.

So fegt am nächsten Tag der Wind bei vierzehn bis fünfzehn Grad über das Land. Zum Wandern ist das eine ideale Temperatur, aber nicht zum Rast machen. Der Wind bläst in kürzester Zeit die Wärme aus meiner Kleidung und dem Körper und ich fange an zu frieren. Deshalb gibt es nur kurze Pausen von drei bis fünf Minuten.

Zum Mittag finde ich ein staubiges Bushäuschen. Da es an drei Seiten zu und damit windstill ist, kann ich ohne zu frieren darin sitzen und mein Brot mit Salami vertilgen.

Meine Stimmung ist gut, als ich an meinem Zielort Chium ankomme, denn hier gibt es zwei Pensionen. Bei einer von ihnen hatte ich gestern nachfragen lassen, ob sie geöffnet ist und Zimmer frei sind. In der ersten findet gerade eine Familienfeier statt, weshalb eigentlich geschlossen ist. Eines der Familienmitglieder spricht gut Englisch und versucht mir zu helfen. Die zweite Pension ist nicht weit entfernt und der Großvater der Gesellschaft wollte sowieso gerade mit einem der Säuglinge spazieren gehen. So zeigt er mir den Weg, indem wir gemeinsam gehen und er den Kinderwagen schiebt. Vorher bitten sie mich noch, dass ich doch zurückkommen soll, falls es mit der Unterbringung nicht klappt. Sie fahren in Kürze ohnehin in die sechs Kilometer entfernte Stadt, in der es ein Hotel gibt, und würden mich dann mitnehmen. Aber darauf brauche ich wohl nicht zurückzukommen, denn bei dieser Pension hatte ich ja am Tag zuvor anrufen lassen. Doch als ich dort ankomme, machen mir die Wirtsleute sofort klar, dass sie heute keine Zimmer vergeben, weil Sonntag ist. Auch mein Einwand, dass ich angerufen hatte, interessiert sie nicht. Ich bin wirklich verärgert und verlasse diesen unzuverlässigen Laden. Jetzt bin ich über das Angebot des sehr netten Familienvaters wirklich dankbar, denn sechs weitere Kilometer hätte ich nur noch unter Schwierigkeiten geschafft und hätte ja trotzdem immer noch nicht sicher sein können, ob ich dort dann wirklich unterkomme.

Sedlčany ist ein etwas größerer Ort und das Hotel hat geöffnet. Ich freunde mich gleich an der Rezeption mit zwei deutschen Monteuren einer Firma für Gusstechnik an. Sie helfen gerade, eine neue Anlage in Betrieb zu nehmen, und deshalb kennen sie sich im Ort aus.

Wir essen dann noch zusammen zu Abend.

Auch am nächsten Morgen treffe ich auf die Monteure und wir frühstücken zusammen.

Danach führt mich mein Weg nun zurück zur Moldau, denn Sedlčany befindet sich etwas weiter vom Fluss entfernt. Ich merke auch, dass ich näher an Prag herankomme, denn meine nächste Pension in Davle kostet bereits das Doppelte als noch am Vortrag, ohne Frühstück! Zum Glück kann ich mir das in dem ortsansässigen kleinen Supermarkt auch alleine organisieren.

Am nächsten Morgen führt der Weg mich zuerst auf die andere Seite des Flusses durch einen bergigen Eichenwald mit einigen Wochenendhäuschen, die versteckt zwischen den Bäumen stehen.

Als ich zurück am Fluss bin, begegnen mir die ersten Radfahrer und Inline-Skater, meistens Frauen, die zum Teil in bestechendem Tempo unterwegs sind. Sie brauchen für die fünfzehn Kilometer bis nach Prag gerade mal eine Stunde oder sogar weniger. Ich werde erst in drei Stunden dort sein …

Dann zeigen sich die ersten am Kai liegenden Hotel- und Restaurantschiffe, die Anzahl der Spaziergänger und Touristen nimmt stetig zu. Es sind so viele Menschen, dass ich gleich in die Touristeninformation gehe, statt mich von Pension zu Hotel durchzufragen. Schnell finden sie für mich ein Zimmer in einem nahegelegenen Hostel.

Abends lande ich in einem um die Ecke liegenden Edelsteakhaus, was ich aber erst beim Blick auf die Preise bemerke. Für das Geld hätte ich in den letzten Tagen vier Mal zu Abend essen können. Aber was soll es – ich bin in Prag und bleibe sitzen. Das Steak hat zwar geschmeckt, aber irgendetwas scheint doch nicht gestimmt zu haben. Ich gehe nachts auf die Toilette, was in einem Hostel gleichbedeutend ist mit: Zimmer verlassen und den Gang entlang zu den Gemeinschaftswaschräumen gehen. Dort wird mir schlagartig so schwindelig, dass ich mich festhalten muss. Ich schaffe es heil zurück ins Bett und stelle im Bett liegend meine Beine an der Wand hoch, damit das Blut in meinen Körper zurückläuft und sich mein Kreislauf stabilisiert. Da mir im Bauch irgendwie komisch ist, nehme ich noch ein Okubaka-Globuli ein, eine homöopathische Medizin gegen Darmverstimmungen.

Als ich morgens aufwache, bin ich einigermaßen wieder hergestellt, brauche aber frische Luft. Und wie verschaffe ich mir die am besten? Richtig, beim Wandern!

Bevor ich losgehe, mache ich die unliebsame Feststellung, dass mein rechter mittlerer Zeh ganz rot ist. Ich wundere mich. Das kann eigentlich nur daher rühren, dass er gestern irgendwie gedrückt worden ist. Um das zu überprüfen, greife ich mit meiner Hand in den Stiefel – und fasse es nicht! Auch dieser Stiefel ist eingelaufen – zwei Lederbänder haben sich in den Zehenraum hineingezogen und meinen Fuß gestern eingeklemmt. Genau dasselbe Problem wie letztes Jahr in Norwegen, nur dass dieser Stiefel (eines anderen Herstellers) außer einmal in Österreich nie richtig nass geworden ist. Da hat auch das regelmäßige Einwachsen nichts genützt. Und nun mache ich, geistig noch nicht ganz sortiert nach meiner nächtlichen Unpässlichkeit, einen Fehler: Ich versuche, das verkürzte Band von innen einzuwachsen, damit es wieder etwas geschmeidiger wird, dann ziehe ich den Stiefel so an, dass meine Ferse ganz nach hinten gezogen wird. So hoffe ich, wieder etwas mehr Platz für meine Zehen zu bekommen. Ich hätte einen Tag Pause einlegen sollen, um mir ein paar andere Schuhe zu kaufen, denn hier hätte es natürlich genügend Auswahl gegeben. Aber im Nachhinein ist man immer schlauer. Ich gehe mit halb lädiertem Zeh, der bis jetzt noch nicht wehtut, weiter, lasse Prag hinter mir.

Aber zuvor gibt es für mich noch etwas zu schmunzeln. Ich will von der historischen Uhr am Marktplatz noch ein Foto machen, jetzt, da noch nicht so viele Menschen bewundernd davorstehen. Sie ist nicht oben am Turm angebracht, sondern unten, und damit in ihrer ganzen Schönheit gut sichtbar. Aber ich sollte mich verrechnet haben – es stand doch jemand davor. Ein chinesisches Hochzeitspaar wurde in tausend Positionen vor dem Chronometer stehend von einem Fotografen abgelichtet. Die beiden sind um die halbe Welt gefahren, um hier zu heiraten und Fotos zu machen. Und sie sind nicht das einzige chinesische Hochzeitspaar ... Man gönnt sich ja sonst nichts in der schönen, jetzt offenen Welt. Mit dem wachsenden Wohlstand in ihrer Heimat ist dieses Volk sehr reiselustig geworden und macht den Globus überall viel bunter.

Nach diesem Schauspiel gehe ich dann endgültig meines Weges, nicht ohne auch noch ein paar Fotos von dem Happening und der Uhr zu machen.

An einer Stelle muss ich die Moldau mit einer Fähre überqueren, die in der Karte eingetragen ist, um am Fluss auf der anderen Seite weitergehen zu können. Dieses kleine Schiffchen liegt am anderen Ufer und rührt sich nicht. Ich finde einen Fahrplan. Wenn ich den richtig verstehe, dann müsste ich vier Stunden warten, denn sie fährt nur morgens und am späten Nachmittag. So lange kann ich nicht warten. Also muss ich mich leider von der Moldau lösen und einen Teil der Strecke auf Straßen gehen, wo einige Autos und Laster an mir vorbeirauschen. Ich bin nicht begeistert, auch weil mein Zeh beginnt, sich bemerkbar zu machen.

Als ich nach Kralupy komme, hoffe ich, dass die eingezeichnete Pension geöffnet hat. Aber da ist nichts, obwohl ich bei der richtigen Hausnummer und auch laut meinem Navi an der richtigen Position stehe.

Seufzend beuge ich mich dem Unabänderlichen und muss meinen lädierten Zeh noch einer verlängerten (Tor)Tour unterziehen, vorbei an einer riesigen Kautschukfabrik weiter bis nach Veltrusy.

Zwar gibt es dort tatsächlich eine der beiden eingezeichneten Unterkünfte, doch auch hier muss ich wieder kämpfen, dass ich ein Zimmer bekomme, denn zuerst gibt es einen abschlägigen Bescheid – obwohl oben genügend freie Betten zur Verfügung stünden. Ich spiele die Mitleidskarte aus. Schließlich lenkt der Wirt ein, denn er versteht, dass ich einen schmerzenden Zeh habe und auch bei ihm essen werde. Jetzt ist er ein netter und hilfsbereiter Gastgeber.

Die Verschnaufpause kommt keine Minute zu früh – mehr hätte ich meinem Zeh nicht zumuten können. Bei jeder bloßen Berührung tut er weh. Ich versuche ihn zu pflegen und überlege, welche Optionen ich habe. Erstens, ich könnte einfach weitergehen; zweitens, eine dünnere Einlage in die Stiefel legen, um mehr Platz im Zehenbereich zu haben; und drittens, ein Paar Joggingschuhe kaufen und darin weitergehen. Das Paar, das ich im Rucksack habe, eignet sich dafür leider nicht. Doch wo könnte ich mir die beschaffen? Da kommt der Wirt ins Spiel und sagt mir, dass es in der nächsten Stadt ein Sportgeschäft gibt. Er zeigt mir auf meiner Karte genauestens, wo es ist.

Am nächsten Tag fahre ich mit dem Bus nach Melnik, wo Moldau und Elbe zusammenfließen, und finde dort zwei Geschäfte mit Schuhen. Eines ist eine Art altertümlicher Outdoorladen, den zwei ältere Damen betreiben, die aber kein Wort Englisch oder Deutsch verstehen. Sie haben zwei Paar Wanderschuhe im Angebot, von denen eines mir ganz gut passt. Ich lasse es mir zurücklegen und gehe in ein großes Sportgeschäft. Dort bringt mir die hilfsbereite Verkäuferin von jedem Joggingschuh ein Paar in meiner Größe. Ich probiere so an die zwanzig Modelle, doch keines passt vollkommen. Entweder ist der Schuh vorne zu schmal oder ich rutsche beim Gehen hinten mit der Ferse im Schuh hoch. Auch wenn ich leichte Gewissensbisse habe, werden wir trotz ihrer Geduld leider nicht handelseinig, so kehre ich zum Outdoorladen zurück. Die beiden älteren Damen freuen sich, als ich wiederkomme und mir das mit Abstand teuerste Modell kaufe.

Um dieses einzulaufen, nehme ich mir noch zehn Kilometer entlang der Elbe bis nach Roudnice vor.

Zusammenfluss von Moldau und Elbe

Dort lege ich mich erst einmal in die Badewanne, um wieder locker zu werden.

Später im Bett wache ich um 23.00 Uhr von einer lauten Unterhaltung auf – und zwar nicht einfach nur laut, sondern LAUT! Ich glaube, heraushören zu können, dass Chinesisch gesprochen wird, was ich aber eigentlich nicht glauben kann. Alle Zimmer gehen von einer Art Foyer aus, in dem ein großer runder Tisch steht. Von dort kommt der Lärm und ich überlege ernsthaft, ob ich hingehen und um Ruhe bitten oder bei der Rezeption anrufen soll. Ich stehe zwar schon an der Zimmertür, aber noch ohne Hose. Deshalb entscheide ich mich dreimal kräftig gegen das Holz zu klopfen, so dass ich um meine Knöchel und die Tür fürchte. Beides bleibt heil und es ist schlagartig ruhig. Nur ein letztes Wispern ist noch zu hören, was aber auch verstummt, als die Gesellschaft sich kurze Zeit später auflöst.

Am nächsten Morgen stelle ich fest, meine Ohren haben mich nicht getrogen – der Frühstücksraum ist voll mit Chinesen. Ich setze mich zu einer Familie dazu und erfahre, dass sie alle aus Hong Kong kommen. Einige von ihnen haben Paddel in der Hand. Die Erklärung wird mir später geliefert, als ich an der Elbe an einem Wildwasserkanal für Kanuten vorbeigehe.

Am Ziel

Als ich am Morgen aufbreche, weiß ich noch nicht, dass heute mein letzter Wandertag sein wird, obwohl ich noch fünf Tagestouren von Dresden entfernt bin. Zuerst gehe ich am Fluss entlang und horche ständig in meine Füße hinein, beobachte, ob es irgendwo scheuert oder etwas durch die neuen Schuhe gedrückt wird. Links tun mir die mittleren Zehen in der Tat etwas weh, da dieser Schuh eine flexiblere Sohle hat als die Stiefel. Dadurch werden sie stärker gebogen, vor allem, weil ich hier im flachen Land wieder größere Schritte mache. Um alles immer wieder zu lockern, mache ich bei jeder Sitzgelegenheit eine Pause.

So komme ich auch durch einen Ort, in dem eine Fabrik mit dem Namen Schoeller steht, die aber nichts mit dem Speiseeishersteller zu tun hat. Ich gehe an ihr vorbei und mit einem Male erklingt von überall her klassische Musik. Kommt das von dem Werksgelände? Ja, das stimmt, unter anderem ist dort der Ursprung. Die gesamte Straße entlang sind an den Laternenmasten Lautsprecher befestigt. Sie stammen wohl noch aus kommunistischen Propagandazeiten. Die Musik ist wundervoll und traurig zugleich: das Adagio von Albinoni. Trotz der melancholischen Note beschwingen mich die wunderbaren Klänge, heben meine Stimmung und sorgen für einen Energieschub. Gleichzeitig rätsele ich über den Grund für das Konzert – ist jemand Wichtiges gestorben? Der Musik folgen einige Sätze, die von einer Frau gesprochen werden, dann geht es weiter mit Albinoni, woran sich eine kleine Rede anschließt, die ich natürlich nicht verstehe. Darauf schallt das Läuten von Kirchenglocken aus den Lautsprechern, dann ist es vorbei. Mir kam es wie die Übertragung einer Beerdigung vor. Ich bin derweil durch den langgezogenen Ort gegangen und habe andächtig gelauscht. Der Anlass mag traurig gewesen sein – mich hat die Musik beflügelt.

In Litoměřice angekommen, erfahre ich, dass gerade ein Festival stattfindet und daher alles ausgebucht ist. Aber die findigen Menschen in der Touristinformation haben noch ein Hostel in Reserve, wo ich unterkomme.

Nachts spüre ich ein Gefühl, dass mir unheilvoll bekannt vorkommt. Das Gewicht der Bettdecke reicht, um meinen mittleren rechten Zeh in Schmerzen zu versetzen. Wie damals in Griechenland, als ich die Nagelbettentzündung bekam.

Morgens kann ich den feuerroten Zeh kaum berühren, so weh tut er. Was nun? Weitergehen kann ich in der Verfassung nicht – so dramatisch es klingt, so real ist es: Ich fürchte, ich würde den Verlust dieses Zehs riskieren. Jetzt einen Tag Pause einzulegen, um den Zeh zu schonen, und danach die Wanderung fortsetzen, ist auch nicht wirklich eine Option. Dennoch will ich es zumindest versuchen, um zu sehen, ob es danach besser geht.

Ich nehme den Zug in den nächsten Ort Ústi nad Labem. Hier ist alles abgesperrt, es findet ein großer Marathon statt und sämtliche, wirklich sämtliche Unterkünfte sind bis auf den letzten Platz ausgebucht. Nach kurzer Überlegung fällt meine Entscheidung: Hier ist meine Wanderung zu Ende, ich werde die letzten drei Etappen nach Dresden von hier mit dem Zug fahren. Mein Motto kommt wieder zur Geltung: Ich mache nur das, was mir gut tut – und das wäre definitiv nicht der Fall, wenn ich dickköpfig weiter wandere. Zugegebenermaßen wäre es schöner gewesen, zu Fuß an der Elbe nach Dresden hineinzukommen, aber ich finde andere Möglichkeiten, mir einen emotionalen Abschluss zu verschaffen.

Bis der Zug fährt, besichtige ich auf Empfehlung des Tourismusmanagers eine Kirche. Sie verbreitet eine besinnliche Atmosphäre.

Ich knie in einer Bankreihe, lasse meine Reise vor meinem inneren Auge noch einmal ablaufen und danke meinen Schutzengeln dafür, dass ich die Tour heil an Leib und Seele überstanden habe und ich so reich mit Eindrücken, Bildern und Erlebnissen beschenkt wurde. Es ist eine Stunde der inneren Einkehr und der Dankbarkeit, die sich wie ein guter Abschluss anfühlt.

Später finde ich in Dresden noch zwei weitere Gelegenheiten dazu. Als ich dort an der Elbe stehe, sehe ich, dass auch hier wieder ein Laufwettbewerb stattfindet und sich die Ziellinie ungefähr vierhundert Meter von mir entfernt befindet. Ich bitte zwei Teilnehmerinnen, die bereits im Ziel angekommen sind, ein Foto von mir und dem Zieleinlauf zu machen. Sie fragen nach dem Grund und schauen bei meiner Antwort doch etwas erstaunt, denn ich erwidere: „Ich bin gerade nach sechstausendfünfhundert Kilometern zu Fuß durch Europa an meinem Endpunkt angekommen." Jetzt fehlt nur noch eine kleine Feier.

Auf meinem Weg zum Hotel komme ich an der Semperoper vorbei. An der Kasse stehen einige Leute. Auf einem Werbereiter steht zu lesen, für welche Vorstellung es noch Restkarten gibt. Heute ist natürlich schon alles ausverkauft. Ein Nein habe ich also schon, aber vielleicht bekomme ich doch ein Ja. Also stelle ich mich hinten an und frage, als ich an der Reihe bin, ob es heute Abend für Mozarts „Hochzeit des Figaro" noch eine einzelne Karte gibt. Die Rückfrage der Dame lässt mich hoffen: „Nur eine einzelne Karte?" Ich bejahe und werde für meinen „Wagemut" belohnt. Die Dame erklärt mir: „Es ist gerade eine zurückgegeben worden, die aber nicht ganz billig ist." Ohne auf den Preis zu schauen, sage ich ihr: „Das ist meine!", und reiche ihr meine Kreditkarte.

Schnell begebe ich mich ins Hotel, denn irgendwie muss ich meine verschmutzte Hose auswaschen und rechtzeitig trocken bekommen.

Das gelingt mir und bald darauf sitze ich als der bunteste und ungewöhnlichste Vogel (Papageno?) mit Vollbart, in Wanderhosen, blauem Funktions-T-Shirt und einer schwarzen Windstopperjacke zwischen lauter gestylten Menschen in Abendkleidern und Anzügen. Sie schauen doch alle etwas abschätzig und verwundert, als ich an ihnen in der ersten Reihe vorbeigehe, denn ich habe den besten Platz genau in der Mitte. Es ist mir geradezu ein Vergnügen, ihre Blicke und das Getuschel zu spüren. Ich jedoch bin frisch geduscht – was ich von der Dame neben mir nicht behaupten kann. Von ihr geht ein gewisser strenger Geruch der Marke „Eigenparfüm" aus. Aber vielleicht hat ihr ja mein Anblick den Angstschweiß heraus getrieben. Mein Erlebnis wird davon nicht gemindert, denn ich genieße den Gesang und das Orchester, dessen Dirigent einen Meter vor mir steht. Das ist eine Feier, die ich sicher nicht wieder vergessen werde.

In der Ruhe liegt die Kraft

Das Ziel der Wanderung war also erreicht. Doch stellte sich mir die Frage: „Bin ich auch mental am Ziel? Habe ich erreicht, was ich mir vor der Abreise vorgestellt habe?" Ich war froh, als ich nach zehn Monaten wieder daheim bei meiner Familie war. Ich konnte meine geliebte Frau wieder in die Arme schließen sowie meine Kinder und Enkel. Diese Familienmomente, die ich nach meiner langen Abwesenheit so gefühlsintensiv empfinden konnte, waren die Reise allein schon wert.

Hauptziel der Reise war, einen guten Übergang vom Berufstätigen zum Pensionär zu finden. Bis zum letzten Arbeitstag war meine innere Drehzahl sehr hoch, alles war auf Leistung ausgerichtet, sowohl was ich mir als auch den Menschen um mich herum abverlangt habe. Mit der Pensionierung wäre das alles auf ein viel niedrigeres Niveau gefallen, per se eines der Ziele meiner Pensionierung. Eine weitere Absicht war, Zeit für andere Dinge zu haben, die mir wichtig sind. Mit der Reise habe ich mir einen gleitenden Übergang geschaffen, ohne von einem auf dem anderen Tag von hundert auf null abzustürzen. Mein Kopf konnte sich langsam entwöhnen, ich konnte ihn allmählich von den Gedanken an die Firma und die Arbeit befreien. Das hatte ich bereits nach drei Monaten geschafft. Um auch innerlich zur Ruhe zu kommen, hat es ungefähr sechs Monate auf der

Piste gebraucht. Ich hatte mich von der Notwendigkeit frei gemacht, dass alles gleich geschehen muss. Das war mir unterwegs immer wieder aufgefallen, wenn andere Menschen zu mir ungefragt sagten: „Aber das geht jetzt nicht sofort!" Insofern hat auch meine Umgebung einen Nutzen aus meiner Entschleunigung gezogen. Als ich irgendwo in Slowenien war, kam mir einmal der Gedanke, dass ich jetzt eigentlich aufhören könnte zu wandern, denn der Übergang war erreicht. Aber ich war viel zu gerne unterwegs und bin weitergegangen. Die Reise hat mir eine enorme Freiheit gebracht, in mehrerlei Hinsicht: die Freiheit, in der Natur zu sein; die Freiheit, keinen Plan haben zu müssen; und die Freiheit im Kopf sowie Unabhängigkeit von den Zwängen des normalen Lebens. Wie konnte das gelingen?

Zunächst einmal verfolgte mich kein Smartphone mit Nachrichten und Anrufen. Ich konnte auch nicht ständig schauen, was in der großen weiten Welt passierte. Was geschieht, passiert sowieso, auch wenn ich es nicht ständig begleite und beobachte. Und was die Politik der Welt machte, wusste ich ohnehin, denn die Themen waren selbst nach Monaten immer noch die gleichen – es hatten sich absolut keine Änderungen ergeben, um nicht zu sagen: entwickelt. Es war vielleicht zwischenzeitlich höchstens ein neuer Krisenherd hinzugekommen, aber ohne irgendwelche Auswirkungen auf meinen Mikrokosmos. Alles hatte sich auf meine Welt reduziert, die direkt um mich herum war. Und die war einfacher und ruhiger als das große Rauschen der gesamten Welt.

Dabei hat mir sehr der von mir gewählte Rhythmus geholfen mit seinem Wechsel aus Anspannung und Ruhe. Flugzeuge, Autos und Züge sind sehr schnell, aber meine Beine gehen in meinem körpereigenen Rhythmus, der mir (und überhaupt allen Lebeweisen) angeboren ist und den wir lieben. Schon als Embryo erleben wir den sanft wiegenden Gang unserer Mutter. Als Säuglinge bringen wir unsere Mütter immer wieder dazu, aufzustehen und mit uns auf dem Arm umherzugehen. Erst das beruhigt wirklich und wir hören auf zu quengeln. Und nicht anders war es für mich als Wanderer: Ich habe mich von der Höchstdrehzahl des Managers mit dem Gehen zur Ruhe gebracht. Nicht mit einem Schritt, aber mit jedem zusätzlichen wurde ich ein Stück wieder ich selbst. Am Ende waren es ungefähr zehn Millionen Schritte, die mich wie in einer Wiege liegend eingehüllt haben.

Von der Natur geht eine unglaubliche Ruhe aus. Das lässt sich alleine schon an den Geräuschen festmachen. Nicht nur im Beruf kann es laut sein, sondern unser gesamtes Umfeld ist von vielen Tönen durchsetzt. Ein Mensch redet sehr laut, der Geschirrspüler rauscht, der Benzinrasenmäher in der Nachbarschaft knattert, das Telefon klingelt oder ein Auto fährt vorbei. Wir hören das alles meist nicht mehr, oder nehmen es nicht mehr wahr, denn unser Gehirn blendet diese Geräuschkulisse aus. Nur wenn es plötzlich lauter oder leiser wird, bemerken wir die Änderung. Draußen beim Wandern wird es leiser, je mehr man sich von der Zivilisation entfernt, umso andersartiger werden die Geräusche. In Norwegen war die Lautstärke der Zivilisation gänzlich verschwunden. Es gab nur noch den Wind, das Gras und die Büsche sowie die Tierwelt und meine Schritte, den Atem und meinen Herzschlag. Nicht einmal Flugzeuge in großer Höhe gab es dort, und wenn, ließen sie sich nicht mehr vernehmen. So wurde der meist unbewusste Lärm der Menschheit abgeschaltet und ich kam zur Ruhe, weil die Natur leise(r) ist und ich ihre Töne wieder bewusst hören konnte.

Für mich selbst habe ich nun zudem noch ein weiteres Bild im Kopf: Viele Passagen der Reise waren körperlich anstrengend, meine Muskeln waren aufs Äußerste gefordert. Mein anstrengender Beruf hatte sich auch in meinen Muskeln in einer gewissen An- und Verspannung widergespiegelt. Nun wurden die Muskeln körperlich gefordert, konnten sich im freien Spiel entfalten und damit am Abend wieder im Wortsinne entspannen, denn mein Körper war müde vom zurückgelegten Weg. Alles, was verspannt war, hat sich Stück für Stück gelöst. Vieles, was meinen Körper als Ballast verunreinigt hatte, habe ich immer und immer wieder ausgeschwitzt, bis ich wieder gereinigt war. Ebenso ist es meinem Kopf ergangen: Er hat Stück für Stück Totgewicht abgeworfen und sich von Gedanken befreit, die ich nicht mehr brauchte. Zwar hat er sofort versucht, neue Gedankenspiele zu erfinden, um auf sich aufmerksam zu machen und das Heft des Handelns in der Hand zu halten. Aber ich bin ihm Zug um Zug auf die Schliche gekommen. Und wenn der Geist dann versucht hat, sein Kopfkino anzuwerfen, habe ich es immer öfter gemerkt, ließ die Gedanken ins Leere laufen und sie aus meinem Kopf verschwinden. Hierbei habe ich sie nicht etwa dirckt bekämpft, sondern ich habe einfach die Kontrolle über meinen Geist wiedergewonnen. Das ist mir gelungen, weil ich unnötige Gedanken an das Gestern (kann ich ohnehin nicht mehr ändern) und das Morgen (potentielle Probleme zu lösen, bevor sie da sind, ist nicht sinnvoll) einfach aus meinem Kopf habe wegziehen lassen, wie das Laub im Wind. Im Berufsalltag wurde meine Aufmerksamkeit zu einem großen Teil ständig durch bestimmte andere Dinge aufgezehrt, auch wenn ich gerade nicht gearbeitet hatte. Irgendwo im Hinterkopf wurde immer über ein Thema gebrütet.

Hier in der freien Natur konnte ich diese gesamte Aufmerksamkeit wieder auf andere Dinge richten, für die ich sonst keine Energie mehr gehabt habe, zum Beispiel auf mich. Auf diese Weise konnte ich mich immer mehr auf meine Schritte, die Natur und mein Gefühl konzentrieren und habe immer häufiger an nichts gedacht.

Früher bin ich eine Stunde zum Joggen in den Wald gegangen und kam glücklich und entspannt wieder zurück. Lässt sich ermessen, um wie viel stärker die Wirkung ist oder war, wenn man so etwas über zehn Monate hinweg für viele Stunden am Tag bewältigt? Des Weiteren war das Gefühl, alleine auf mich gestellt unterwegs zu sein, für mich extrem positiv und hat mich immer beflügelt. Es hat mir große Freude gemacht, durch die Einsamkeit zu gehen, hautnah die Natur zu erleben und ein Teil von ihr sein zu können.

So stellt sich die Frage, ob ich eine solche Reise jedem empfehlen kann. Dies ist nur mit einem klaren „Jein" und nicht allgemein zu beantworten. Fast jeder kann durch entsprechendes Training die körperliche Fitness erlangen, die es zum Start einer solchen Reise braucht. Das mag individuell kürzer oder länger dauern. Die eigentliche Herausforderung war in meinem Fall jedoch das Mentale. Deshalb bin ich vorsichtig, anderen eine solch lange und einsame Reise nahezulegen. Der Gedanke, völlig auf sich alleine gestellt zu sein, selbständig den Weg finden zu müssen und dabei immer gesund und ohne Unfälle bleiben zu müssen, hat schon manchen, dem ich von der Reise erzählt habe, er- und abgeschreckt. Wer es jedoch versuchen will, sollte sich langsam herantasten. Eine solche Tour lässt sich auch erst einmal im Kleinen machen, wobei man austesten kann, wo die Herausforderungen stecken, die für jeden Einzelnen anders sein mögen. Oder man wählt eine Route, auf der man häufig anderen Menschen begegnet, holt sich so die nötige innere Sicherheit. Das gewonnene Selbstvertrauen für das Unterwegssein erlaubt es dann, Stück für Stück auch einsame Wege zu gehen.

Ich habe die letzten Monate glücklich zu Hause gesessen, Tag für Tag in meinem Tagebuch gelesen und die darin festgehaltenen Erlebnisse zu diesem Buch zusammengeführt. Stets hatte ich den Eindruck, dass die Menschen, denen ich auf meiner Reise begegnet bin, meinen Geschichten gelauscht haben, weil sie mich damit im Geiste ein Stück auf der Reise begleiten konnten und sich so einen heimlichen Traum erfüllten: den einer eigenen langen, abenteuerlichen Reise.

Danke an meine Schutzengel!

Karte

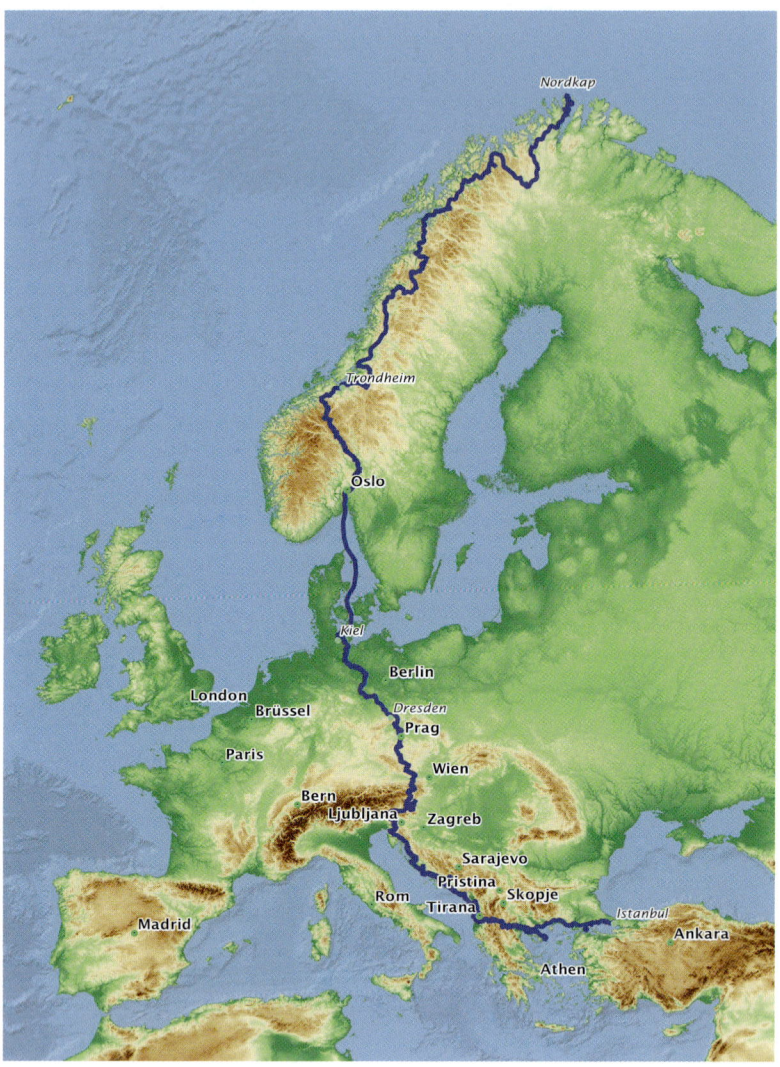

Über den Reisenden ... Clemens Bleyl

Clemens Bleyl, geboren 1955, hat als Ingenieur in der Pumpenindustrie gearbeitet. Sein Beruf hat ihn in fast alle Teile der Welt geführt. Mit seiner Frau und
seinem Sohn lebte er in Deutschland und Kanada. Später zog er mit seiner Frau
nach China und ging schließlich in der Schweiz in Pension. Er ist gerne mit dem
Rucksack unterwegs und hat sowohl Indien und Thailand als auch Nepal und
Tibet auf diese Weise erkundet.

Homepage des Autors: www.clemens-bleyl.de